# 호텔객실경영론

*Hotel Guest Rooms Management*

# 목차

## 제 1 장 호텔 조직 및 업무

# 제 2 장 호텔 객실

# 목차

# 제 4 장 프런트 데스크

# 목차

# 목차

# 제 6 장 호텔 안전관리

# 머 리 말

호텔의 객실부서는 고객을 처음 맞이하고, 마지막으로 환송하는 역할을 담당하기 때문에 호텔에 대한 고객의 서비스품질 평가에 많은 영향을 미칠 수 있다. 그러나 객실업무의 이론적인 교육은 단지 전체적인 업무의 흐름을 파악할 수 있을 뿐 실제적인 상황에 대처할 수 있는 능력은 부족하기 때문에 가상적인 상황을 중심으로 실습을 통하여 습득할 수밖에 없다.
많은 교육기관에서 가상적인 상황을 중심으로 교육훈련을 실시하기 위하여 다양한 교재가 출간되고 있으나, 최근에 급변하고 있는 서비스 제공 환경에 대처하지 못하고 있기 때문에 호텔 객실업무에 대한 실무를 중심으로 한 교재를 저자들이 공동으로 집필하게 되었다.
본서는 호텔 객실경영에 대한 이론적인 체계와 실무지식을 중심으로 가장 최근의 서비스 제공 환경을 고려하여 작성되었다. 객실부서 구성원들의 구체적인 직무 및 업무별 현장의 양식 제공 및 사용법 설명, 다양한 현장 사진 등 관광분야에 종사하는 사람이나 대학의 관광관련 전공자들이 쉽게 이해할 수 있도록 구체적으로 설명하고 있다.

끝으로 본서의 구성을 위해 많은 자료를 제공하고 조언을 해주신 호텔 현장에 계신 여러 지인들께 진심으로 감사를 드리고, 본서의 출간을 위해 노력해 주신 컴원 미디어 사장님과 관계자 여러분들께 진심으로 감사드린다.

2006년 7월

저자 일동

# 1

# 제1장 호텔 조직 및 업무

# 제1장 호텔 조직 및 업무

## 제1절 호텔의 조직

호텔기업의 조직은 서비스상품을 중심으로 이루어져 있기 때문에 유형상품을 대상으로 하는 제조업체의 조직구성과는 다소 상이한 형태를 보이고 있다. 또한 호텔 조직은 호텔의 위치, 규모, 경영형태, 시설 등 여러 가지 요인에 따라 다양한 형태를 취하고 있으며 일반적으로 기능에 의한 조직구성, 고객과의 접촉여부에 의한 조직구성 및 수입 및 지출발생별 조직구성으로 구분할 수 있다.

### 1. 호텔의 기능에 의한 조직 구성

이 조직은 호텔 내 각 부서들(객실, 식당, 주방 등)의 기능적인 역할을 중심으로 구성된 조직으로 각 분야의 특성에 적합한 부문별 고유 업무의 수행 기능에 그 초점을 둔 것이다.〈그림 1〉

우리나라는 전통적으로 대부분의 호텔들이 이와 같은 분류를 채택하고 있으며 호텔 종업원들의 기능적인 역할을 기준으로 각 부서의 연계관계를 고려하여 조직이 구성된 것이기 때문에 해당 업무를 담당하는 직책이나 기능에 대한 호칭(job title)은 호텔의 특성에 따라 많은 차이를 보이고 있다.

〈그림 1〉 기능에 의한 조식 구성

## 2. 호텔의 고객과의 접촉 여부에 의한 조직 구성

호텔에서는 'Front of the House'(FOH; 접객부서)와 'Back of the House'(BOH; 후원부서)라는 용어를 자주 사용하게 되는데, 'Front of the House'는 고객이 호텔에 투숙하는 동안에 고객과 직접적으로 접촉하면서 종업원이 고객이 주문한 서비스를 제공하여 매출을 창출시키는 호텔 내의 부서들로서 식음료 부서, 프런트 오피스(front office), 휘트니스 센터(fitness center) 등이 여기에 해당되는 부서들이다.

한편 'Back of the House'는 고객과 접촉은 하지 않지만 접객부서의 업무를 효율적으로 진행하여 고객을 감동시킬 수 있도록 제반 업무를 지원해 주는 부서들로서 경리부, 인사부, 시설부, 주방 등이 여기에 해당된다.

'Front of the House' 부서 중 호텔의 얼굴이라 할 수 있는 프런트 오피스(front office)는 고객에 대한 모든 서비스를 주관하는 중심적인 부분이고, 또한 이들 서비스를 제공함과 동시에 백오피스(back office) 부문과 긴밀한 협조체제를 구축하여 고객편의를 제공하는 핵심부서이다.

| Front of the House | Back of the House |
|---|---|
| Lobby Attendant | Accounting |
| Front Desk | Kitching |
| PBX | Stewarding |
| Room Attendant | Security |
| Restaurant Staff | Human Resources |
| Catering | Laundry |
| Recreating | Engineering |
| Marketing | |

〈그림 2〉 고객과의 접촉여부에 의한 조직 구성

## 3. 호텔의 수익 및 비용 발생별 조직 구성

수익 창출 부서(revenue center)는 대고객 서비스를 제공함으로서 호텔영업을 통하여 이익을 발생시킬 수 있는 부서들로서 이익창출 부서(profit center)로 불리기도 한다. 모든 수익 창출 부서들의 공통적인 특징은 모든 부서가 고객에 대한 서비스를 담당하는 역할을 하고 있다는 것이다. 즉, 전화 교환(telephone operator), 식음료를 판매하는 업장(F&B outlets), 그리고 객실판매부서, 비즈니스 센터(business centre) 등이 이에 해당된다. 한편 비용 발생 부서(cost center)는 호텔 내의 조직 중 매출에 영향을 주지 않고 수익발생부서를 지원하는 과정에서 단지 비용만 발생시키는 부서들로서 시설관리부(engineering), 마케팅부(marketing), 경비(security), 그리고 경리부(accounting) 등이 여기에 해당된다.

이와 같은 조직 구성의 표현은 호텔 내의 내부 구조를 잘 나타내주는 방법으로서 이를 통해 호텔은 가능한 한 수익을 높이고 지출을 줄일 수 있는 전략으로 모든 업무가 진행된다. 그러나 비용 발생 부서일지라도 비용 창출부서를 직·간접적으로 지원하는 업무를 수행하기 때문에 소홀히 다루거나 무시하면 모든 부서가 유기적으로 운영될 수 없음을 인식해야 한다. 예를 들면 어느 호텔을 찾아오는 고객들은 해당 호텔 마케팅부의 훌륭한 마케팅 전략에 따른 광고에 매료되어 호텔을 찾을 수 있으며 고객배려 측면의 각종시설물들을 관리하는 시설 관리부서의 세심한 시설점검 및 관리에 따른 안락함 및 쾌적함에 의해 호텔을 이용하는 사례가 있듯이 이들 지출 발생 부서들을 전혀 도외시 할 수는 없는 것이다.

〈그림 3〉은 〈그림 2〉와 매우 유사한 특징을 갖는데 이를 보면 고객과 접촉을 자주 갖는 부서들은 대부분 수입 발생 부서에 속해 있고, 고객과 접촉을 거의 갖지 않는 부서들은 비용 발생 부서에 속한다는 것을 알 수 있다.

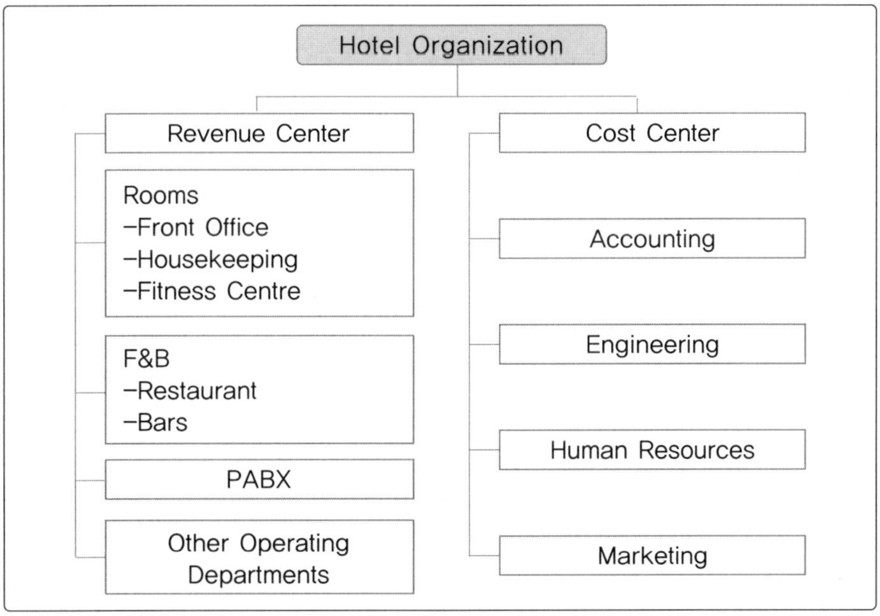


〈그림 3〉 수입 및 지출 발생별 조직 구성

# 제2절 객실부서의 조직

호텔의 총매출(total revenue) 중에서 객실부서(rooms division)가 차지하는 비율은 다른 어느 부서보다 많은 기여를 하고 있으며, 프런트 오피스, 하우스키핑(housekeeping) 부서로 구성되고 호텔 특성에 따라 휘트니스 센터를 포함시키기도 한다. 휘트니스 센터는 체육관(gymnasium), 에어로빅실(aerobic studio), 수영장(swimming pool), 사우나(sauna), 각종 체육시설 등을 총괄하는 부서로서 중·대형의 고급 호텔에서 필수적으로 갖추어야 할 고객 편의시설이며 일반적으로 객실부서에 소속되어 있다.

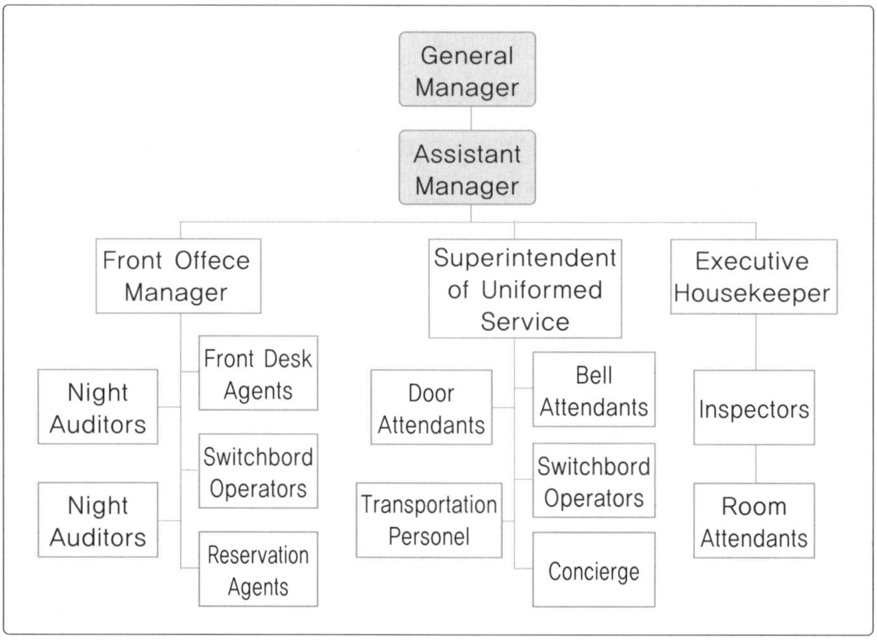


〈그림 4〉 객실부 조직(대형호텔의 경우)

# 제3절 객실부서 구성원의 업무

## 1. 프런트 오피스의 업무

호텔 내 여러 부서 중 고객과 가장 많이 접촉하며 또한 가장 쉽게 눈에 띄는 부서가 프런트 오피스이다. 프런트 오피스는 흔히들 신경조직의 중심(nerve center)라고 불릴 정도로 대부분의 고객 서비스와 관련이 있기 때문에 다양한 고객의 욕구를 충족시켜주기 위해 항상 준비된 자세로 근무해야 하는 부서이다. 프런트 오피스의 조직은 호텔의 규모, 운영형태에 따라 다양한 형태를 띠고 있지만 대개 프런트 데스크, 예약, 교환, 귀빈층, 프런트 서비스, 당직데스크 등으로 구분할 수 있다.

### (1) 프런트 데스크(front desk)

호텔에 투숙하기 위해서는 이곳에서 등록카드(registration card)를 작성하고, 객실배정을 받아 투숙을 하게 된다. 또한 이곳에서 투숙 기간 중 불편사항이 발생할 경우 처리하거나, 혹은 각종 안내 및 정보에 대한 문의를 할 수도 있으며 체크아웃절차(check-out)를 수행하는 장소이기도 하다.

프런트 데스크의 업무를 두 부분으로 구분하면 등록(registration)과 정산(cashiering)으로 분류할 수 있다. 등록 데스크는 체크인(check-in)이 많은 고객들로 혼잡한 오후 5시경부터 8시 사이, 정산 데스크(cashiering desk)는 체크아웃(check-out)이 한꺼번에 몰리는 아침 7시부터 10시 사이가 혼잡한 것이 일반적이지만 호텔의 위치, 형태에 따라 시간대의 차이가 있을 수 있다. 80년대 일부 체인호텔에서 기능별 전문성을 높이기 위해 데스크를 등록데스크(registration desk)와 정산데스크(cashicr dcsk)로 구분하여 각자의 고유기능만을 처리하도록 하거나 정산데스크는 경리부에 귀속시켜 운영하였지만, 시간대에 따른 업무량의 차이가 크기 때문에 효율성이 떨어지고 장점보다 단점이 많이 부각되어 업무의 효율을 위한 최근에는 업무의 전환배치 및 합병을 통한 재구성이 이루어지고 있다. 즉 고객이 프런트 데스크의 어느 곳에서도 체크인이나 체크아웃을 할 수 있도록 업무의 기능을 통합하는 형태로 바뀌어 가고 있다.

### (2) 예약(reservation)

객실 투숙객의 대부분은 사전에 전화, 팩스(facsimile), 서신, 전자 우편(e-mail), 인터넷(internet), 여행사, 호텔 종업원, 직접방문 등의 경로를 통해 예약을 하는 것이 일반적이다. 호텔에 따라 모든 예약(당일 예약 포함)을 예약실에서 접수 및 처리하는 곳도 있지만 예약실의 주 기능은 당일 이후의 객실예약의 접수 및 처리에 있다.

또한 컴퓨터 프로그램의 발달은 예약실의 업무를 단순한 예약 접수 및 처리에 국한하지 않고 정확한 객실 예약상황 및 예측을 통해 효율적인 객실 판매를 하여 최적의 매출 및 객실 점유율 달성이 가능한 정보를 제공한다. 예약을 통한 객실 투숙객의 증가에 따른 예약실 운영의 중요성이 강조되고 있어 일부 호텔에서는 고객관리 차원에서 고객의 요구에 신속하게 대응하고 최적의 수익률 관리를 위해 예약실을 마케팅 부서에 귀속시켜 운영하기도 한다. 특히 대형 단체 및 컨벤션(convention)의 수요가 예상되거나 그러한 예약을 성사시키기 위해서는 예약실과 마케팅 부서간의 긴밀한 협조체제가 구축되어야 한다.

### (3) 교환(PBX)

PBX(private branch exchange)라 불리는 전화 교환 장치를 이용하는 교환실은 호텔에 관련된 모든 정보를 얻을 수 있는 안내 센터라 할 수 있다. 단순히 외부전화를 해당 객실에 연결해 주거나 투숙객의 전화번호 문의에 대한 안내뿐만 아니라 호텔에 관한 각종 안내를 제공받을 수 있으며 긴급사태가 발생한 경우 중앙 통제센터의 역할을 수행하기도 하는 주요한 부서이다. 교환실에서 사용하는 자동 전화 요금계상 시스템(call accounting system)은 투숙객이 객실에서 전화를 이용한 직후 정해진 수수료(handling charge)와 사용요금이 더해진 전화 요금을 고객 원장에 즉시 계상할 수 있는 기능을 가지고 있으며, 교환실을 통하지 않고 전화기의 버튼 조작에 의해 객실에서 외부 전화선으로 연결해주는 기능을 가지고 있다. 자동요금계상 시스템이 호텔전산시스템과 통합 운용됨으로서 교환실은 비용발생 부서(cost center)에서 이익창출 부서(revenue center)로 탈바꿈하게 되었다. 또한 교환실의 시스템 기술 발전은 바야흐로 응답감응장치(answer detection equipment)의 개발을 가져오게 되었고 이로 인해 전화요금에 대한 고객과의 시비를 해소할 수 있게 되었다.

### (4) 귀빈층(executive floor)

호텔 내의 호텔 (hotel within a hotel)의 개념으로 특수 목적의 전용 객실층(귀빈층)은 호텔마다 고유한 명칭을 사용하여 운영하고 있는데, 대표적인 경우로 하얏트 체인호텔(Hyatt Hotels Corporation)에서 운영하는 리젠시클럽(Regency Club)과 웨스틴 체인호텔(Westin Hotels and Resorts)의 프리미어 클럽(Premier Club), 롯데호텔의 클럽플로어(Club Floor) 등을 들 수 있다. 호텔의 객실 층에서 상부의 몇 개 층을 지정하여 일반객실보다 차별화 된 시설 및 서비스를 제공하는 등 호텔 회사마다 나름대로의 독특한 서비스로 고정고객 확보를 위한 마케팅 전략으로 이용되고 있다.

### (5) 프런트 서비스

프런트 서비스(front service) 부서는 호텔을 이용하는 고객들에게 서비스를 제공하기 위해  응대(guest encounter)를 하며 이들과의 접촉을 통해 고객들은 해당 호텔에 대한 이미지를 가지게 된다. 호텔의 고객서비스는 고객을 최초로 맞이하고, 마지막으로 고객을 환송하는 업무로서 조직은 일반적으로 벨맨(bellman), 도어맨(doorman), 기사(driver), 그리고 컨시어지(concierge)로 구성되어 있다. 고객서비스 부서 구성원들의 직무는 기능면에서 복잡 다양한 업무의 연속이라고 할 수는 없지만 호텔 경영진이 결코 소홀히 다루어서는 안 되는 중요한 부서이다.

최초 응대 및 최후 응대를 하는 만큼 개별 구성원들의 서비스 수준은 고객의 첫인상에 지대한 영향을 주기 때문에 지속적인 서비스교육, 경영진의 관심과 배려가 절대적으로 필요하다. 특히 외국인 고객과의 원활한 의사소통을 통한 서비스만족 향상을 위해 구성원들의 외국어 구사 능력은 필수라 할 수 있다.

### (6) 당직데스크

당직데스크(duty desk)는 호텔로비에 위치하여 대고객 서비스의 총지휘를 담당하는 당직지배인(DAM: duty assistant manager)이 근무한다. 당직지배인은 호텔의 총지배인 업무를 대행하는 사람으로서 호텔 내 전체 영업장을 대상으로 고객 관련 업무처리, 불평 및 제안접수 및 보고, 고객 및 호텔의 안전 및 관리 등을 수행하는 관리자이며 호텔의 규모에 따라 직책과 책임 및 권한에 다소 차이를 보이고 있다. 일반적으로 대규모 특급 호텔에서는 3교대로(day shift: 7:00am-3:00pm, afternoon shift: 3:00pm-11:00pm, evening shift: 11:00pm-7:00am) 근무하며, 수석 당직지배인(senior duty manager)제도를 채택하여 운영하는 호텔도 있다.

조직 운영의 효율성 및 경비절감을 위해서 프런트 데스크 관리자와 당직지배인의 업무 교류(cross training) 및 업무합병(job combination)을 통해 두 가지 직무를 한 사람이 병행하여 운영하는 경우도 있으며, 이러한 체제로 운영하는 호텔에서는 호텔 경영진이 근무하지 않는 야간에만 당직지배인을 배치하여 근무시키는 것이 일반적이다.

호텔의 조직도상에서 당직지배인을 총지배인 직속으로 하는 경우도 있지만 대부분의 호텔에서는 당직지배인은 FOM(front office manager)의 귀속 하에 당직지배인 업무를 수행하고 있다.

〈그림 5〉 당직데스크 전경

## 2. 객실정비부서의 업무

객실정비부서(housekeeping department)는 객실상품을 창출하는 부서로서 객실정비를 담당하는 부서이다. 즉 고객이 쾌적한 분위기에서 머물 수 있도록 객실을 정리하고 정비하는 역할을 한다. 일반적으로 객실정비부서는 객실관리, 세탁관리, 정비장비의 관리, 습득물 및 분실물 등의 업무를 취급한다.

### (1) 객실관리

객실부서에서 취급하는 상품을 매일 창출하여 고객이 안락한 상태에서 숙박할 수 있도록 객실을 관리하는 업무를 담당한다. 보통 객실은 층별로 관리하여 객실청소와 소모품 비치 등을 객실관리원(room maid)들이 일정한 수의 객실을 매일 정비하면서 관리한다.

### (2) 세탁관리

숙박객 또는 외부고객들로부터 세탁을 의뢰받고 정해진 세탁 절차에 따라 처리하거나 종업원의 유니폼 세탁 그리고 식음료 부서에서 사용하는 각종 린넨의 세탁을 담당하는 업무이다. 특히 고객의 세탁물은 관리자의 실수로 인하여 손상시키지 않도록 조심스럽게 취급 해야 한다.

### (3) 객실정비용 장비관리

객실을 정비하기 위해 각종 장비가 사용되는데 장비를 적절히 사용하여 관리의 효율성을 제고하고 장비의 수명을 연장할 수 있도록 최선을 다해야 한다. 객실정비용 장비는 진공청소기(vacuum cleaner), 객실정비용 소모품 카트(housekeeping cart), 카페트 샴푸기(carpet shampoo machine) 등이 있다.

### (4) 분실물 및 습득물(lost & found)

객실이나 부대업장에서 고객이 잃어버린 물건이나 습득한 물건을 관리하는 업무로 분실물 및 습득물에 대한 관리는 특별한 절차에 따라 이루어진다.

## 3. 안전부서의 업무

호텔기업은 불특정 다수의 고객이 이용하는 공공시설이기 때문에 많은 사람들이 서비스를 제공받기 위해 왕래하는 장소이다. 이와 같이 다양한 사람들이 서비스를 제공받는 과정에서 개인의 프라이버시를 지켜주면서 안전을 보장해

주어야 하기 때문에 고객이 안전한 상태에서 편의시설을 이용하거나 서비스를 제공받을 수 있도록 고객의 안전에 만전을 기해야 한다. 또한 다양한 고객에게 서비스를 제공하는 종업원도 개인적인 신상의 위험이 노출되어 있기 때문에 안전을 보장하기 위한 대책이 강구되어야 하겠다. 고객이나 종업원 모두는 호텔 내에서 서비스를 제공받거나 제공하는 과정에서 위험으로부터 안전을 보장받기 위한 욕구가 존재하기 때문에 안전을 위한 관리업무를 담당하는 부서의 역할이 대단히 중요하다. 따라서 호텔에서는 고객과 종업원의 안전을 담당하는 특별부서가 총무부 혹은 객실부 소속으로 운영되고 있다.

## 제4절 프런트 오피스와 각 부서의 관계

객실부서는 고객접대의 중추적인 역할을 수행하는 곳으로 고객 개개인의 호텔방문이 즐겁고 유익할 수 있도록 최선을 다해야 한다. 따라서 각자가 맡은 대 고객 서비스 직무는 곧 바로 호텔을 대표하게 되는 것이며, 부문과 전체가 조화를 이루며 업무가 수행되어질 때 고객이 인식하는 호텔의 이미지는 높아지게 될 것이다. 프런트의 대 고객 서비스를 최상으로 유지하기 위해서는 고객대응을 담당하는 일선 종업원들이 원활한 업무 수행을 할 수 있도록 후원 부서의 협조가 무엇보다 필요하다 할 수 있고 이를 위해 프런트 오피스는 타부서와의 상호 밀접한 관계유지 및 개선에 만전을 기해야 할 것이다.

### (1) 마케팅 부서와의 관계

마케팅부서는 객실부서 프런트 오피스의 고객기록(guest history)과 예약자료, 객실 상황, 호텔에서의 회의, 세미나, 연회 요청서와 같은 자료를 필요로 하며 프런트 오피스는 이와 같은 자료를 제공해주는 곳이다. 능률적인 예약이나 등록절차의 편리를 위한 고객카드는 마케팅 부서에서 가치 있는 자료이다. 마케팅 부서에서는 호텔 컴퓨터 시스템에 저장되어 있는 이러한 고객 기록 정보를 통해 마케팅 캠페인의 표적, 판매촉진, 봉투부착용 주소록의 준비, 광고 계획을 수행할 수 있는 것이다.

객실부서의 종업원은 마케팅 부서에서 수행하고 있는 업무도 숙지하고 있어야 한다. 프런트 근무 중 여러 고객들로부터 호텔내의 연회장, 회의장소, 식당사용에 대한 문의를 많이 접하게 되며 이때 정확한 안내 및 정보 전달을 통해 고객의 기대를 만족시키는 수준에서 벗어나 고객의 기대를 능가할 수 있는 서비스 능력을 키울 수 있기 때문이다(Exceeding Guests' Expectation not Just Meeting Guests' Expectation). 이를 위해 프런트 데스크 종업원과 마케팅부서 종업원간에 상호 업무교류(cross training)를 실행하는 호텔을 흔히 볼 수 있다.

### (2) 하우스키핑 부서와의 관계

하우스키핑과 프런트 오피스 간에는 객실상태, 객실현황, 보안, 객실 내 어메니티 셋업(setup) 등 여러 가지 업무처리를 위해 상호 밀접한 관계의 유지가 필수적이다. 하우스키퍼의 작업스케줄에 따라 프런트 오피스는 객실판매 계획 준비나 배분을 하게 된다. 또한 고객의 안전과 편의를 도모하기 위한 조치나 객실 내 추가 비품 요청에 따른 물품을 공급해 주게 된다. 이러한 일들이 상호 유기적으로 원활하게 이루어질 때 고객만족을 창출해 낼 수 있는 것이다. 하우스 키핑과 프런트 오피스는 객실 상태에 대해 서로 연락하고, 객실을 찾는 고객을 위해 즉시 보고 되어야 한다.

세부적 잠재적인 방의 수와 호텔에 머무르고 있는 고객의 수 보고, 안전문제, 안락함의 요구, 샴푸와 치약, 수건, 전기 장비와 같은 호텔편의용품의 상태를 파악해야 한다. 객실의 상태를 매일 보고하는 것에서 객실의 점유율, 객실 가격 및 예약 사항에 영향을 준다.

프런트 데스크는 또한 손님의 안전 위협 상황을 알기 위해 보고서에 의존한다. 예를 들면 만약 고객이 위험한 상황을 알아차리면 계단과 비상구를 열고 방안에 있는 비상벨을 누른다. 따라서  프런트 오피스에 잠재적인 안전 위협 요소들을 보고 해야 한다.

### (3) 식음료 부서와의 관계

식음료 부서와 프런트 오피스 간에는 메시지, 각종 전표에 관한 정확한 정보 제공, 고객의 계산 부과 내역, 투숙예상고객 및 예상 점유율 보고서, 현금지불 요청(paid-out)등의 업무를 통해 상호 밀접하게 관련을 맺고 있다. 특히 정확한 의사소통은 고객이 제공받은 서비스에 대한 계산을 정확하게 할 수 있도록 한다. 이와 같이 의사소통에 의한 정보는 고객의 점유율, 고객의 요구 처리과정을 통하여 향후 예상되는 고객의 투숙율과 매출이익을 예측할 수 있도록 하는데 도움이 된다.

프런트 데스크 근무자는 호텔 내 식음료 부서에 관련된 업무내용에 관해 다양한 지식을 숙지하고 있어야 한다. 예를 들면 식음료 부서의 요원, 업장 영업시간, 영업품목에 이르기까지 구체적으로 숙지할 것을 요구하고 있다. 호텔 내에 각종 시설물의 이용 및 기타 문의 사항에 대해 투숙객 및 일반 고객이 문의를 하고 그에 대한 정확한 답변을 얻고자 하는 첫 번째 부서가 프런트 오피스이기 때문이다. 특히 연회 행사(banquet events)에 있어서 프런트 오피스 종업원은 세심한 주의와 신경을 써야 한다.

### (4) 경리 부서와의 관계

프런트 오피스의 업무와 가장 밀접한 관련을 가지고 있는 부서라 할 수 있는 경리부서는 호텔 수입의 50%이상을 차지하고 있는 프런트 오피스의 운영에 감사 및 통제의 기능을 제공하게 된다. 이러한 통제 및 감사의 기능은 일일 영업보고서(daily report) 및 기타 보고서를 통해 경리부서의 여러 담당자에 의해 이뤄지고 특이한 점이 발견될 경우 경리부장(controller)에게 보고되며 객실 부서의 책임자와 이점에 대해 조사를 하게 된다.

### (5) 시설부서와의 관계

시설부서와 프런트 오피스 간에는 객실의 현 상태에 관해 보수 및 점검 서비스를 행하게 되는데 일반적으로 객실 내 보수에 대한 내용은 객실정비를 담당하는 종업원의 보고에 의해 하우스키핑 클럭이 소정의 절차를 거쳐 시설부로 연락하여 점검 및 수리를 요구하게 된다. 프런트 오피스에서는 투숙객의 요청이나 불평에 의해 객실 내 문제점이 발견될 경우 하우스키핑이나 시설부에 직접 이러한 내용을 통보하여 즉각적인 조치가 이루어 질 수 있도록 해야 한다. 특히 호텔의 냉, 난방 시설이나 조명시설 등의 문제는 빈번하게 발생하기 때문에 유기적인 의사소통의 요구된다.

호텔 객실 내 안내 방송을 할 수 있는 중앙마이크 시스템은 프런트 오피스에서 관리 운영하는 것이 일반적이며 화재예방 및 신속한 화재 진압을 위해 시설부서의 긴밀한 협조체제가 필수적이다.

### (6) 안전관리부서와의 관계

안전관리부서와 프런트 오피스 사이의 커뮤니케이션은 고객에게 환대를 제공하는데 있어서 매우 중요하다. 이 부문은 고객의 안전 유지에서 매우 근접하게 함께 일한다. 고객 안전 관련의 일상적인 연구를 위한 절차뿐만 아니라 화재 안전 측정과 비상 커뮤니케이션 시스템은 이 부문의 협력을 요구한다.

## (7) 인력자원관리부서와의 관계

인적자원관리 부문은 모든 부문에서의 잠재적인 종사원을 위한 접촉의 첫 부분으로써 행동하는 프런트 오피스 직원에 의지할지 모른다. 또한 직종 지망자를 선발하기 위해 프런트 오피스 부서에 요청할지도 모른다. 이 정보는 인적자원관리 부문에서 중역이 잠재적인 직업 신청자와의 인터뷰에 도움을 줄 것이다.

# 2

# 제2장 호텔 객실

제 1 절 호텔 객실의 개념

제 2 절 호텔 객실의 형태

제 3 절 객실요금의 종류

제 3 절 객실업무의 최근 동향

# 제2장 호텔 객실

## 제1절 호텔 객실의 개념

### 1. 객실의 개념

객실(Guest room)은 글자 그대로 손님을 위한 방이다. 사전적 의미의 객실은 "① 손님을 거처(일정하게 자리를 잡고 살거나 숙박함)하게 하거나 접대하는 방, ② 여객선, 여객기, 열차 등에서 손님이 타는 방"으로 설명되고 있다.

이와 같이 객실이라는 단어는 여객선이나 여객기, 열차 등에서도 사용되고 있지만 ①의 내용이 호텔 객실의 설명에 가깝다고 볼 수 있겠으며 ②에서 설명하는 객실은 호텔의 객실과는 달리 인간이 일정한 지점에서 일정한 지점으로 이동하기 위한 수단으로 사용되는 객실인 것이다. 다시 말해 호텔의 객실은 숙박이 주목적인 반면 여객선이나 여객기, 열차 등의 객실은 인간의 이동을 주목적으로 한다.

현대적 의미의 호텔 객실은 식음료, 연회, 집회, 문화, 레저, 스포츠, 쇼핑, 비즈니스 등의 기능과 고급의 인적서비스 기능을 갖춘 영리사업체가 이용객에게 편안한 휴식과 조용하고 안락한 잠자리 장소로 제공하는 건축물 공간의 일부라고 말할 수 있다.

호텔의 상품은 객실이 주 상품이라고 할 수 있는데 호텔의 수익성은 판매객실수와 객실판매금액의 영향을 많이 받는다. 또한, 호텔경영에서 객실부문의 비용은 객실판매 여부와 관계없이 지급되므로 판매되지 않는 빈 객실은 호텔에 손실이 된다.

객실이란 상품은 보관할 수 없으며 판매에 있어서 신축성도 없다. 따라서 호텔경영에는 객실의 점유율이 중요시 되고 있으며 객실경영의 손익분기점도 객실점유율 여하에 따라서 결정된다.

관광호텔의 적정한 객실점유율을 위한 호텔관리에서 중요한 기능의 하나가 판매관리이다. 따라서 경영관리자는 판매관리와 경영분석에 관한 지식과 실무경험을 필요로 한다. 또한, 숙박객이 많으면 그만큼 호텔에서는 부대시설의 이용도가 높아지고 영업수익이 향상되기 때문에 호텔에서는 객실수익의 증대방법을 중요한 호텔경영정책으로 삼고 있다.

## 2. 호텔 객실의 특징

일반적으로 객실부문의 상품구매력은 공공기관의 밀도, 경제발전 정도에 따른 각종기업체 활동규모와 수준, 무역거래환경, 관광대상 및 기타 수요창출요인들에 의해 결정된다. 즉 객실상품의 특성을 일반상품과는 달리 예약에 의해 판매되는 상품이며 비신축성, 비보관성 등의 특성을 갖고 있으며 금일 판매하지 못하면 내일의 판매가 불가능한 시간적, 공간적 제약을 받는 상품이다.

객실상품이 일반상품과 다른 점은 비 재고상품이라는 것이다. 일반상품은 금일 판매되지 않더라고 재고로 남게 되어서 금일 이후에도 판매가 가능하며 이동판매가 가능하다. 즉 판매장소의 이동이 가능하다는 것이며 예약 없이도 판매가 가능하다는 것이 차이점이다. 반면 객실상품은 금일 판매하지 못하면 재고로 남지 않는다. 또한 객실상품은 예약에 의한 판매이기 때문에 예약시점에서 예약이 거절되면 판매가 거의 불가능하다.

현대호텔의 대부분은 객실상품을 호텔이 갖고 있는 주요수입원의 하나로 인식하여 호텔이 지향하는 성격과 목적에 따라 객실의 규모와 유형을 다양하게 갖추고 있다. 이는 객실상품을 이용하는 숙박객이 많으면 많을수록 부대시설의 이용도가 높아지고 그에 따라 수익이 향상되기 때문에 대부분의 호텔에서는 객실의 수익증대를 호텔경영의 주된 목표로 삼고 있기 때문이다.

객실상품은 일반적으로 무형성과 동시성, 이질성, 소멸성 등의 특징을 가지고 있다.

첫째, 무형성(Intangibilty)은 무형의 상품이기 때문에 저장할 수 없으며 특허와 같은 법적제도를 통해 보호받을 수 없고 그 상품의 내용을 미리 보여주거나 알려 줄 수도 없다.

둘째, 동시성(Insparabilty)은 생산과 소비가 동시에 이루어지기 때문에 분리하여 생각할 수 없다.

그러므로 관광자의 입장에서 서비스상품을 소비하기 위해서는 생산현장에 직접 와야 하고 동시에 생산에 참여하지 않을 수 없게 된다. 따라서 서비스 상품의 대량생산은 어려운 일이다.

셋째, 이질성(Heterogeneity)은 많은 이질적인 요소들이 모여 하나의 상품을 구성하다보니 서비스상품을 표준화한다거나 전체상품의 질을 관리하기가 매우 어렵다.

넷째, 소멸성(Pershability)은 서비스상품은 재고가 있을 수 없다는 말이다. 그러므로 오늘 사용하지 못한 상품을 저장했다가 사용한다는 것은 있을 수 없다.

이상과 같은 일반적인 특징 외에 최근의 객실상품의 공통적인 특성은 객실형의 균일화, 객실의 융통성, 객실용적의 농축화, 객실형태의 적합한 배합, 객실설비의 고급화 등을 꼽을 수 있다. 일반적인 특성을 구체적으로 살펴보면 우선 객실형의 균일화는 객실판매관리의 합리성을 제고시킬 목적으로 객실상품을 표준화하거나 규격화하고 있다. 즉 호텔의 싱글 룸이나 트윈 룸 등의 객실을 같은 형태의 침대, 가구, 집기가 사용되고 요금도 동일한 객실일 경우에는 균일하게 책정하며 객실의 색상도 통일성 있게 단일화되고 디자인도 동일하게 하여 자재의 대량구입과 대량생산에서 발생하는 원가의 절감과 대량판매를 유도할 수 있는 계기를 제공한다.

객실의 융통성은 특정한 객실을 한 가지의 목적으로 판매하는 것이 아니고 여러 가지 목적으로 사용할 수 있도록 객실의 형태를 다양화하는 것이다.

이러한 결과 한 개의 객실상품이 1일 1회 판매 이외에 시간판매를 최대화함으로써 숙박의 목적 외에 사업상의 목적 등으로 이용할 수 있도록 객실을 다양화 한 것이다.

객실용적의 농축화 특성을 갖는 호텔의 객실은 막대한 자본이 소요되는 특성을 가지고 있는 상품이기 때문에 객실공간을 최대한 활용하여야 객실판매의 목적을 달성할 수 있다.

하나의 객실을 주간에는 사무실로, 야간에는 침실로 이용할 수 있도록 한다. 이를 위해 다용도의 집기를 배치하고 남는 공간을 최소화하고 각층간의 간격도 최소화하여 에너지 절감을 꾀하고 있다.

객실형태의 적합한 배합의 특성을 갖는 호텔의 객실은 시장의 상황을 고려하여 도심의 호텔과 휴양지의 호텔에 따라 상이하게 배치한다. 즉 관광자의 여행목적을 고려하여 객실형태를 달리한다.

끝으로 객실의 표준화와 규격화가 진행됨에 따라 타 호텔과 경쟁하기 위해서 객실공간에 배치하는 가구를 경쟁호텔보다 객실이 고급화 되고 있다. 특히 호텔의 용구는 다른 상품에 비하여 내구연한이 짧아 자주 교체해야 하며 유행에 민감한 고급의 소재를 사용해야 한다.

## 3. 호텔 객실의 구성

객실공간이 편안하고 안락한 장소가 되려면 육체적으로나 심리적으로 밀착하는 실내로 구성되어져야 한다. 객실은 기능적 요소(물리적 요인)와 감상적 요소(심리적 요인)를 모두 갖춘 공간을 의미한다.

물리적 요인(기능적 요소)은 생활의 쾌적함을 높이는 기능성과 심미성에 입각하여 볼 때, 그 기본은 실용성이다. 물리적 요인으로는 인간 척도와 객실의 기구, 천장의 높이, 환기, 온도, 방음 등이 있다.

실내의 질과 분위기는 인간에 대한 척도의 관련성에 의해 가장 명확하게 결정되고 기능적인 면에서 실내의 가구 치수 및 배열이 중요하며 심리적인 면에서는 가구와 공간, 공간의 볼륨을 들 수 있다.

그리고 튼튼하고 파손되지 않는 재질과 디테일, 쾌적한 디자인이 요구되며 가구의 돌출부분은 둥글게 하여 안전과 가구자체의 보존에도 주의가 필요하다. 가구의 형태, 재질, 색조는 객실에 개성미를 느끼게 하고 가구의 선정과 배열은 신중을 기해야 한다.

이용목적에는 높은 천장을 갖는 공간보다 오히려 친밀한 스케일의 공간이 적당하지만 너무 낮은 천장은 심리적 압박감을 주게 되므로 합리적인 계획이 필요하다.

객실내의 환기는 사용자의 생리작용에 의한 공기성분의 변화와 실내 활동에 의해서 생기는 오염된 공기를 실외로 내보내기 위한 공기의 순환 교체를 말한다.

인간의 공간과도 깊은 관계가 있으며, 심리적인 면에도 영향을 미친다. 연중무휴로 24시간 운영의 냉난방이 필요한데 숙박객 자신이 조절할 수 있는 휀코일 유니트 방식과 인적션 방식 및 가변풍량 방식이 주류로 되어있다.

소음에 시달리지 않고 편안한 휴식과 수면을 할 수 있어야 하며 내부의 이야기가 밖으로 새어 나가지 않도록 하는 것이 매우 중요한 조건이다. 객실을 보호하기 위해서는 외벽, 창, 칸막이, 출입문, 설비기계 등의 요인으로 대응하는 방음대책이 필요하다.

심리적 요인(감성적 요인)을 위해 실내의 공간은 객실의 목적과 기능과 아름다움을 모두 갖춰야 하므로 객실을 계획하는 사람은 자신이 제작에 이용하려는 각각의 색채, 재료 등 모든 배합에 있어서 진지한 창작과정을 밟아야 한다.

## 4. 호텔 객실의 기능

호텔은 일반적으로 가정을 떠난 가정으로 안락한 분위기와 정성어린 서비스가 제공되고 여행중 심신의 피로를 풀고 생활의 여러 활력을 줄 수 있는 시간적, 공간적 여건을 충분히 갖춰야 한다.

최근에 와서는 호텔은 단지 수면과 휴식을 위한 숙박, 식음료, 모임, 대화, 사교장소를 제공하는 연회, 국제회의, 국제협약, 화상회의를 제공하는 서비스 산업이라는 인식에서 벗어나 대, 소회의 등을 제공하는 집회, 교육, 예술, 패션, 공예, 학습, 전시회 등의 문화 행사장, 즐거움, 단련, 놀이, 휴식 등의 레저, 스포츠, 쇼핑, 상담, 거래, 정보통신, 생활정보수집 등의 사업 공간, 법적으로 허용되는 지역의 카지노, 게임 룸 등 도박, 클리닉, 헬스, 미용, 이용, 사우나, 수영 등의 건강관리, 국제전화, 전보, 인터넷, 팩스, 항공, 렌터카, 호텔 등의 예약, 관광에 관한 안내업무 그리고 지역사회의 정치, 경제, 사회, 문화, 예술 커뮤니케이션 등 다양한 문화 및 경제적인 기능을 수행하는 복합공간이다.

호텔은 크게 공공부분, 숙박부분, 식음부분 3가지로 나눌 수 있다, 그 중에서 객실은 숙박부분에 속하며 이것은 호텔의 기능 중에서 가장 중요한 역할이라 할 수 있다. 호텔에서 객실은 주요 수입원이며 호텔이 지향하는 성격과 목적에 따라 객실의 유형을 다양하게 갖추면서 경영에 중요한 역할을 담당하고 있다.

호텔 객실은 문화적 욕구 및 관광에 대한 주체적, 객체적 동기가 자극이 되어 거주지에서 관광목적지로 이동하는 과정에서 체재지의 숙박기능을 감당하는 주거공간으로써 관광객의 체재지 효용증진에 크게 기여하고 있다.

따라서 객실의 실내공간은 객실이용객에게 자기 가정과 같은 안락한 휴식처가 되어야 하므로 주거공간이 갖추어야 할 안정성, 쾌적성, 청결성, 편리성, 프라이버시 보호, 정숙 등을 기본조건으로 하여야 한다.

이것은 객실의 사용목적에 맞도록 물리적인 면이나 심리적인 면에 만족할 수 있도록 쾌적한 공간이어야 함을 의미하는 것이다.

객실은 쾌적과 개성을 필요로 하며 필요에 따라 변화성을 주어 호텔의 특성을 살려야 하는데 객실의 기능을 숙박객 생활중심으로 살펴보면 휴면 공간, 자유공간, 위생 공간, 사무 공간, 화물 공간 등으로 나눌 수 있다.

첫째, 휴면공간은 침실의 기능으로서 취침과 휴식공간이다. 호텔의 주체는 객실이고 관광자에게 안전하고 쾌적한 휴식과 수면의 제공에 있어 가장 중요한 기능이 되며 취침기분을 좌우하는 침대는 객실의 설비물 중 가장 중요한 품목이 된다.

둘째, 자유공간은 거실의 기능으로 다목적 공간이 된다. 즉, 독서, TV시청, 음악 감상, 작업, 사무, 대화, 상담 등의 활동공간으로 이용되어 손님 접대로 외부와의 관계를 맺게 되는 공간이 된다.

셋째, 위생공간은 배수설비를 핵심으로 하는 공간으로 배수, 세면, 목욕 등 생리적 행위를 위한공간이다. 이와 같은 기능이 핵심이 되는 욕실에는 화장실과 세면장이 있다.

넷째, 사무공간은 오늘날 객실환경의 주요요인으로써 기존의 관광과 여행의 단순한 숙박이 현재는 숙박보다는 비즈니스를 하는 사무공간으로써의 활용도가 확대되면서 현대의 호텔은 각각의 객실에 랜선, 컴퓨터, PDA, 휴대폰, 팩스 등 비즈니스 관광자의 이용 만족을 위하여 지속적으로 급격히 발전되고 있다.

다섯째, 화물공간은 일정한 양의 이용자 수화물을 보관할 수 있는 공간이 반드시 필요하다. 휴면공간과 자유공간에 침해를 주지 않으면서 이용자가 쉽게 이용할 수 있어야 한다.

# 제2절 호텔 객실의 형태

객실의 형태는 호텔의 전망이나 목표고객의 기호에 따라 설계 및 건축이 이루어지지만 국제적인 수준의 호텔일수록 객실의 넓이나 실내가 고급스럽게 장식되어가고 있다. 일반적으로 호텔 객실은 침대(bed)의 수와 크기에 따른 분류, 이용객의 요구 및 취향에 따른 분류, 객실의 위치에 따른 분류로 구분할 수 있는데 각각의 분류에 따른 객실의 특징은 다음과 같다.

## 1. 침대 수에 의한 분류 방법

침대 수에 의한 호텔 객실의 분류는 침대의 형태에 따라 여러 가지 종류의 객실이 있으나 대개 이와 같은 객실의 형태는 고객의 구성에 따라 결정된다. 예를 들면 일본고객이 차지하는 비중이 높으면 싱글이나 트윈 객실의 수가 많으며, 유럽이나 내국의 고객이 많으면 호텔은 더블 객실의 수가 싱글이나 트윈 객실보다 많다.

### (1) 싱글 베드 룸

싱글 베드 룸(single bed room)은 객실에 1인용 침대 1개를 설치하여 한 사람의 고객이 투숙할 수 있는 객실을 의미한다. 과거의 호텔은 욕실시설의 유·무에 따라 욕실이 없는 싱글 객실(single without bath), 욕실을 포함한 싱글 객실(single room with shower) 등으로 분류를 하였으나 최근에는 싱글 객실에도 욕실이 필수적으로 포함되고 있다. 싱글베드 룸은 주로 일본 및 유럽 등지에서 흔히 볼 수 있는 종류이다. 우리나라의 특급호텔은 대부분 싱글과 더블을 구분하지 않고 더블침대만을 설치하여 운영하고 있다.

### (2) 더블 베드 룸

더블 베드 룸(double bed room)은 2인용 침대가 1개 놓인 객실로서 두 사람이 투숙할 수 있는 객실이다. 일반적인 호텔의 객실 형태로서 유럽 사람들은 더블 침대는 2인용일지라도 부부가 아니면 더블침대에 2인이 이용하지 않는다. 내국인의 비율이 높거나 특히 내국인 신혼여행객이 많은 지역의 호텔은 더블 베드 객실을 많이 준비해야 한다.

〈그림 6〉 더불 베드 룸

### (3) 트윈 베드 룸

트윈 베드 룸(twin bed room)은 1인용 침대 2개를 넣어 친구나 형제자매, 같이 여행하는 단체의 일행 등이 사용하기 편리한 객실이다. 문화적인 차이나 습관에 따라 이용하는 객실이 다르다. 개인주의 성향이 강한 일부국가에서는 신혼여행객일지라도 더블 객실보다 트윈 객실을 선호하는 경향이 있기 때문에 침대의 형태에 따른 객실 수는 국적별 시장점유율을 고려해야 할 것이다.

〈그림 7〉 트윈 베드 룸

## (4) 스위트 룸

스위트 룸(suite room)은 일반객실에 비해 면적이 넓고 일반객실 내에 특별한 아메니티가 비치되어 있는 객실로써 침실(bed room)과 응접실(living room)이 분리되어 있는 특별객실이다. 일반적으로 국제수준의 호텔에서는 전체객실 중에서 스위트의 비율을 20~30%로 운영하고 있다.

〈그림 8〉 스위트 룸

### (5) 스튜디오 베드 룸

스튜디오 베드 룸(studio bed room)은 일반 객실에 비해 넓은 공간에 침실과 응접실이 같이 놓여 있는 준 특실급(semi suite) 객실이다.

### (6) 트리플 베드 룸

트리플 베드 룸(triple bed room)은 한 객실에 3인이 투숙을 원할 때 트윈 베드 룸에 보조침대(extra bed) 하나를 더 추가하여 만든 객실을 말한다. 보통 단체고객이나 가족을 동반한 고객이 이용을 한다.

### (7) 싱글-더블 베드 룸

싱글-더블 베드 룸(single-double bed room)은 일반적으로 가족 여행자를 위한 객실로 사용되며 싱글 베드 1세트와 더블 베드 1세트가 준비되어 있는 객실을 의미한다. 트리플 베드는 더블베드에 보조침대를 추가한 객실이지만 싱

〈그림 9〉 싱글-더블 베드 룸

글-더블객실은 처음부터 싱글침대와 더블침대를 세팅한 객실이다. 호텔에 따라서 디럭스 트윈(deluxe twin) 혹은 패밀리 트윈(family twin) 등으로 불리기도 한다. 최근에 휴양지 호텔에서 이와 같은 형태의 객실을 선호하는 경향이 있다.

### (8) 더블-더블 베드 룸

더블-더블 베드 룸(double-double bed room)은 객실이 대형화되고 있는 상징의 하나로써 더블 베드 2개가 준비되어 있는 객실을 말하며 고급 호텔에서는 딜럭스 트윈(deluxe twin) 객실을 일반 트윈과 차별화하기 위해서 이러한 침실형태로 운영하는 경우를 볼 수 있다.

### (9) 온돌 룸

온돌 룸(Ondol room)은 한국식 객실(traditional Korean style room or Korean style room)을 뜻하며 객실 바닥에서 수면을 취하는 전형적인 한국식

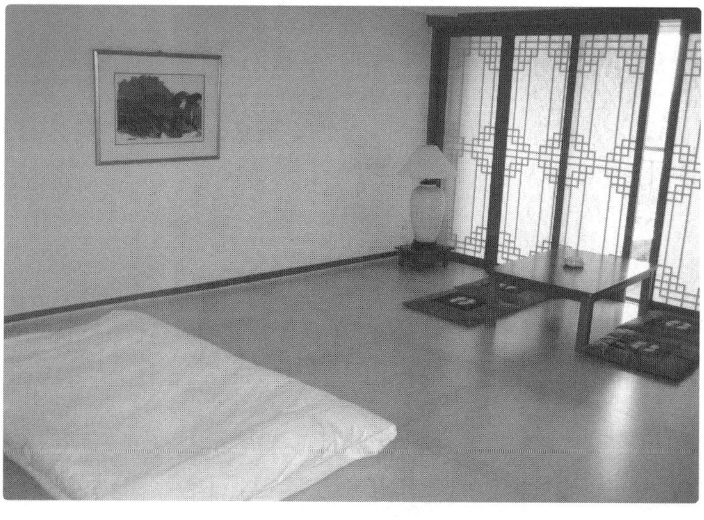

〈그림 10〉 온돌 룸

객실이다. 호텔에서 이러한 객실형태를 보유하고 있는 경우 바닥에 스팀이 잘 들어가도록 시설점검이 필수적이며, 대부분의 이용자는 한국인이라 할 수 있다. 그러나 젊은 층 세대의 고객은 온돌객실을 선호하지 않기 때문에 도심지의 호텔에서는 온돌객실이 극소수이다. 우리나라의 지방호텔이나 휴양지호텔에서의 온돌객실은 보통 온돌객실을 선호하는 노인층과 세미나, 컨벤션 등과 같은 특별한 모임을 위한 대규모 숙박을 위해 제공되고 있다.

### (10) 이그제큐티브 룸

이그제큐티브 룸(executive room)은 비즈니스 고객을 위해 객실 내에 팩스라인(facsimile line), 컴퓨터(computer) 등 업무에 필요한 첨단 장비나 집기를 설치하여 상용고객이 객실에서 업무를 하면서 휴식을 취할 수 있는 상용객 전용 객실을 말한다. 대부분의 특급호텔에서는 상용객의 요구를 감안하여 사무용 편의시설을 갖춘 객실의 비중을 점차 확대하고 있는 추세이다. 이 외에도 호텔에 따라 여성전용객실(층), 금연객실(층), 장기투숙객 전용객실(층) 등이 운영되고 있다.

## 2. 객실의 위치에 의한 분류

### (1) 외향객실

외향객실(outside room)은 호텔 건물의 바깥쪽에 위치하는 객실로서 외부의 경관을 내다 볼 수 있는 전망이 좋은 객실을 말한다. 예를 들면 바닷가 휴양지 호텔에서는 바다가 잘 보이는 객실(ocean view room)을 말하며, 산악지역의 호텔에서는 산의 경치가 잘 보이는 객실(mountain view room)을 말한다. 일부의 휴양지 호텔에서는 고객들의 욕구를 충족시켜주기 위해 전 객실을 전망이 좋은 외향객실로 건축하여 운영하기도 한다.

### (2) 내향객실

내향객실(inside room)은 아웃사이드 객실의 반대 개념으로써 호텔건물의 내부 또는 뒤쪽에 위치하는 객실로서 외부의 경관을 볼 수 없는 객실을 말하는 것으로 바닷가 휴양지 호텔의 경우 바다가 보이지 않는 객실인 마운틴 방향 객실(mountain view room) 또는 시내방향 객실(city view room)을 말한다.

### (3) 커넥팅 룸

커넥팅 룸(connecting room)이란 나란히 위치한 객실 사이에 통행할 수 있는 문이 있어 복도를 통하지 않고도 객실과 객실을 왕래할 수 있는 객실을 말하며, 상이한 의미로 어드조이닝 룸(adjoining room)이 있는데 이는 커넥팅 룸과 같이 객실과 객실이 나란히 위치해 있지만 객실과 객실을 왕래할 수 있는 문이 없는 객실을 말한다.

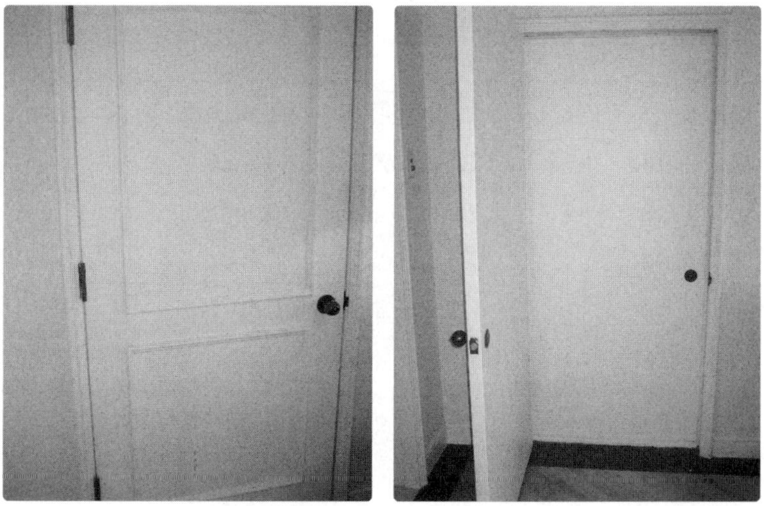

〈그림 11〉 커넥팅 룸의 door

## 3. 객실의 면적 및 침대의 규격

객실의 면적은 객실의 형태, 침대의 수, 가구설비의 종류나 크기에 따라 그 면적이 각각 다르다. 싱글이나 더블, 트윈은 전 세계적으로 제시되고 있는 면적이 있으나 특실이나 전통적인 형태의 객실(온돌)은 그 기준이 정해져 있지 않다. 우리나라의 경우 특실은 26m 이상, 한실(온돌)은 19m 이상으로 정하고 있다. 〈표 1〉은 세계적인 객실면적의 기준을 〈표 2〉는 침대의 종류와 규격을 보여주고 있다.

〈표 1〉 세계적인 객실면적 기준( m )

| 구 분 | City Hotel | Resort Hotel | Business Hotel | 한 국 |
|---|---|---|---|---|
| 싱글 룸(Single Room) | 16.0 | 22.0 | 10.5 | 13.0 |
| 더블 룸(Double Room) | 17.5 | 23.5 | N/A | 19.0 |
| 스튜디오 룸(Studio Room) | 26.0 | 34.0 | N/A | N/A |
| 트윈 룸(Twin Room) | 26.0 | 33.5 | 13.5 | 19.0 |

〈표 2〉 침대의 종류와 규격

| 종 류 | 길 이 | 폭 | 비고 |
|---|---|---|---|
| Single Bed | 75 inch | 39 inch | |
| Double Bed | 75 inch | 54 inch | |
| Semi Bed | 80 inch | 60 inch | |
| King Bed | 78 inch | 80 inch | |
| Extra Bed | 75 inch | 39 inch | 접을 수 있음 |
| Baby Crib | 크기 다양함 | 크기 다양함 | Baby Cot |

# 제3절 객실요금의 종류

객실가격(room rate)은 고객에 따라 요금의 할인율을 차등하여 적용하기 때문에 여러 가지 종류의 객실요금이 있다. 대개 호텔의 객실요금은 공표요금과 특별요금 그리고 추가요금으로 크게 분류할 수 있으며, 또한 이들과 관계되는 몇 가지 기타 요금제도들이 있다. 객실요금은 객실매출에 직접적인 영향을 미치기 때문에 요금을 결정할 때에는 심사숙고해야 한다.

## 1. 공표요금

공표요금(rack rate)이란 호텔이 객실요금을 책정하여 이를 담당행정기관에 공식적인 신고절차를 마치고 일반인들에게 공시하는 기본요금을 의미한다. 객실요금이 명시된 호텔의 브로슈어(brochure)를 호텔공표요금의 태리프 혹은 룸 태리프(tariff or room tariff)라 부르는데, 이 태리프는 원래 미국에서 수입품에 부과시키는 관세율표(tariff)로 사용되던 것이 발전되어 현재는 철도의 운임표, 호텔의 요금표로 사용되고 있는 것이다. 우리나라의 현행 객실요금 제도는 관할 관청에 신고만 하면 된다. 그러나 외국인 관광객유치 증진을 위한 적정객실요금을 호텔업계에 관공서에서 권고를 하고 있는 실정이다. 〈그림 12〉는 H 호텔의 객실요금표와 조건 등을 기재한 룸 태리프이다.

## 2. 특별요금

특별요금(special rate)제도는 고객의 숙박목적에 따라 적용하는 요금제도로서 객실요금을 무료로 하거나 또는 공표된 요금에서 할인해 주는 요금제도 두 가지가 있다.

## ■ Information of Room Tariff ■

| | | | |
|---|---|---|---|
| • **Standard** | | | |
| | Twin | Lake View | ₩220,000 |
| | | Hill View | ₩200,000 |
| • **Deluxe** | | | |
| | Twin | Lake View | ₩230,000 |
| | | Hill View | ₩210,000 |
| | Double | Lake View | ₩240,000 |
| • **Family** | | | |
| | Ondol | Lake View | ₩260,000 |
| | | Hill View | ₩240,000 |
| | Twin | Lake View | ₩260,000 |
| | | Hill View | ₩240,000 |
| • **Suite** (all lake view) | | | |
| | Executive | Double | ₩400,000 |
| | Executive | Ondol | ₩450,000 |
| | Senior | Double | ₩500,000 |
| | Senior | Ondol | ₩500,000 |
| | Royal Suite | | ₩ 1,500,000 |
| | Presidential Suite | | ₩ 3,000,000 |

Rates are subjected to change without notice.
A 10% service charge & 10% V.A.T will be added.

상기 요금은 사전 통고없이 변경될 수 있습니다.
10%의 봉사료와 10%의 세금이 가산됩니다.

• **Extra Bed Charge** ₩30,000
|양실 추가 침대요금 또는 한실 추가 이불요금|

Including service charge & tax.
봉사료와 세금이 포함된 금액입니다.

• **Non smoking + Handicapped rooms are available.**
| 금연객실이 준비 되어 있습니다.|

## ■ Reservation & Information ■

| | | |
|---|---|---|
| • **Sales Office** | • Seoul Sales Office |서울사무소| | (02) 3669-4101/6 |
| | • Busan Sales Office |부산사무소| | (051) 667-0090/1 |
| | • Ulsan Sales Office |울산사무소| | (052) 228-1265 |
| | • Daegu Sales Office |대구사무소| | (053) 425-6902 |
| • **Hyundai Hotels** | • Hotel Hyundai(Ulsan) | (052) 251-2233 |
| | • Hotel Hyundai(Gyeongpodae) | (033) 651-2233 |
| | • Hotel Hyundai(VBC) | 001-7-4232-40-2233 |

• **Toll Free Numbers: 080-234-2233**

〈그림 12〉 객실요금표(room tariff)

## (1) 무료요금

무료요금(complimentary)은 호텔의 경영진의 판단에 따라 특별히 접대해

### COMPLIMENTARY ORDER

ARRIVAL : DEPARTURE : ISSUED DATE :

| NAME & CO | | | | | | |
|---|---|---|---|---|---|---|
| CONTENTS | ROOM | TYPE : | | TTL RMS : | | |
| | MEAL | DATE | | | | |
| | | B | | | | |
| | | L | | | | |
| | | D | | | | |
| TREATMENTS | FRUITS : | | FLOWERS : | | OTHERS : | |

REASON : 1. LATEST EVENT :

2. EVENT FORECAST :

3. OTHERS :

REMARKS :

| REQUESTER | MANAGER | DIRECTOR | G. M. |
|---|---|---|---|
| | | | |

〈그림 13〉 complimentary order

야 될 고객이나 호텔의 판매촉진을 목적으로 초청한 고객에게 숙박편의시설을 제공하고 요금을 징수하지 않는 요금 제도를 의미한다. 이에 해당되는 고객은 호텔경영에 많은 기여를 하였거나, 기여를 하고 있는 고객, 가까운 장래에 호텔영업에 이익을 가져다 줄 고객으로 판단된 사람 등인데, 구체적으로 말하면 행사 및 세미나 기획 담당자(organizer), 거래회사나 여행사의 임원 및 간부, 고객을 인솔하기 위한 사전 답사자(site inspector)등이 이에 속한다. 객실만 무료로 제공할 경우는 "complimentary on room" 혹은 "room only comp", 식사만 무료로 제공할 경우는 "complimentary on meal", 객실요금과 식사요금이 전부 무료일 때는 "all comp." 혹은 전화, 미니바 등은 제외하고 숙박과 식사를 무료로 제공할 경우에는 "all comp. but telephone and mini bar"라고 표시하기도 한다.

### (2) 할인요금

#### 1) 싱글 요금(single rate)

우리나라의 경우 호텔의 객실요금은 원칙적으로 투숙객 각자에 대한 요금계산이 아니고 객실 당 요금계산방법을 택하고 있다. 따라서 2인용 객실에 1명이 숙박해도 숙박인원수에 관계없이 객실요금은 객실 1실의 정찰가격이 청구된다. 싱글 할인요금은 고객이 싱글 룸을 예약하고 호텔은 싱글 룸 예약을 확약하였으나, 고객이 호텔에 도착했을 때 호텔 측의 사정으로 약속한 싱글 룸 제공이 불가능할 경우가 있다. 이때 호텔 측은 고객에게 싱글 룸보다 가격이 높은 트윈 룸이나 더블 룸 등을 제공하고 객실요금은 싱글 룸 요금을 적용하는 경우를 싱글 할인요금이라 한다.

#### 2) 비수기 요금(off-season rate)

비수기의 경영대책으로 호텔의 객실 이용률이 낮은 계절에 한하여 공표요금으로부터 일정비율의 요금을 할인해 주는 것을 말한다. 이러한 요금제도는 경쟁호텔 간에 과당경쟁을 유발시킬 수도 있어 공정거래를 위한 특별한 지도 단속이 요구되고 있다. 특히 할인된 객실가격과 함께 꾸러미상품(package product)을 만들어 판매하여 비수기를 극복하는 경우도 있다. 그러나 우리나라 대부분의 호텔들은 도심지호텔이나 휴양지호텔에서 비수기 경영정책으로 계절별 할인요금을 적용하고 있는 추세이다.

### 3) 커머셜 요금(commercial rate)

특정한 거래처(account)와의 계약에 의해 일정한 요금으로 할인하여 주는 요금제도로서 상용호텔이나 도심지호텔의 경우 커머셜 요금의 비율이 점점 증가하고 있다. 거래처의 거래실적에 따라 10%~30%의 할인을 해 주거나 대기업이 경영하는 호텔들이 계열기업이나 방계회사에 대해서 이 제도를 적용하고 있다. 할인율은 거래처의 실적에 따라 혹은 전략적 측면에서 마케팅 부서에서 결정하는 것이 일반적이며 결정된 할인율은 호텔컴퓨터 시스템에 입력되어 해당 거래처의 고객은 자동적으로 할인을 받을 수 있도록 편의를 제공하고 있다. 이 요금제도는 주로 개인고객(FIT)을 위한 요인으로써 개인고객전체의 매출에서 차지하는 비중이 매우 크다고 할 수 있다.

### 4) 단체할인 요금(group discount rate)

국내 · 외 여행사의 단체관광객이나 공공단체에서 개최하는 컨벤션, 세미나 등의 단체행사를 위해 특별히 할인되는 요금을 말한다.

이들 단체에게는 객실가격이나 객실의 형태에 관계없이 균일 요금제도라 할 수 있는 표준객실요금(rate for standard room)이 적용되는 것으로 이러한 요금을 균일 요금(flat rate)이라고도 한다. 즉 어느 특정단체가 대규모의 더블 객실을 요구했을 경우 호텔에서는 요구하는 수량의 더블객실을 제공할 수 없기 때문에 균일한 요금으로 더블을 포함하여 트윈이나 경우에 따라서는 특실(suite room)도 제공한다.

### 5) 여행사 종업원 요금(travel agent/ discount rate)

여행사 종업원 요금은 여행사 근무자 및 해당업계 종업원을 위한 홍보차원의 객실요금을 의미하는 것으로 해당객실요금의 50%에 해당하는 할인율을 적용하는 것이 일반적이다.

### 6) 호텔 종업원 요금(sister hotel employee rate)

체인호텔의 경우 자매호텔에 근무하는 종업원을 위한 요금으로 상호 호혜주의를 바탕으로 상대호텔의 종업원에 할인해 주는 요금제도이다. 일반적으로 종업원 요금도 50% 정도 할인율이 적용된다.

## 3. 추가요금

### (1) 홀드 룸 차지(hold room charge)

### 1) 슬립아웃요금(sleep out charge)

숙박중인 고객이 숙박기간 중 단기간의 여행을 떠나면서 수하물은 객실에 남겨둘 경우 그 객실은 고객이 계속하여 사용하는 것으로 간주되어 객실료가 고객의 청구서에 계산된다. 대개 장기로 호텔에 투숙하는 고객들에게 이러한 경우가 있는데 투숙기간 중 고객의 수하물이나 소지품을 객실에 남겨 둔 채로 외부에서 숙박을 하는 경우 호텔의 상황 또는 해당 고객의 중요도에 따라 고객이 객실에 숙박을 하지 않을 때에 개인 수하물이나 소지품이 객실에 있다하더라도 요금을 청구하지 않는 경우도 있다.

### 2) 보장 예약(guaranteed reservation)

고객이 객실을 예약하고 호텔에 도착하지 않았을 때 그 객실을 타인에게 판매하지 않고 예약고객을 위해 보류시킨 경우에 적용되는 요금이다. 예약

고객이 예약 보증을 한 경우에 사용되며, 예약 보증이 되지 않은 경우에는 호텔에 따라 오후 4시에서 6시경 예약을 해지(release)한다.

### (2) 취소요금(cancellation charge)

예약신청자가 사정에 의하여 숙박 당일 혹은 하루 전에 취소해 올 경우 이에 따른 영업상의 불이익을 보상받기 위해 호텔에서는 취소요금을 징수하게 된다. 이러한 규정은 호텔마다 다소 차이는 있겠으나 해당호텔의 숙박약관에서 규정하고 있다. 참고로 현재 문화관광부의 전신인 교통부에서 제정한 약관에 따르면 94년 7월부터 객실예약 후 취소를 하거나 노-쇼(no-show)의 경우, 개인고객인 경우 3일전 취소는 객실요금의 20%, 2일전에는 40%, 1일전은 60%, 숙박당일 오후 6시 이전은 80%, 예약 취소없이 숙박하지 않은 경우 100%를 부과할 수 있도록 하였다. 고객 15명 이상의 단체예약인 경우 9일부터 3일전까지 10%, 2일전은 30% 1일전은 50%, 수박당일 오후6시 이전은 80%, 예약취소 없이 숙박하지 않은 경우는 하루 객실요금을 부과하도록 규정하고 있다.

### (3) 초과요금(late check-out charge)

호텔이 규정하고 있는 퇴숙 시간(check-out time)을 넘겨 객실을 사용할 경우에 부과되는 요금을 말하는 것이다. 연장출발 요금(late departure charge)이라고도 하며, 2시간 이내는 대개 무료로 처리되지만, 2시간 이후는 초과요금으로 객실요금의 50%(half-day charge)를 부과한다. 그러나 재구매 고객(repeat guest)이나 귀빈(VIP)에게는 객실부문의 책임자 재량으로 초과 요금을 부과하지 않는 경우도 있다.

### (4) 파트 데이 차지(part day charge/day use)

주간에만 객실을 이용하고자 하는 고객에게 부과시키는 요금제도로, 일반적으로 1시간에서 6시간 동안 또는 오후 6시 이전까지 객실을 이용할 때 부과하는 대실 요금을 말하는 것이다. 데이 유스(day use)의 경우 객실요금은 보통 정규요금의 50%를 적용한다.

## 4. 숙박형태에 의한 요금제도

### (1) 미국식 요금제도(American plan)

객실요금에 아침, 점심, 저녁의 식사요금이 포함되어 있는 요금제도로서 풀빵숑(full pension)이라고도 하며 휴양지호텔이나 유람선호텔에서 적용하고 있다. 과거에는 호텔 주변에 식당이 별로 없어 호텔 내에서 식사를 해야 했기 때문에 입숙할 때 식대와 함께 객실료를 지불했으나, 오늘날에는 강제적으로 식사를 제공하는 느낌이 들어 식사의 선택을 자유롭게 하는 추세이다.

### (2) 유럽식 요금제도(European plan)

미국식요금제도는 식사를 하지 않아도 식대를 지불해야 하고 고객의 다양한 메뉴선택을 억제하기 때문에 고객으로 하여금 부담을 주는 제도이다. 따라서 객실료와 식대를 분리하여 지불하는 제도인 유럽식 요금제도가 도입이 되었다. 유럽식 요금제도는 객실료와 식대가 별도로 계산되는 제도로써 고객이 식사를 선택하고 이용한 만큼 지불하는 것이다. 우리나라에서는 이 제도를 채택하고 있으나 상용고객이나 귀빈을 위한 객실층의 고객에게 간단한 아침식사를 제공하는 것은 고객을 차별화하기 위한 마케팅의 수단일 뿐이다. 그리고 유럽식요금제도는 유럽에서 이용되고 있는 제도라고 생각하기 쉬우나 유럽에서는 다음에 언급될 대륙식 요금제도를 채택하고 있다. 우리나라에서는 객실가격에 식사가 포함되지 않은 이 유럽식 제도를 채택하고 있다.

### (3) 대륙식 요금제도(Continental plan)

일반적으로 유럽에서 이용되고 있는 제도로서 객실요금에 아침식사가 포함되어 있는 제도를 말한다. 객실요금에 그다지 비싸지 않은 간단한 아침식사(Continental breakfast)를 제공함으로써 고객은 큰 부담을 느끼지 않고 아침식사를 가벼운 마음으로 할 수 있고 호텔 측에서는 호텔 내에서 식사를 하도록 하여 매출액을 증대시킬 수 있는 제도이다.

### (4) 수정식 미국 요금제도(modified American plan)

미국식 제도를 수정하여 3식 중 1식을 빼고, 주로 조식과 석식대를 실료에 포함시켜 지불하는 요금제도이다. 이 수정식 미국요금제도는 데미 빵숑(demi pension), 세미 빵숑(semi pension), 혹은 하프 빵숑(half pension) 등으로 불리어지며, 산간지 호텔이나 해변의 호텔 등의 휴양지 호텔에서 이 제도를 적용하면 합리적이다.

### (5) 듀얼 요금제도(dual plan)

고객의 요청에 따라 미국식 혹은 유럽식의 요금체계를 변형하여 적용하는 요금제도이다. 주로 단체관광객의 경우 지역의 상황과 관광의 일정에 따라 객실료에 식사의 포함여부를 결정한다.

## 5. 기타 객실요금제도

### (1) 서드 퍼슨 레이트(third person charge)

2인 이상이 한 객실에 숙박을 원할 경우 적용되는 요금 제도를 서드 퍼슨 레이트라 하며, 엑스트라 베드 차지(extra bed charge)와 같은 개념으로 생각하면 된다. 우리나라에서는 객실 당 요금을 책정하고 있으나 유럽에서는 객실당의 요금이 아니고 고객 당 요금이 적용되고 있다.

### (2) 패밀리 플랜(family plan)

부모와 같이 동행한 14세 혹은 18세 미만의 자녀에게 엑스트라 베드(extra bed)를 무료로 제공하는 것을 말한다. 이 요금제도에서 자녀의 연령 대는 호텔의 규정에 따라 달리 정해진다.

### (3) 호스피탈리티 룸(hospitality room)

총지배인이나 프런트 오피스팀장의 허락 하에 단체의 수하물을 임시 보관한다던가 의상을 갈아입는 등의 특수목적으로 제공되는 객실이며, 객실요금은 징수하지 않는다. 또한 단체가 특별활동을 위해 많은 수량의 객실에 투숙을 하는 경우 단체를 위한 특별활동을 위한 좌담회나 분임조 모임 등의 장소를 위해 제공하는 경우도 있다. 우리나라의 경우 호스피탈리티 룸은 보통 온돌객실이나 특실이 제공된다.

### (4) 업그레이딩과 다운그레이딩 (upgrading/ downgrading)

업그레이딩이란 호텔의 사정상 또는 고객의 예우 차원에서 고객이 예약한 객실보다 가격이 비싼 객실에 투숙시키고, 요금은 고객이 예약한 객실요금으로 처리하는 경우를 말하며, 다운 그레이딩은 고객이 예약 요청한 객실보다 가격이 낮은 객실을 제공하게 되는 경우를 말한다. 이 때 고객의 기분이 상하지 않도록 호텔의 사정을 충분히 설명해야 한다.

# 제4절 객실업무의 최근 동향

지금까지 호텔의 개념은 숙박 · 식음료 · 연회 및 집회의 세 가지 기능이 주를 이루었으나 최근에는 이 세 가지 기능을 보완할 수 있는 부대시설로 문화(culture), 레저(leisure), 스포츠(sports), 쇼핑(shopping), 비즈니스(business)기능 등을 포함하는 경향으로 점차 바뀌어 가고 있다.

그리고 호텔의 최고경영자들은 과거 특정한 사람만이 호텔을 이용할 수 있는 시대를 지나 호텔서비스를 이용하는 고객층이 대중화되고 다양화됨에 따라 이들의 기호와 요구에 부응하는 고객 지향적인 서비스를 제공할 수 있는 환경구축의 방향으로 변모시켜 나가지 않으면 안 되게 되었다. 이와 같은 시장 동향에 따른 객실의 변화에 대해 그 유형을 살펴보면 다음과 같다.

## 1. 균일한 객실형태

최근의 객실형태는 상품의 표준화나 규격화에 따른 현대기업의 합리화로 인하여 점점 균일화되어가고 있는 경향이 있다. 과거에는 각각의 객실이 모두 상이한 형태로 꾸며져 있는 호텔이 많았으며, 동일한 규모의 객실이라 할지라도 침대나 가구의 위치, 디자인 등을 다르게 하고 각층마다 특성 있는 분위기를 창출하기 위한 인테리어(interior)를 해 왔다.

그러나 최근에 신축되고 있는 호텔은 싱글이나 트윈 등의 객실을 구분하지 않고 어느 객실이나 모두 동일한 규격과 가구, 기물을 사용하여 융통성을 기하고 객실 요금도 동일하게 적용하는 추세이다. 즉 객실 층은 다를지라도 같은 장소에 있는 객실은 모두 같은 형태와 규모로 하고 싱글과 트윈의 객실을 표준화하고 있다.

이와 같은 객실의 표준화, 규격화의 이유는 객실의 대량판매를 용이하게 하는 등 종사원의 생산성을 높이고 숙련도를 증대시킬 수 있다는 이점이 있으나,

투자자의 의지에 따라서는 객실 상품을 차별화하기 위해 객실형태의 다양화, 객실 층 분위기의 개별화 및 내부가구의 특이화 등을 통한 고객유치를 고집하는 경우도 있다.

## 2. 객실의 융통성

객실의 사용목적에 따라 형태를 변화시켜 이용할 수 있는 융통성을 기하고 있다. 예를 들면 단체고객을 유치하였을 경우 대량의 객실이 필요하기 때문에 스위트 룸(suite room)을 침실과 거실의 문을 밀폐시켜 2실의 객실로 분할하여 판매하고 반대로 특실의 침실과 거실의 문을 열고 연결하면 소회의장으로 활용하여 비즈니스맨들에게 편의를 제공할 수 있어 객실판매를 촉진시킬 수 있는 장점이 있기 때문에 객실판매의 융통성을 기하고 있다.

또한 한국식 온돌 객실도 수요의 변화에 따라 온돌 수요가 없을 경우 온돌 객실에 침대를 세팅하여 양실로 꾸며 수요의 탄력에 대응하기도 한다.

최근에는 한 객실이 1일 1회 판매의 개념을 벗어나, 데이 유스(day use)를 통한 2회의 회전판매를 통해 객실 매출의 극대화를 추구하고 있다. 특히 기업체에서는 중요한 입사 면접이나 기밀업무를 위하여 주간에 객실을 이용하는 경우가 있기 때문에 주간에 판매한 객실을 야간에 다른 고객에게 재판매할 수 있기 때문에 매출의 증대 효과를 기할 수 있다.

## 3. 객실공간의 효율적 활용

객실에 많은 비용이 투자되었다고 하여 객실요금을 올리는 것은 시장에서 경쟁력이 저하될 뿐만 아니라 합리적인 마케팅 수단이 되지 못하기 때문에 좁은 공간을 최대한 유용하게 사용할 수 있도록 공유지역(public area)을 축소시켜

판매원가를 줄이는 것이 경쟁우위전략일 것이다. 이와 같은 이유로 인하여 현대 호텔경영에서는 스튜디오 객실의 내부 활용방법에서 이용되는 것처럼 사무용 책상이나 텔레비전, 냉장고 등을 벽에 끼워 넣기도 하고 수하물 받침대에 방석을 덮어서 걸상으로 겸용하도록 꾸미는 경우 등 객실의 공간을 최대한 유용하게 사용하려는 노력이 지속되고 있다. 특히 최근 도심의 지대와 건축비가 비싼 지역에서는 객실요금과 건축비의 불균형이 매우 심하기 때문에 공간을 유용하게 활용하지 않을 수 없게 되었다. 따라서 객실요금의 국제적인 수준을 유지해야 하는 현실을 고려하면 객실 1실 당의 건축비를 저렴하게 하기 위해서 객실의 공간을 최대한 활용할 수 있는 방안이 강구되어야 하겠다.

## 4. 객실고객의 변화

호텔의 입지조건과 객실 이용자에 따라서 객실이용의 선호도가 다른 경향을 보이고 있는데 객실형태의 구성비를 비교해 보면 도시호텔의 경우 더블침대(double bed) 객실의 비율이 그리고 휴양지 호텔의 경우 트윈 객실(twin room)의 비율이 높다고 할 수 있다. 이와 같은 경향은 고객유치를 위한 전략으로써 휴양지 호텔은 단체 관광이 많기 때문이고 도심지 호텔은 비즈니스를 위한 고객이 많기 때문이다.

우리나라 서울 도심지 특급호텔의 경우 외국인 개인고객(FIT)의 투숙률이 매우 높기 때문에 더블 객실이 주를 이루고 있다. 또한 최근에는 기업체에서 신입사원 면접이나 평가회의 등의 특별한 목적으로 호텔의 특실을 임대하여 사용하는 경우가 늘고 있다. 또한 휴양지 호텔의 경우 가족단위로 숙박하는 고객의 욕구를 충족시키기 위해 트리플 침대(triple bed) 또는 싱글-더블(single-double bed) 침대의 객실이 등장하고 있다.

## 5. 객실의 고급화 및 대형화

객실이 표준화 또는 규격화되고 있기 때문에 다른 호텔과 판매 경쟁을 하기 위해서는 좁은 공간에 많은 가구를 배치할 수는 없을 것이다. 그러므로 동일한 공간에 같은 가구를 시설해 놓고 경쟁하기 위해서는 시설과 설비가 고급화되지 않을 수 없다. 특히 호텔용품은 타 용품에 비교하여 볼 때 내구연한이 짧아 자주 교체되어야 하므로 패션에 민감한 고급의 것으로 구입 · 설치해야 한다. 최근에 신축되는 호텔일수록 호텔시설은 물론, 집기 및 용품들이 상당히 고급화되어 가고 있다.

객실 고급화의 영향으로 스위트 룸(suite room)은 일반객실(normal room)이 제공하지 못하는 기능을 수행할 수 있도록 특별한 가구와 기물을 갖추어 고객의 욕구를 충족시켜주고 있다. 따라서 최근의 특급호텔은 스위트룸의 객실을 더욱 고급화하고 객실 수를 늘리고 있는 추세이다. 특히 기업의 최고경영자나 임원 등이 객실을 사용하기 편리하게 객실 내에 각종 통신설비(팩스, 인터넷을 위한 네트워크, 휴대전화, 노트북, 무선전화기 등)를 설치하고 고급의 어메니티를 제공하여 고객의 지위와 신분 등을 높여 주고 있다.

호텔의 경영수지를 맞추기 위해 최근의 대부분 호텔은 대형호텔 수준의 300실 이상의 객실규모로 건축하고 있다. 이는 도심이나 휴양지 호텔에서 국제화에 발맞추어 컨벤션이나 대규모 회의의 개최를 유치하기 위한 전략이다. 또한 주차공간이나 레저 스포츠 활동을 위한 공간도 마련하여 숙박을 목적으로 방문하는 고객은 물론이고 그 외의 목적으로 방문하는 고객들의 요구를 고려하여 설계 및 건축되고 있는 추세이다.

## 6. 객실 내에서의 상품판매촉진

호텔상품은 주로 객실판매와 식음료 판매로 구성되고 있지만, 일단 객실을 구입한 고객을 대상으로 매출의 극대화를 위해 투숙한 객실에 미니바(mini-bar), 면도기, 양말 등을 비치하고 고객이 구매할 수 있도록 판매촉진전략을 구사하고 있다. 또한 최근에는 통신의 발달로 인하여 각종 통신장비가 객실 내에 갖추어져 장비의 사용빈도가 점점 늘어나고 있기 때문에 이 부분의 수입도 늘어나고 있는 추세이다. 실제로 대형호텔의 경우 객실 내에서 판매되는 매출이 객실 전체 매출의 2~5%정도를 차지하고 있다. 그러나 객실 내에 비치된 상품 가격이 터무니없이 비싸게 책정이 되어 일부고객들로부터 불만의 발생되고 있어 객실 내 부가적 상품의 요금을 현실화해야 한다는 목소리가 높아지고 있다. 따라서 객실내 상품의 판매에 대해 보다 현실적이고 적극적인 마케팅 노력이 필요하다.

## 7. 아메니티류의 다양화

호텔에서의 아메니티(amenity)란 객실 내에 비치하는 소품류들을 의미하는 것으로 고급 호텔일수록 종류가 다양하고 고급스런 아메니티가 비치된다. 그 종류로는 비누(soap), 샴푸(shampoo), 린스(rinse), 면도기(razor), 칫솔(toothbrush), 치약(toothpaste), 양치질액(gargle), 목욕 젤리(jelly for bath), 보디로션(body lotion), 헤어드라이기(hair dryer), 빗(comb), 메니큐어 세트(manicure set), 스킨로션(skin lotion), 밀크로션(milk lotion), 헤어캡(hair cap), 전자 안마기(electronic massager), 귀이개(earpick) 등의 욕실내의 비품뿐만이 아니라 바느질함(sewing kit), 운동기구, 구두닦이 천, 구둣솔, 구두약, 구두주걱, 옷솔 등으로 매우 다양하나 최근에는 환경오염의 원인이 된다는 이유로 인하여 1회용품을 객실에 비치하지 않는 경우도 있다. 이러한 아메니티는 고급의 객실일수록 다양하고 고급스런 품목의 아메니티가 제공된다.

## 8. 컴퓨터 시스템의 등장

오늘날의 경영시스템은 효율적인 운영을 위해 컴퓨터 지원에 의한 경영을 지향하고 있기 때문에 호텔에서도 객실관리나 고객관리에 필요한 시스템을 개발하고 새로운 컴퓨터시스템을 도입하여 업무의 능력을 배가시키고 있다. 즉 컴퓨터의 지원없이는 각종 서비스를 제공할 수 없는 시대가 되었다. 호텔 객실내에 컴퓨터 시스템의 적용 분야는 객실의 온도관리, 룸 인디케이터(room indicator), 음성메시지 서비스(voice message service), 유료TV(pay TV), 인터넷서비스, 비상호출, 도난방지, 청소관리, 자동계산식 냉장고, 자동국제전화 기능 등 다양한 곳에 이용되고 있다. 이러한 시스템의 도입은 광열비, 인건비 등의 원가절감 측면에서 매우 경제적이면서 고객에게는 훌륭한 서비스를 제공할 수 있어서 필수적인 시스템이 되고 있다.

정보 통신 기술의 발전은 또한 호텔 내 객실에 각종 첨단 장비를 이용한 실내여흥시설(in -room entertainment system)의 도입을 가져오게 되었으며 이러한 시설물의 설치는 대고객 서비스 차원에서 획기적인 발전을 가져오게 되었다. 정해진 시간대에 3~4 편의 영화를 상영해 주는 유선방송 또는 TV시청이 유일한 객실 내에서의 오락거리였지만 실내 여흥 시설의 도입으로 20여 편 가량의 최신 영화를 원하는 시간에 선택해서 볼 수 있게 되었고(VOD: video on

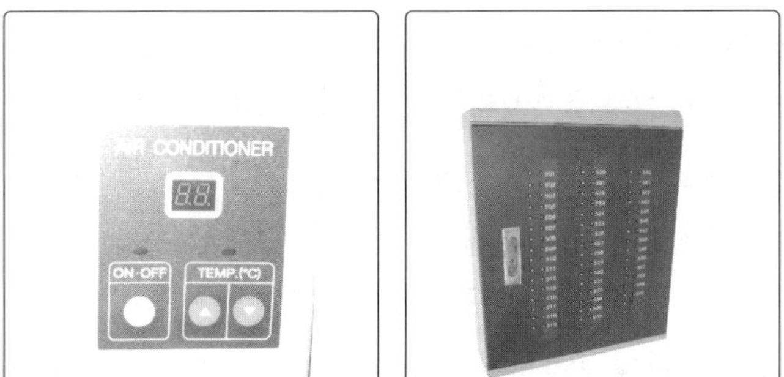


〈그림 14〉 객실내 온도관리기와 룸 인디케이터

demand), TV에 연결된 키보드를 이용한 각종 비디오게임(video game) 및 인터넷(internet) 접속, 자신의 계정 목록 확인 기능, TV를 통한 식사 주문, TV 체크아웃 기능, 호텔 홍보물 및 부가 서비스 내용 점검 기능 등 여러 가지 편리한 기능을 활용할 수 있게 되었다.

## 9. 고객 전용층의 서비스

효율적인 고객관리를 위한 마케팅의 일환으로 고객의 다양한 고객욕구 충족의 수단으로 고객을 세분하여 투숙목적에 따라 특별한 편의를 제공하기 위한 객실의 전용층화가 이루어지고 있다. 이와 같은 전용층 추세의 특징을 살펴보면 다음과 같다.

### (1) 귀빈층 객실

귀빈층 객실(EFL: executive floor room)이란 비즈니스를 위한 특별 전용층에 위치한 객실을 말하며, 각 호텔들은 객실상품을 업무수행 기능상 일반투숙객이 이용하는 객실과 상용목적으로 투숙하는 비즈니스 고객을 위한 특별객실로 물리적 차별화 및 가격 차별화 등으로 판매 · 운영하고 있다.

EFL의 출현은 호텔을 이용하는 비즈니스 고객의 필요(wants)와 욕구(needs)를 파악하고 이를 충족시킬 수 있는 상품개발 노력에서 비롯된 것이다. 비즈니스 맨은 사업상 호텔에 투숙하게 되므로 객실내의 집기비품 등이 사무 및 상담에 적합해야 함과 동시에 비록 각 호텔들이 비즈니스 업무에 필요한 인원 및 설비를 갖춘 비즈니스 센터를 운영하고 있지만 이들에겐 투숙하고 있는 동안의 시간을 유효하게 이용하기 위해 객실과 가까이 있는 장소에서 업무가 처리되기를 원한다. 또한 이들의 욕구(Needs)란 순수관광 목적으로만 투숙한 관광객들 사이에서 오는 혼잡함을 피하고 비즈니스맨으로서 아늑하고 조용하며 편리한 상태의 호텔분위기를 즐기는 것과 그들 자신들이 일반고객과 다른 계층임을 느끼고 싶어 하는 심리상태이다.

### (2) 금연층(non-smoking floor)객실

금연운동이 세계적으로 확산되고 있는 현 시점에서 살펴볼 때 금연에 대해 규제를 하고 법으로 지정해 놓은 곳은 각 산업현장 및 사무실, 공공기관, 교통기관에 이르기까지 다양하다. 항공기나 기차 내의 좌석에서는 흡연을 할 수 없도록 규제함으로써 비흡연자를 보호하고 있다. 어느 회사에서는 흡연자에게 승진을 제한하는 규정을 별도로 사규에 명시해 놓음으로써 금연에 대한 적극적인 형태를 보이는 곳도 있다. 서비스 증진 측면에서도 이러한 모든 사항을 종합해 볼 때 분명한 것은 향후 금연운동이 더욱 심화되고 강화될 것으로 사료된다.

금연운동은 호텔업계에도 영향을 미치고 있어, 호텔이용고객을 객실요금으로만 차별화 할 수 없고 다국적으로도 차별화할 수 없기 때문에 흡연고객 및 비흡연고객으로 분류하여 이들에 대한 욕구를 충족시킬 수 있는 기능을 수행할 금연층 운영이 필수 불가결한 사항으로 등장하게 되었다. 여기서 주의해야 할 것은 금연층 객실은 여성전용객실로 착각을 해서는 안된다. 왜냐하면 요즘은 여성흡연자도 상당히 많기 때문이다. 따라서 금연층은 여성고객을 위한 것이 아니라 흡연을 하지 않는 남성과 여성고객이 함께 이용할 수 있는 객실층이다. 따라서 금연층의 객실에는 흡연과 관련된 일체의 시설이 갖추어져 있지 않다.

### (3) 여성 전용객실

여성들의 사회활동의 참여가 활발해짐에 따라서 관광 및 사업상의 목적으로 여행을 하는 여성들의 수도 증가하고 있다. 이에 따라 이들 여성고객에 대한 특별객실운영이 요구되고 있다. 오늘날 정기적인 사업여행에서 두드러진 발전은 여성사업자의 여행이 증가하고 있기 때문에 이러한 여성고객들은 FIT구성비에 정(+)의 영향을 미치고 있다. 국내호텔의 경우에도 웨스틴 조선에서 시행하고 있는 여성투숙객을 위한 프로그램(special program for female guest)은 다른 호텔에서 찾아보기 힘든 특색 있는 서비스로 각광을 받고 있다. 예를 들면 여성 사업여행자들을 위해 객실에서 사용하는 타올, 빗, 화장대, 비누 등을 여성용으로 제공하는 프로그램을 운영하고 있다.

최근 들어 외국에서는 여성사업 여행자들을 위해 호텔에서 헤어드라이어, 다림질 서비스 등 여성에게 적합한 특징 있는 서비스를 선보이는가 하면 여성고객의 최대한의 안전을 보장한다는 내용의 홍보문안을 내보내는 등 비즈니스우먼(business woman)을 목표로 한 여러 가지의 프로그램을 채택하여 여성고객들로부터 호평을 받고 있기 때문에 국내호텔 또한 소홀히 할 수 없는 과제라 여겨진다.

### (4) 장기투숙객(long-term staying guest) 전용객실

사업을 목적으로 일정지역에서 장기적으로 체류하는 고객을 위해 특별히 운영하는 객실로서 침실기능, 간단한 취사기능, 사무실기능을 수행하는 형태이다. 이러한 기능을 수행하는 객실은 레지덴셜 스위트(residential site)로서 2개의 유니트(unit)로 구성되어 있으며 1개 유니트는 침실로 사용되고, 1개 유니트는 사무실 겸 응접실로 사용되고 있다. 사무실로 사용되는 유니트에는 전자렌지, 전자오일, 싱크대 등의 취사시설이 갖추어져 있어 투숙객의 객실투숙 목적에 부합되도록 최선을 다하고 있다. 비서실이 필요한 경우에는 레지덴셜 스위트와 연결된 일반객실 즉, 커넥팅 룸(connecting room)으로 이용할 수 있도록 편의시설이 갖추어져 있다.

장기투숙객 전용 기능의 객실은 장기투숙객 호텔에서 유래되었으며 장기투숙객호텔은 주로 미국에서 볼 수 있으며 대다수의 미국인들은 원래부터 호텔에서 장기간 정주하여 생활하는 습관이 있기 때문에 이들의 요구에 맞추어 건립한 호텔이 장기숙박호텔이다. 국내에서는 그랜드 힐튼호텔이 건물 바로 옆에 장기투숙객용 객실로 이루어진 별도의 건물을 운영하고 있다.

최근 시내 각 호텔들은 장기투숙객 확보에 노력하고 있으며 그 이유로는 장기투숙객들은 FIT고객으로서 각 호텔마다의 최대현안인 FIT고객증진에 기여도가 높고, 이들은 장기적으로 투숙하는 동안 호텔종업원과의 좋은 유대관계로 투숙고객에게는 인지서비스 증진을, 종업원들에게는 고객의 이동에 필요한 절차 즉 체크인(check-in) 및 체크아웃 업무를 처리하는 번거로움이 없어진다. 그리고 장기투숙객은 해당 호텔에서 장기간 투숙하는 동안 다양한 혜택을 제공받기 때문에 숙박하고 있는 호텔에 호감을 가질 수 있어 주위의 잠재고객을 대상으로 제3의 판촉사원 역할을 수행할 수 있다. 또한 이들의 평균체재 일수의 증가는 결국 객실점유율 증가 및 기타 부대업장 수입 증대에 기여하는 바가 크다.

# 3

# 제3장 예 약

# 제3장 예 약

객실예약의 최우선 과제는 예약 당시 고객의 요구조건에 부합하는 최적의 객실을 제공하는 것이다. 이를 위해서는 효율적인 예약 시스템이 정착되어 있어야 할 것이다. 예약 담당자의 신속 정확한 업무 처리와 밝은 자세가 무엇보다 절실히 요구된다.

컴퓨터시스템이 도입되기 전에는 객실예약부서의 업무는 단순히 판매 가능한 객실의 유·무에 따른 정보제공에 불과했으며 객실요금조정, 객실배정 등 객실판매에 관련된 대부분의 업무를 프런트 데스크에서 수행해 왔다. 예약업무 및 프런트 데스크 업무의 자동화, 즉 컴퓨터 시스템의 도입은 동일한 객실 및 가격에 대한 정보 공유를 가능하게 하여 예약과정의 일환으로 특정객실 형태, 위치, 특정기능을 갖춘 객실에 대한 고객의 요구에 즉시 대처할 수 있게 되었다. 이는 곧 객실판매에 대한 대부분의 책임과 권한이 예약 부서로 옮겨지는 결과를 가져왔고 예상객실수입, 점유율, 수익성 분석 등의 업무도 예약 부서에서 처리하게 되었다. 이러한 이유로 최근 많은 호텔에서는 예약 부서를 호텔 내 판촉 부서에 귀속시키는 경향을 볼 수 있다.

# 제1절 예약부서의 조직

객실예약부서의 기능은 인바운드 텔레마케팅과 같은 기능을 수행하는 부서로서 주로 외부의 고객으로부터 통신수단을 이용하여 예약을 접수하는 부서이다. 특히 전화나 이메일, 팩스 등을 통한 예약이 대부분이기 때문에 예약부서에서 근무하는 종업원은 호텔의 마케팅 전략에 따라 잔여객실을 판매할 수 있는 능력을 배양해야 한다. 따라서 예약부서는 팀장이 수요의 예측에 따라 전체의 예약현황을 파악하고 객실예약을 접수할 수 있도록 통제한다.

일반적으로 국제수준의 호텔의 예약부서 조직은 다음과 같은 조직으로 운영되고 있다.

〈그림 15〉 객실예약 조직도

# 제2절 예약 절차

## 1. 예약 흐름도(reservation flow)

객실예약과는 여러 경로를 통해 예약을 접수하여 컴퓨터시스템(PMS: property management system)에 입력하게 된다. 여기에서는 객실예약에 대한 시스템의 각 경로간 예약접수 및 절차에 대하여 간략하게 설명하도록 한다.

### (1) 여행사 (travel agencies)

객실예약은 수배과에서 담당하며 일반적으로 개별예약(FIT)인 경우는 객실예약과로 직접 예약하지만 단체예약(group)인 경우는 할인율이나 객실블록에 따른 전체적인 균형을 유지하고 여행사의 업무를 대외적인 측면에서 효율적으로 관리하기 위해 판촉부의 그룹담당(group coordinator)이 예약업무를 처리한다. 호텔에 따라 여행사의 예약을 개별 및 단체로 구분하는 이용 객실 수가 다소 차이가 있지만 일반적으로 5~10실을 기준으로 개별예약과 단체예약으로 구분하고 있다. 단체예약은 도심지의 호텔보다는 휴양지나 지방호텔에서 관광이나 회의 및 컨벤션 등의 이유로 많이 발생한다.

### (2) 기업체 (corporate accounts)

호텔기업은 고객과의 지속적인 관계유지와 이로 인한 호텔 서비스에 대한 고객 충성도(customer loyalty)를 향상시키기 위하여 개별기업과 호텔이용에 대한 계약을 체결하게 된다. 기업의 호텔 이용도에 따라 차별적인 조건이 적용되며 호텔의 판촉부에서 주관하여 계약을 체결한다. 조건에 따른 객실할인율은 기업 요금(corporate rate), 프리퍼드 요금(preferred rate), 익스클루시브 요금(exclusive rate) 등으로 구별하며 거래실적에 따라 할인율 및 혜택사항에 차별 적용한다.

기업체의 호텔예약은 계약을 체결한 호텔 판촉부 담당자가 호텔컴퓨터시스템을 이용하여 할인율이나 조건을 입력하면 그 정보에 따라 예약실에 예약을 처리한다.

### (3) 해외 예약사무소 (overseas reservation office)

호텔의 규모나 운영형태에 따라 해외 사무소를 운영하는 방식에 차이가 있다. 다국적 체인호텔에 속한 국내호텔의 경우 개별적으로 해외 사무소를 운영하는 것이 아니고 본사(headquarter)에서 운영하는 세계 예약 센터(WWRC: world wide reservation center)에서 체인호텔의 홍보를 대행해 주고 있다. 대규모 국내호텔체인(신라, 롯데, 파라다이스 등)은 고객수요가 몰리는 지역을 선정하여 자체경비로 해외사무소를 운영하고 있으나 투자에 비해 미흡한 효과를 거두고 있는 것으로 알려져 있다. 과다한 경비부담에서 벗어나 다국적 체인호텔의 예약망(reservation network) 및 마케팅에 버금가는 효과를 얻기 위한 방안으로 국내 호텔체인에서는 리퍼럴 그룹(referral group)에 가입해 있기도 하다.

해외 사무소와 실시간으로 운영되는 중앙예약시스템(CRS: central reservation system)을 이용하는 경우 효율적인 고객서비스를 제공할 수 있으나 대다수의 해외사무소에서는 과다한 경비부담과 운영상의 문제로 인해 전화, 팩스 또는 E-mail을 통해 예약접수 및 연락을 하고 있는 실정이다.

### (4) 일반 예약

호텔과 객실사용에 대한 계약을 체결하지 않은 기업체, 개인, 또는 해당 호텔 종업원의 예약을 의미하며 호텔의 내규대로 예약을 처리한다. 계약을 체결한 단체나 기업체의 예약은 일정한 조건이 호텔컴퓨터 시스템에 입력이 되어 있기 때문에 예약의 접수 절차가 용이하나 그 밖의 일반예약은 객실상황에 따라 다양하므로 다소 복잡하다.

## 2. 예약의 방법

### (1) 전화예약(telephone)

다양한 객실 예약방법 중 대다수의 예약이 전화 통신을 통해 이루어지고 있다. 전화예약의 장점은 긴급한 예약인 경우에 이용이 간편하며, 신속하고 직접 대화를 할 수 있기 때문에 상호간에 신뢰할 수 있다는 것과 무엇보다도 이용의 편리라 할 수 있다. 단점으로는 국제전화로 호텔예약을 해야 할 경우 의사소통에 문제가 있을 수 있고, 시차를 감안하여 전화통화를 해야 하며, 비싼 전화비용을 지불해야 한다는 것이다. 국내예약은 거의가 전화예약을 통하여 이루어지고 있는 실정이기 때문에 예약실에서 근무하는 종업원은 항상 헤드폰 셋(headphone set)을 착용하고 전화로 접수되는 예약을 처리한다.

### (2) 팩스(facsimile)

단체예약이나 귀빈을 위한 예약 또는 국외 호텔예약인 경우 전화보다 팩스가 많이 이용된다. 사전에 요구사항을 작성하여 팩스를 보냄으로써 정확한 조건이나 불필요한 대기시간 및 의사소통에 따른 부담을 덜 수 있기 때문이다. 단점으로는 팩스를 받은 상대방이 즉시 요구사항에 대한 가부를 송신해준다면 업무를 효율적으로 처리할 수 있고 고객서비스를 향상시킬 수 있지만 팩스의 접수사항에 대해 알 수 없고 담당자가 처리를 하고 있는지 여부에 대해 회신이 없을 경우 다시 팩스를 보내거나 국제전화를 하게 되는 경우가 종종 발생하는 번거로움이 있다. 따라서 요즘에는 팩스로 접수되는 예약을 즉시 처리하도록 하여 고객이 기다리는 시간을 최소화하고 있다.

## (3) 직접 방문

VIP가 투숙할 예정이거나 사전에 객실을 답사할 필요가 있을 때, 또는 예우에 관한 상담 등이 요구될 때 직접 호텔의 예약 부서를 방문하여 예약하는 경우가 있으며, 잔여객실의 여유가 없어 선수금을 요구할 경우 방문 예약을 하기도 한다. 일반적으로 호텔을 직접 방문하는 경우 객실번호를 지정해 줄 것을 요구하는 경우가 있지만 호텔의 사정과 업무처리 절차상 예약한 고객을 위하여 객실을 블록해 놓은 상태일지라도 객실번호를 사전에 알려주지 않는 것이 관례이다.

## (4) 인터넷 (internet)

통신기술의 급격한 발전으로 말미암아 통신을 할 수 있는 컴퓨터를 소유한 이용자에게 언제 어디에서나 해당 호텔의 전반적인 정보, 객실상황, 예약여부 등

〈그림 16〉 L 호텔의 인터넷 예약

을 알 수 있게 되었다. 실시간(real time)을 통한 정확한 정보를 마우스를 몇 번 클릭함으로써 파악할 수 있으며, 즉석에서 예약을 할 수 있다. 전자매체를 통한 객실예약률은 미주지역의 경우 30%를 상회하고 있으며 신속, 정확, 효율성에서 월등히 앞서기 때문에 전자매체를 통한 예약률은 점점 증가추세에 있다.

## 3. 예약 접수 및 처리

객실예약을 접수할 때 필요사항으로 고객의 이름, 객실의 형태, 객실 수, 인원수, 기간, 연락처, 예약자 성함을 들 수 있다. 이외에도 투숙할 고객이 과거에 사용한 적이 있는지 고객기록(guest history) 확인, 계약요금을 적용 받는 기업체 여부(contracted corporate accounts), 이중 예약(double booking) 등에 관해 확인하고 객실요금을 정확히 알려주어야 한다.

예약의 접수 및 처리는 신속하고도 친절히 진행되어야 하며 항상 습관적으로 몸에 배어 익숙해지도록 한다. 개별 예약슬립(reservation slip)을 작성하는 호텔에서는 예약 슬립에 예약 내용을 우선 기입한 후 한가한 시간을 이용하여 PMS에 입력하게 되며, 매일 근무 종료 전 날자(check-in date)별로 파일 상자에 철하여 둔다. 컴퓨터 리포트로 대신하는 호텔에서는 매일 근무 종료 전 당일 신규예약 보고서(today's new booking report)를 인쇄하여 보관한다. 판촉업무상 필요한 경우에는 판촉부의 담당자에게 1부를 추가 인쇄하여 넘기도록 하나 이때 주의해야 할 것은 고객의 예약은 보안상 절대로 외부에 누설되지 않도록 해야 한다.

## 4. 예약 취소

도착 전 예약 취소 통보를 접수하였을 때는 개별 예약 슬립을 사용하는 호텔의 경우 해당 예약 슬립을 찾아 취소(cancel)라고 표시를 하여 취소에 대한 정확한 정보(통보자 성명, 접수일자, 접수자, 연락처 등)를 기록한 후 컴퓨터에도 입력시킨다. 날짜 변경 시에도 예약 슬립을 찾아 투숙일자를 변경한 후 체크인할 날짜에 파일하며 컴퓨터에도 날짜 변경해야 하며 취소 날짜를 입력한다. 개별 예약슬립을 사용하지 않고 컴퓨터에 직접 입력하는 호텔의 경우 해당 예약을 조회하여 취소 혹은 변경사항에 대한 사항을 입력하고 근무 종료 전 당일 예약 취소 및 변경리포트(today's cancellation and revised report)를 인쇄하여 일자별로 보관한다.

예약취소인 경우 호텔에서 별도로 정한 규정에 의해 위약금(cancellation charge) 추징여부를 결정하게 되는데, 해외에서 예약한 경우 도착 예정일을 기준으로 이틀 전에 취소를 하게 되면 예약한 객실요금의 일일 분에 해당하는 금액을 위약금으로 부과하는 것이 일반적이며(penalty of one night's room charge for cancellation within 48 hours of expected arrival date) 예약 변경의 경우는 변경하고자 하는 날짜의 예약상황을 먼저 파악한 후 고객에게 변경사항을 확인하도록 한다.

## 5. 노쇼(no-show)

호텔에 예약을 해 놓은 상태에서 도착예정일에 사전예고 없이 도착하지 않는 고객으로 예약실에서는 전날 발생한 노쇼 보고서(no-show report)에 의거 도착하지 않은 이유 등을 예약한 고객 또는 예약 소스(reservation sources)에게 연락하여 확인한다. 이때 해당 호텔의 문제점으로 인하여 경쟁호텔을 이용하지는 않았는지를 확인하여 책임자에게 보고해야 하며, 만약 이와 같은 경우가 발생하였을 때에는 고객을 설득하여 다시 한번 자호텔을 이용하도록 권유한다. 고객의 과실 및 고의성이 확인되면 호텔에서 정한 규정에 의해 위약금을 부과한다. 위약금의 부과는 호텔의 이미지 및 고객과의 차후 관계 등을 감안하여 강제 부과보다는 사안별로 분류하여 객실예약 책임자의 판단에 따라 처리하도록 한다. 취소 위약금의 경우와 마찬가지로 외국에서 예약한 예약자가 노쇼를 발생시킨 경우에는 예약한 객실요금의 일일 분에 해당하는 객실요금을 위약금으로 부과하는 것이 일반적이다. 노쇼의 비율은 예약자 국가의 문화수준을 나타내는 것으로 우리나라의 경우 과거에는 예약문화가 정착되지 않았었기 때문에 노쇼율이 매우 높았으나 최근에는 노쇼율이 점차 줄어들고 있다.

예약객이 사전에 아무런 통보 없이 도착하지 않을 경우 No-show라고 하며, 대부분 Hotel에서는 예약실수에서 평균 15~20%의 No-show가 발생되고 있으며 다음과 같은 No-show card를 처리하고 있다.

① Night shift는 No-show card중에서 Walk-in또는 이중 예약에 의한 다른 조건으로 Check-in되어 Room rate에 이상이 없는가를 확인하여 처리한다.

② Day time에 Flower, Fruit 등 그 외의 Item을 객실에 사전 비치했던 예약분에 대하여는 50% 및 Full charge를 적용시키는 경우도 있으나 경우에 따라서는 약간의 비치물을 뺀 후 판매도 가능하나 비치물이 있을 경우에도 신중하고도 정확한 사후 처리가 필요하다.

③ VIP가 No-show되었을 경우에는 객실에는 객실 이용율에 따라서는 야간에 판매도 가능하며 그대로 객실을 Holding한 후 익일 아침 예약처리 확인 후 처리할 수도 있다.

④ Peak season의 Afternoon shift는 공항과 Flight confirm을 수시로 하여 정확한 정보에 의한 예약카드의 Flight No.를 대조하여 부작용 없는 객실 판매 운영의 묘를 유지하여야 한다.

⑤ 당일의 Flight가 익일로 연기 되었을 경우에도 객실이용율의 상황에 따라서 적절히 대처하여야 한다.

## 6. 초과 예약(over booking)

초과 예약은 객실상품의 저장 불가능성이라는 특수성 때문에 노쇼나 취소 등의 이유로 객실을 판매하지 못하는 경우를 방지하고 객실영업의 극대화를 위해 전체 객실 수보다 일정수를 초과하여 예약을 접수하는 것으로서 일반적으로 다음 사항에 해당되는 경우 초과하여 예약을 받는다. 단 초과 예약의 범위는 호텔마다 차이가 있으며, 주먹구구식 결정보다는 과거 수년간의 데이터를 분석하거나, 예약 사이클(reservation cycle), 고객 구성(market segments), 호텔 규정(hotel policy & procedure) 등에 따라 과학적인 방법에 의해서 정해져야 한다.

### (1) 객실은 여유가 있으나 객실 형태별로 객실 수가 부족할 경우

남아 있는 객실을 정중하게 권유하되 응하지 않을 때는 책임자의 동의를 얻어 정해진 범위 내에서 초과 예약을 접수하며 특히, VIP나 재 방문고객(repeat guests), 또는 거래처 회사인 경우 가능한 원하는 객실을 우선적으로 배정을 하도록 한다. 객실형태별로 정확히 객실을 배정하기란 매우 어렵기 때문에 수요를 감안하여 기술적으로 배정하여 불평이 발생되지 않도록 해야 한다.

### (2) 전망이 좋은 외향객실을 요구하지만 내향객실밖에 없을 경우

예약 상황을 공손하게 설명하여 드린 후 내향객실을 권유하거나 스위트 룸(suite room)으로 상향판매(up-selling)를 유도한다. 객실 배정은 당일 프런트 데스크에서 실시하기 때문에 당일 예약 상황에 따라 전망 좋은 객실을 사전에 예약한 고객의 취소 및 변경 등 여러 가지 이유로 전망이 좋은 객실을 배정받을 수도 있다. 그러므로 예약고객이 집요하게 전망이 좋은 객실을 원할 경우 당일 체크-인시 노쇼나 취소로 여유가 있을 것을 감안하여 프런트 데스크 클럭에게 문의하도록 유도한다. 단. VIP나 재방문 고객 등 호텔이 정한 고객 등급에 따라 비중이 있는 고객은 가능한 한 초과예약을 시켜서라도 전망이 좋은 객실로 입력시키고 체크-인시 예약한 객실형태의 전망 좋은 객실에 여유분이 없는 경우 차상급 객실로 업그레이드(upgrade)하도록 하는 것이 바람직하다. 고정고객의 경우 예약단계에서 무리하게 외향객실로 초과 예약하였을 경우 도착당일에 예약한 형태의 객실이 부족할지라도 특실로 대체 가능한 이유는 대개 특실은 외향객실로 전망이 좋은 곳에 위치하고 있기 때문이다.

### (3) 전체 객실의 수가 부족할 경우

이미 예약이 완료되었음을 정중하게 설명하고 다음 기회에 이용하시도록 하거나 비슷한 기간에 투숙을 할 수 있는지의 여부를 문의한다. 특히, 이 때 간단하게 객실이 없다고 거절하거나 불손한 언어를 사용해서는 안된다. 객실을 제공하지 못하게 되어 죄송스러운 마음을 전달하고 예약 문의에 감사의 표시를 하여 다음에 다시 이용할 수 있도록 해야 한다. 대개의 경우 객실이 부족할 때 시비가 발생할 수 있으며, 고객이 불쾌감을 갖기가 쉬우므로 더욱더 신경을 써서 친절하게 해야 한다.

호텔에 전화로 예약을 요청하는 고객은 그 호텔을 다시 찾을 수 있는 가능성이 있는 고객이므로 예약을 접수할 수 없는 안타까움을 고객에게 전함으로써 차후 고객이 호텔예약을 고려할 경우 최우선적으로 연락을 하게 될 것이다. 부득이 예약을 초과해야 할 경우 예약 담당자는 책임자의 동의를 얻어 호텔에서 정한 범위에 따라 초과 예약을 시킨다. VIP, 주요 고객 및 회사에 대한 규정은 호텔마다 차이가 있으며 초과예약에 대한 우선순위 또한 호텔의 경영형태와 최고 책임자 또는 객실부서의 팀장(division head)의 경영마인드에 따라 차이가 있다.

## GROUP RESERVATION CONFIRMATION

477-2 Sinpyong-doag
Gyeongju City, Gyeongsangbuk-do
780-290 KOREA

Group No.

Date

| Group Name : | | | |
|---|---|---|---|
| Arrival Date : ( ) | Check-in Time : | | Country of origin : |
| Departure Date : ( ) | Check-out Time : | | |
| No. of Persons : PAX | T/A, Company Name : | | |
| | Tour Leader: | Tel : | |
| No. of Rooms : RMS | E-Mail: | Fax : | |
| | | Address : | |

### GUESTROOMS

| DAY | | MON | TUE | WED | THU | FRI | SAT | SUN | REMARK |
|---|---|---|---|---|---|---|---|---|---|
| Date | | | | | | | | | |
| Pay Rooms | | | | | | | | | |
| | | | | | | | | | |
| | | | | | | | | | |
| | | | | | | | | | |
| | | | | | | | | | |
| Complimentary | | | | | | | | | |
| Total Rooms | | | | | | | | | |

| Room Rate : | |
|---|---|
| PAYMENT | Group Account : |
| | Individual Account : |

### MEAL PLAN

| Date | Time | Meal | Menu | Restaurant | Allowance |
|---|---|---|---|---|---|
| | | B L D | | | |
| | | B L D | | | |
| | | B L D | | | |

### OTHERS

| V. I. P Guests | | | | Remarks |
|---|---|---|---|---|
| Name | Position | Room No. | Treatments | |
| | | | | |
| | | | | |
| | | | | |

Reserved by :

Date :

| Manager | S.Manager | Vice.G.M | G.M |
|---|---|---|---|
| | | | |

〈그림 17〉 단체일정확인표

## 7. 예약 확인(reservation confirmation)

예약 담당자는 도착일 전에 예약고객에게 도착 유 · 무 확인을 한다. 비행기 좌석예약의 경우 예약고객이 출발일 2일 전에 항공사에 전화로 예약 확인을 하도록 되어 있으나 호텔 예약의 경우는 호텔 측에서 예약고객에게 도착유무에 대한 연락을 취하는 것이 일반적이다. 물론 예약을 최초 접수할 당시 주요 사항을 빠짐없이 문의하여 컴퓨터에 입력하고, 예약의 취소 및 노쇼 등의 규정에 대해 예약고객에게 인지를 시킨다면 예약 확인에 대한 번거로움을 덜 수가 있겠지만 예약문화의 습관화 및 일반화가 완숙되지 않은 국내 실정에서는 이에 따른 업무의 중복, 효율성 감소 등의 문제가 존재하고 있다.

예약고객과 도착유무에 대한 확인이 끝나면 개별 슬립을 이용하는 호텔의 경우 해당 슬립(slip)에 확인(confirmed) 또는 호텔에서 정한 규정에 의해 표시를 하고, 컴퓨터에 직접 입력하는 호텔의 경우는 해당 예약을 컴퓨터 시스템에

〈표 3〉 reservation Check Point

1. 당일의 객실 현황은 파악되고 있는가?
2. VIP현황은 파악되고 있는가?
   ① 일정표, 도착시간, 일행, 방문 목적 등
   ② Welcome Letter와 Treatment는 잘 투입 관리되고 있는가?
   ③ 예약 사항이 상사에게 잘 전달되고 있는가?
3. 예약 접수는 6하 원칙에 의거 이루어지고 있는가?
4. 전화를 장시간 홀딩하는 경우는 없는가?
5. Confirm전화는 이루어지고 있는가?
6. 업무 분장에 따른 업무의 공백은 생기지 않고 있는가?
7. 단체 예약접수시 정상적인 상태로 이루어지고 있는가?
8. 단체 일정은 파악되고 있는가?
9. 매출 증진을 위해 본인은 노력하고 있는가?
10. 각종 서류는 월별로 잘 정리되고 있는가?
11. 업무용 정보는 상호 교환되고 있는가?
12. 사무실의 정리정돈 상태는 수시로 하고 있는가?

서 불러내어 정한 규정에 따라 예약 확인했음을 입력하여 해당 예약을 다시 불러내어 보는 종업원으로 하여금 예약 확인이 끝난 예약임을 알 수 있도록 한다.

예약 접수시 충분한 정보를 받지 않아 예약고객과의 예약 확인이 불가능한 경우 체크인이 오후 6시 이전으로 약속되어 있는 예약의 경우에는 오후 6시 예약정리(release)에 의해 예약을 취소할 수 있다.

6시 이후 체크인 예정인 경우 예약보증이 되어 있으면 호텔에서 정한 규정에 따라 예약을 처리하지만 오후 6시 이후 체크인임에도 불구하고 예약 보증이 되어 있지 않다면 일단은 호텔에서 예약을 받은 담당자의 실수가 우선이기 때문에 도착시간까지 예약을 보증해 주어야 한다. 예약 보증이 되어있지 않다고 예약을 오후 6시에 임의로 취소한다면 경우에 따라 심각한 문제가 발생될 수 있기 때문이다.

## 제3절 예약의 종류

### 1. 일반 FIT 예약

일반예약(FIT reservation)의 구분은 단지 한 사람의 고객이 예약을 하는 경우만을 의미하는 것이 아니라 호텔에서 정한 단체예약 이외의 예약은 모두 일반 예약으로 취급할 수 있다. 따라서 가족이나 작은 규모의 단체 고객 또는 여행사를 통한 예약일지라도 일반 FIT 예약으로 취급하는 호텔이 있다.

**RESERVATION**

| CONFIRMED | | | | ARRIVAL |
|---|---|---|---|---|
| MR.<br>MRS.<br>MISS | NO PERSON<br>ADULT | CHILD | | TIME/FLT |
| | | | | DEPARTURE |
| AFFILIATION | | | | |
| ROOM TYPE | | | | |
| RESERVED BY : | | | RATE : | |
| | | | ( )% DISCOUNT<br>AUTHORIZED BY | |
| SPECIAL REQUEST: | | | | |
| BILLING INSTRUCTION : | | | | |
| TREATMENT : | BUSINESS CODE | RECEIVED DATE | RECEIVED CLERK | RESERVATION NO. |

〈그림 18〉 group reservation slip

## 2. 단체 예약

단체 예약(group & convention reservation)은 일반적으로 숙박비를 지불

하는 객실 수가 5~10실 이상일 경우의 예약을 말하며 순수 단체와 컨벤션 단체(convention group)로 구분할 수 있다. 단체예약 기입은 〈그림 18〉의 양식에 의거 작성할 수 있다. 순수 단체는 동일한 여정에 따라 이동하는 단체로서 체크인 및 체크아웃을 동시에 하게 된다. 컨벤션 단체는 이와 달리 단체 구성원이 개별적 체크인 및 체크아웃을 하게 되는데 이는 예약을 대행한 중앙기구의 행사일정에 따른 단체구성원의 상이한 일정 때문이라 할 수 있다.

호텔 예약과 단체예약 담당 및 판촉부의 그룹담당은 여행사 단체의 경우 단체를 인솔하는 투어 가이드(tour guide) 혹은 투어 컨덕터(tour conductor) 그리고 컨벤션 단체의 경우 행사를 기획한 중앙기구의 행사 담당자(group organizer 또는 coordinator)와 긴밀한 업무연계는 단체예약의 접수부터 체크아웃까지의 일정을 순조롭게 마치기 위한 필수 조건이라 할 수 있다.

## 3. 승무원 레이오버 예약

호텔마다 시장의 특성에 따라 세분화방식에 차이가 있기 때문에 레이오버(lay-over) 하는 승무원(crew)은 단체로 취급하거나 별도로 승무원 시장으로 구분(market segment)을 하는 경우도 있다. 승무원 예약은 컨벤션 예약과 단체예약을 혼합한 방식으로 예약을 처리하게 되는데 이는 항공사마다 여러 편의 레이오버가 발생하고 각 편수마다 2인 이상의 승무원이 호텔에 투숙하기 때문에 예약형태는 단체예약의 형식이지만 각 편수마다 호텔 체크인 시간이 틀리기 때문에 컨벤션 예약의 형식을 취하고 있다. 승무원의 레이오버가 많은 도시에서는 전체 고객 중 50% 이상이 승무원인 경우도 있다.

## 4. 일반 FIT 예약 처리 절차

고객이 전화로 예약을 문의하는 경우 예약 담당자는 고객으로부터 필요한 정보를 습득하여 신속하게 고객의 예약을 처리해야 한다. 개별 예약용지를 이용하여 예약을 접수하는 호텔의 경우 고객으로부터 필요한 정보를 예약용지에 기입하고 CRT에 입력하며, 예약문의와 동시에 CRT에 입력하는 호텔의 경우 정해진 순서에 따라 예약을 접수하게 된다.

예약접수 가능기간은 해당 호텔에서 정한 규정에 따라 다소 차이가 있지만 일반적으로 3년을 초과하지 않도록 한다. 이것은 세계 및 국내경제변동에 따라 호텔시장의 예측 한도를 나타내는 것은 물론, 보다 확실한 예약을 받아 회사의 이익을 도모하는 데 있다. 너무 지나친 후일의 예약은 대규모 컨벤션 예약을 제외하고는 현실화될 가능성이 적고 변경 또는 취소의 가능성이 많다. 신청자 및 호텔 측과의 연락불통은 예상외의 불이익(손해)을 초래할 염려가 있고 요금 책정의 혼돈으로 인해 고객에게 오해를 줄 소지가 다분하다 할 수 있다. 따라서 이를 방지하기 위해서는 예약 신청 일로부터 1년이 지났을 때 상호 다시 연락, 교신할 것을 약속하며 이때 확인할 사항으로는 객실종류 및 숫자만을 언급하는 것으로 하고 객실요금은 매년마다 변경이 있을 것을 고려하여 확약은 피하는 것이 바람직하다.

일반 FIT예약을 요청 받았을 때는 먼저 도착 예정일 및 출발 예정일, 객실형태를 문의하여 객실을 제공할 수 있는지 여부를 확인을 하고 예약접수를 진행해 나간다. 예약 접수는 아래와 같은 순서로 진행하는 것이 일반적이다.

### (1) 도착예정일

도착예정일은 월(month), 날짜(date), 요일(day), 도착시간(time of arrival) 등을 정확히 반복하여 문의하고 기록한다.

### (2) 출발 예정일

출발예정일은 도착예정일을 문의할 때와 마찬가지로 정확히 반복하여 문의해야 한다. 왜냐하면 호텔예약을 하는 경우 몇 박 며칠 또는 하루나 이틀에 대해 호텔 예약 담당자와 예약 문의 고객과의 견해 차이가 있을 소지가 다분하기 때문에 예약 담당자는 출발예정일에 대해 정확히 확인해야 한다. 또한 만실이 예상되는 특정일에 출발하기로 되어 있는 예약의 경우는 예약고객에게 반드시 이러한 사항을 주지시킬 필요가 있다.

### (3) 객실 형태

고객이 예약하고자 하는 객실의 형태 즉, 침대의 구조와 객실형태 및 위치(single, double, twin, suite, ondol, triple, studio, inside, outside, connecting, adjoining)를 정확히 접수해야 한다. 가끔 고객이 호텔의 전문용어를 잘못 이해하고 있거나 전혀 모르는 경우가 있기 때문에 고객이 원하고 있는 객실형태나 위치를 비교적 이해하기 쉽도록 설명을 해야 한다.

### (4) 사용 객실 수

고객이 원하는 객실 수는 초과예약과도 관련될 뿐만 아니라 예약의 통제와 조정에도 밀접하게 관련되므로 몇 실의 객실을 사용하는지 정확하게 접수해야 한다.

### (5) 투숙 인원 수

객실투숙인원수에 관해서는 국내 호텔기업의 객실 요금은 객실 당 요금이 부과되기 때문에 특별한 의미를 부여하고 있지 않지만 외국의 경우 객실의 투숙

인원 당 요금을 부과하는 곳에서는 매우 중요하다. 그리고 내국 호텔의 경우에도 식음료 판매의 예측이나 객실의 아메니티 세팅을 위한 수량 파악에도 중요한 정보이다. 또한 투숙 인원수는 국적별 통계자료와 객실판촉에 참고자료가 된다.

### (6) 투숙객 성함

내국인의 경우는 큰 문제가 없지만 외국인의 경우 반드시 예약자와 철자를 확인하여, 특히 성과 이름의 구분을 정확히 하여 예약자가 체크-인시 예약 확인시 실수하지 않도록 해야 한다. 국내 호텔에서 사용하는 일부의 호텔에서는 호텔 컴퓨터 시스템(PMS: property management system)의 운영시스템이 영문으로 되어 있기 때문에 내국인의 예약일 경우 성(last name)의 영문 입력 기준을 정하지 않으면 예약의 현황을 찾는 경우 혹은 투숙객의 확인 등 호텔 내 CRT를 통해 고객의 유 · 무를 확인하는 경우 입력자에 따라 차이가 있을 수 있기 때문에 혼선을 빚을 수 있다. 따라서 이와 같은 경우에는 호텔 자체에서 정하는 표준을 바탕으로 누구나 인식할 수 있도록 해야 한다.

### (7) 객실 요금

객실요금은 세금(tax)와 봉사료(service charge)가 포함된 금액을 예약고객에게 정확히 알려주어야 한다. 세금과 봉사료가 포함되지 않은 객실요금(rack rate)을 알려줌으로 해서 해당 고객이 체크-인시 항의를 할 수 있기 때문이다. 국외에서 문의한 예약의 경우(전화, 팩스, e-mail 등) 봉사료 10%와 세금 10%라고 설명하기보다는 세금과 봉사료의 합이 21%라고 설명하여 1%에 대한 오해가 없도록 한다.

경영진에서 결정한 경우를 제외하고 모든 예약은 원화를 기준으로 예약고객에게 말하는 것이 바람직하다. 할인을 받는 고객의 경우 할인율에 대해 정확하게 설명해주어야 한다. 물론 이 경우에는 할인이 적용되는 이유를 예약상에 기재하여 종업원사이에 발생할 수 있는 혼돈을 피해야 할 것이다.

### (8) 예약 소스(reservation sources)

개인이 직접 예약하였거나 대리인 혹은 회사나 여행사를 통한 예약일지라도 예약의 재확인을 위해 예약 소스, 즉 연락처를 반드시 문의하여 기입해야 한다. 노쇼가 발생하여 위약금을 청구할 경우에도 사전에 연락처로 위약금을 청구하게 됨을 알려 추후 발생될 수 있는 문제를 사전에 방지한다. 외국인의 경우는 국내회사(local company)나 여행사(travel agent)를 통하여 신청하는 경우가 많은데 이 때에는 그들이 투숙객에 대한 보증처라고도 할 수 있다.

### (9) 예약 보증 및 지불 수단

예약의 보증은 효율적인 예약 관리 및 객실운영에 필수 불가결한 사안이라 할 수 있다. 외국의 경우, 예약 보증이 되지 않는 예약은 도착일 최소 이틀 전까지 객실료를 입금하거나 예약보증을 해야만 예약이 유효하다. 예약보증의 방법으로 신용카드, 은행계좌 입금, 직접방문 지불, 호텔 내 보증인을 통한 방법 등이 있다. 지불수단의 경우 일반 FIT고객의 경우 본인이 지불하는 경우가 대부분이지만 경우에 따라서는 회사나 여행사에서 지불보증조건으로 예약할 경우도 있다. 사전에 호텔과 후불계약이 되어 있는 회사나 여행사가 아닌 경우 경리부의 여신담당에게 통보하여 적절한 조치를 취하도록 한다. 그러나 최근에는 예약을 접수할 때 고객개인의 신용카드 번호를 예약보장의 수단으로 함께 접수하기도 한다.

### (10) 기타 요구사항

금연실, 조용한 객실, 넓은 객실, 특정 객실배정 또는 객실 내에 꽃, 과일, 메시지 등의 세팅(set-up)을 요청할 수도 있기 때문에 예약 고객에게 구체적으로 문의하여 적절한 조치를 취해야 한다. 특히 객실의 침구에 알레르기(allergy)가 있는 경우에는 특별한 제품의 침구를 요구할 수도 있다. 객실 셋업 및 요구사항에 대한 내용은 별도의 보고서를 출력하여 해당 부서(프런트 데스크, 하우스키핑, 룸서비스 등)에 아침시간에 전달되어 관련 부서에 처리되도록 해야 한다.

**V.I.P TREATMENT ORDER SLIP**

RmNo.: Name:

Job Position:

Issued Date & Time: D/Time:

REMARKS

TREATMENT CODE

| TREATMENT | CODE | REMARKS |
|---|---|---|
| 1. FRUIT | A B C | |
| 2. FIOWER | A B C | |
| 3. WINE | A B C | |
| 4. CAKE | A B C | |
| 5. COKIE | A B C | |
| 6. OTHERS | | |

REQ BY ORDER BY

〈그림 19〉 VIP treatment order

### (11) VIP의 예약 처리

VIP예약은 대개 대리인이 예약하는 경우가 있기 때문에 VIP고객에 대한 정보를 구체적으로 숙지하여 필요하면 총지배인까지 보고하도록 해야 한다. VIP 예약에 따른 사항의 절차는 프런트 오피스에서 예약부터 퇴숙까지 관련 부서에서 숙지해야 할 사항을 업무지침으로 작성하여 VIP 투숙에 실수가 없도록 해야 한다.

## 제4절 단체예약의 절차

호텔에서 단체를 위한 예약의 경우는 다양하고 복잡한 절차를 거쳐야 한다. 즉 회의 주최자(meeting organizer), 세미나 담당자, 관광 여행사, 관광 산업체 등 많은 사람들과 대화를 하거나 직접 만나서 예약을 해야 하기 때문에 예약 업무 자체가 상당히 복잡하다고 할 수 있다. 만약 이러한 업무를 수행하는 과정에서 조금이라도 방심을 하게 되면 많은 문제점을 야기시킬 수가 있다.

통상적으로 어떤 단체가 호텔을 선택할 때 단체를 대표하는 담당자는 호텔의 예약 부서와 긴밀한 접촉을 시도해야 한다. 특히 단체고객을 예약할 때는 객실 형태, 객실가격, 식사비용 및 여러 가지 부대비용이 발생하기 때문에 단체고객의 예약의 경우에는 구체적인 현황을 정확히 파악하도록 하여 실수하지 않도록 각별히 신경을 써야 한다. 겉으로 보기에는 단지 하나의 단위로 되어 있는 집합체의 성격을 띤 단체고객의 업무처리에 있어서 비교적 단조롭게 보일지는 몰라도, 실질적으로는 많은 문제점이 발생할 수가 있다. 따라서 단체고객의 예약을 접수할 때에는 판촉부의 담당자가 적극적으로 개입하여 예약에 관한 제반 조건을 단체의 예약자와 협의하여 처리해야만 한다. 일반적으로 호텔에서 단체의 성격을 띤 고객에 대한 예약업무 수행에 있어서의 예약 처리 요령은 다음과 같다.

## 1. 컨벤션/단체

호텔에서 성공적으로 집회나 회의를 유치시킬 수 있는 최적의 방법은 호텔예약 담당 종업원과 회의 진행자 사이에 상호 정보전달이 원활하게 이루어지는 것이라 할 수 있다. 처음부터 호텔 측과 진행자 사이의 원만한 의사소통이 이루어진다면 많은 잠재적인 문제점을 피할 수가 있다. 이러한 경우는 보통 판촉부의 담당자와 회의 진행자 사이에 대화창구가 이루어지는데 회의를 위한 단체를 유치하면 객실뿐만 아니고 식음료의 매출도 창출시킬 수 있기 때문에 회의진행을 위한 제반사항을 협의할 경우에는 신중하게 처리해야 한다.

다음은 호텔에서 단체고객을 취급할 때 고려해야만 하는 여러 가지 방법을 제시하여 놓은 것이다.

### (1) 단체의 성격 파악

회의를 위한 단체에 대한 구체적인 정보를 입수해야 하고 특히 단체의 성격, 과거에 자호텔에 투숙했을 때의 기록, 취소율, 노쇼율 등의 전반적인 정보를 파악하고 있어야 한다.

### (2) 호텔의 정책과 규정의 준수

예약을 한 단체의 인솔자나 회의 진행자 등과 같이 단체에 대하여 정책 결정을 할 수 있는 담당자와 모든 것이 이루어 질 수 있도록 호텔에서는 규정을 정해 해당 단체에 통보하도록 하여 원만한 협의가 이루어지도록 한다.

### (3) 정보의 전달

단체를 위해 모든 업무를 처리하는 진행자에게 호텔에서 예약을 담당하는 책임자를 소개시켜 주어서 고객이 호텔에 체제하는 동안에 발생되는 모든 사항에 대하여 일사불란하게 정보전달 체제를 확립시키도록 한다. 보통 단체가 투숙하면 정보의 전달이 늦어 회의 진행자들을 당황시키는 경우가 종종 발생하기도 한다.

### (4) 상호협조

호텔 내에서 어떤 특정한 단체나, 소그룹의 모임이 이루어지면 예약 부서의 종업원은 즉시 회의 진행자에게 통보하여 상호 불편한 점이 없도록 사전에 대비하여야 한다.

### (5) 객실상황통보

회의가 이루어지기 전에, 예를 들면 90일, 60일, 30일 간격으로 지정되어진 객실의 상황을 진행자에게 자세히 통보해 주어야 한다.

### (6) 고객의 확인

정기적인 간격으로 등록되어진 단체 고객 명단 목록을 진행자에게 제공해야 한다. 이와 같은 정보는 회의 진행자로 하여금 부정확한 이름, 출발 및 도착날짜 등이 잘못되어진 것을 확인시키는데 도움을 줄 수가 있기 때문이다.

### (7) 신속한 예약확인

단체고객을 위해 호텔예약을 담당하는 사람은 전체적인 회의진행을 위해 여러 가지 사항을 점검해야 하기 때문에 가능한 한 가장 신속하게 예약 확인을 해 주어야 한다.

### (8) 객실상황점검

회의가 이루어지기 전에 이미 예약한 객실에 변동이 발생할 경우 신속하게 통보해 주도록 요구해야 한다. 예를 들면, 예약 당시 20실을 예약했으나 실질적으로 15실을 사용하게 되는 경우가 발생할 수 있기 때문에 호텔예약 담당자는 주기적으로 확인하여 객실상황을 파악하도록 해야 한다. 왜냐하면 객실이 단체에 블록이 되어 판매의 기회를 상실하는 것을 피하기 위함이다.

## 2. 관광단체

관광단체는 여행사와 숙박, 교통, 식사 및 그 이외의 모든 것을 포함하여 계약을 한다. 호텔과 요금 및 객실 사용계약을 체결한 여행사라 할지라도 호텔 이용회수 및 사용금액에 따라 호텔에서 정한 객실요금 및 기타 부대시설 이용요금이 차이가 있기 때문에 이러한 사안에 대해 예약 담당자는 구체적으로 숙지하고 있어야 한다. 또한 요금은 성수기, 비수기 사용 객실 수에 따라 달라지며 특별요금을 적용하는 경우도 있기 때문에 예약실의 단체예약 담당은 판촉부의 그룹담당과 긴밀한 업무 협조가 있어야 한다.

객실여행사의 객실수배 담당자는 판촉부의 그룹담당자를 통해 예약을 하는 것이 일반적이며 예약접수 후 변경사항 및 기타 추가사항에 대해서는 예약실로 직접 연락하게 된다. 여행사 또는 기타 관광 운영업체에서 단체고객을 예약할 때 호텔 측에서는 그 업체의 과거실적과 수행능력을 구체적으로 파악하여 예약을 받아야 한다. 채무관계 및 예약 객실사용 여부 등 여러 가지에 대하여 관심을 가지고 조사해야 한다.

## 3. 객실 요금상담

판매를 위한 객실요금에 대한 상담은 판매촉진의 역할 수행의 일부분으로써 영업적 감각을 가지고 임해야 한다. 따라서 예약실에 근무하는 종업원은 상담능력에 따라 객실매출에 많은 영향을 미칠 수 있기 때문에 매출을 극대화시킬 수 있는 내용으로 상담을 해야 한다. 예약 고객과 상담을 하는 방식은 호텔마다 다소 차이를 보이고 있다 그러나 일반적으로 다음 사항을 고려하여 객실요금 상담을 하는 것이 바람직하다.

### (1) 상향판매(up-selling)

예약문의 고객이 원하는 투숙기간 중 모든 형태의 객실예약이 가능할 경우 예약담당자는 먼저 고객에게 높은 가격의 객실을 먼저 추천하고 나중에 낮은 가격의 객실을 제시하는 판매 방법으로서 호텔에서는 객실 수입을 증대시킬 수 있을 뿐만 아니라 객실 당 평균 객실료를 높이는데도 상당히 기여할 수 있다. 또한 고객이 원하는 객실형태보다 상위수준의 객실구매를 위해 설득하는 판매방식을 일컫는 경우도 있다. 그러나 고객이 경제적인 문제로 인하여 가격이 낮은 객실을 원한다면 거기에 합당하고 적절한 요금의 객실을 추천해 주어야 한다. 또한 여기서 중요한 것은 고객이 값비싼 요금을 지불하고 객실을 이용할 경우에는 호텔에서 제공하여 줄 수 있는 여러 가지 아메니티(amenities)도 아울러 설명을 하여주면 고객은 좀 더 호의적인 반응을 보일 것이다.

### (2) 공표요금의 전달

고객이 먼저 객실 요금에 대하여 설명을 원한다면, 호텔 자체 내에 공시되어 있는 요금을 알려준다. 일단 고객이 특정객실의 요금에 동의하여 그에 따라 객실 예약이 종료되면 특별한 경우가 없는 한 예약된 요금의 변동사항이 없도록 호텔에서는 고객에게 신용을 지켜야 할 것이다.

### (3) 추가요금 정보 전달

고객에게 요금에 관한 내용을 설명할 때는 세금과 봉사료를 포함한 요금을 언급해야 한다. 일부에서는 세금과 봉사료가 포함되지 않은 요금을 고객에게 통보하여 고객이 당일 예약한 날짜에 호텔에 도착한 후 사용할 객실 요금의 구조에 대해서 정확하게 이해하지 못할 경우가 발생되면 고객은 상당히 불쾌할 것이므로 이에 주의해야 한다.

### (4) 객실 요금에 대한 서비스 범위 설명

객실 요금에 대해 고객에게 설명할 때 객실요금에 포함되는 서비스의 내용에 대해 정확히 설명하도록 한다. 기타 부대시설을 이용하였을 때나 객실 내 미니-바에 비치되어 있는 음료나 식사를 이용하였을 경우에 투숙객이 지불해야 하는 사항 등을 정확히 설명해 줄 필요가 있다. 고객은 언제나 경쟁사와 서비스를 비교하여 구매한다는 사실을 상기시켜야 한다.

### (5) 객실상황의 고지

고객이 예약한 기간 동안에 호텔을 사용한 후 객실사용을 연장하기 원할 때 호텔은 사용가능 한 객실이 있는지 확인하여 알려주어야 한다. 특히 호텔 성수기의 특정한 날에는 고객이 집중되기 때문에 일부 고객은 특정한 날을 피하여 전날까지 예약을 하고 호텔에 도착을 하여 출발 날짜에 객실 사용 연장을 요구하여 종종 프런트 데스크의 종업원과 마찰이 발생하는 경우가 있기 때문에, 반드시 예약 시에는 특정한 날 즉, 고객이 호텔의 전 객실을 사용하여 전혀 객실 상태가 예약이 불가능한 경우 이 내용을 고객에게 사전에 알려주는 것이 좋다.

또한 어떤 고객은 특정한 날 아침 체크아웃을 하지 않고 또한 사전에 프런트 데스크에 통보하지도 않고 객실에다 수하물을 그대로 놓은 채 호텔 밖으로 나가서 저녁에 다시 들어오는 경우가 종종 발생하기 때문에 주의해야 한다.

### (6) 환율적용의 규정

환율에 대한 문의가 있을 경우, 해당 시점을 기준으로 하여 알려주고 고객이 국내가 아닌 외국에서 예약을 하는 경우 종종 혼동되는 경우가 있으므로 반드시 당일 환율시세를 정확히 파악하여 고객에게 알려주어야 한다. 또한 환율이 불안정한 경우 요금차이가 환율변동으로 수시로 바뀔 수 있기 때문에 경영진의 결정이 있는 경우를 제외하고 원화로 객실요금을 알려주는 것이 바람직하다. 최근에는 외국인이 미국환(dollar)으로 예약할 수 있는 시스템을 구축하여 정산을 할 수 있도록 제도화한 호텔도 있다.

## 4. 예약보장

보장형예약(guaranteed reservation)은 예약한 고객이 호텔 객실이나 연회장 등의 사용에 관한 예약을 보장받는 형태의 예약으로써 예약담당자는 예약 고객으로부터 예약을 마감하기 전에 반드시 예약보장을 받음으로서 예약고객은 뜻하지 않는 예약의 취소 또는 늦은 체크인에 따른 부담감을 덜 수 있고, 호텔은 효율적인 예약관리를 통한 매출증대 및 대 고객서비스 강화의 효과가 있다. 예약 보장을 위해 예약 담당자는 다음과 같은 사항에 대한 숙지가 필요하다.

### (1) 신용카드를 통한 보장형 예약

고객 신용카드의 발급 회사명, 카드번호, 유효기간을 확인하고, 카드 신용조회를 통해 카드의 신용정보를 확인해야 한다. 최근에는 자동시스템에 의해 호텔 자체 내에서 즉석 확인할 수 있으며 이러한 조회는 컴퓨터에 의해서도 곧바로 식별할 수가 있다. 예약고객과 신용카드의 소유자가 상이한 경우 카드 소유자의 연락처를 정확히 파악하여 노쇼 또는 당일 예약 취소의 경우 위약금을 부과할 수 있도록 한다. 우리나라도 호텔예약문화가 정착되기 시작하여 예약당시 자신의 신용카드에 의한 보장형 예약이 늘어나고 있는 추세이다.

### (2) 예약금에 의한 보장형 예약

신용카드를 이용해 예약 보장을 할 수 없는 경우 예정 투숙일 이전(최소 2일전)까지 예약금(deposit)을 입금하도록 하여 예약을 보장하는 형태이다. 이때 주의할 것은 예약금의 입금이 정해진 날짜 이내에 이루어 질 수 있도록 하고, 예약금은 입금 후 입금자의 성함과 금액을 예약실로 알려줄 것을 예약 고객에게 요청하도록 해야 한다. 특히 워크인(walk-ins)이 거의 없는 휴양지호텔에서는 예약시 예약금의 송금을 요구하는 경우가 많다. 만약 예약금의 송금이 이루어지지 않으면 예약이 자동적으로 취소될 수도 있다.

### (3) 거래처의 보장 예약

거래처에 대한 예약보장은 호텔과 상호 거래관계에 있는 여행사나 일반회사에서는 해당 회사 및 여행사의 예약담당자와 호텔의 예약담당간의 예약 의뢰 및 접수를 통해 특별한 보장없이 처리하는 예약 방식을 일컫는다. 이러한 경우 투숙예정일 전에 호텔의 예약 담당자는 기예약의 재확인을 통해 예약의 보증을 한다. 여행사의 경우에는 실제로 사용하고자 하는 객실 수가 단체를 위해 블록(block)된 것보다 적은 경우에는 계약 조건에 의하여 일정한 위약금을 지불하도록 하고 있다.

### (4) 예약증서

국제적으로 통용되는 예약증서(voucher) 또는 특정 업체와 호텔 간에 체결된 계약에 의해 해당 업체에서 발행하는 바우처를 소지한 예약객은 예약을 의뢰한 업체에 여행일정에 대한 경비를 모두 지불한 경우가 일반적이다. 따라서 이들이 가지고 오는 바우처는 현금과 같은 효력이 있기 때문에 예약을 접수할 당시 호텔 측과 바우처 계약이 체결되지 않은 여행사 또는 여행 도매업체의 예약의뢰에 대해서는 사전에 예약 보증을 요청하여 바우처를 가지고 오는 고객에게 추가로 호텔 객실 요금을 요구하는 경우가 발생되지 않도록 해야 한다.

## 5. 객실 요금의 할인

객실요금의 할인은 호텔에서 정한 규정에 의해 이루어지며 기간, 대상, 직책,

**Room Rate Discount**

It is the policy of the hotel to provide Following personnel with authority of providing guests with discount on room rate if necessary.
These personnel can offer discount at his/her discretion within the limit set below without approval of Immediate supervisors.

| Discount | F/O staff | Duty | RSVN Mgr | FOM | Sale Mgr | DOS | EAM | GM |
|---|---|---|---|---|---|---|---|---|
| 20% | X | X | X | X | X | X | X | X |
| 30% | | X | X | X | X | X | X | X |
| 40% | | | | X | X | X | X | X |
| 50% | | | | | X | X | X | X |
| Corp | | | | | X | X | X | X |
| Pref | | | | | X | X | X | X |
| Upgrade | | X | X | X | X | X | X | X |
| Spc Rate | | | X | X | X | X | X | X |
| Comp | | | | | | X | X | X |
| H/Use | | | | | | | X | X |

〈그림 20〉 직급별 객실할인 규정

예약 형태 등에 따라 다양한 형태의 할인이 적용된다. 객실요금의 할인은 반드시 규정에 따라야 하며 적절한 할인이 적용되었는지의 여부를 예약실에서 확인하는 것이 일반적이다. 〈그림 20〉에서는 직급별 가능 객실할인율에 대한 회사의 방침을 보여주고 있다. 예약실의 업무내용을 보면 우선, 전일 체크인한 고객의 명단을 출력하고 정확한 할인율이 적용되었는지 여부를 확인하여 차이가 있을 경우 해당 부서에 연락하여 자체 적용한 할인 건에 대한 결재를 얻도록 한다. 예약 담당자 및 프런트 데스크 종업원은 CRT상에 할인을 적용한 근거를 기입하여 해당 폴리오(folio)에 대한 의문사항이 발생할 경우 근거자료로 이용할 수 있도록 한다.

# 제5절 고객 관리

## 1. 고객 기록 데이터(guest history data)

호텔에서 사용하는 PMS(property management system)에 따라 고객 기록의 생성 과정에 다소 차이가 있겠지만 일반적으로 호텔에 처음 투숙하는 고객의 경우 체크아웃을 하게 되면 PMS에서 해당 고객을 위한 고유 번호를 부여하게 된다.

호텔에 투숙한 모든 고객의 기록은 호텔에서 정한 기준에 따라 특정 기간 동안 PMS에 저장되며 이 기간 동안 재방문을 하지 않는 고객의 기록은 자동으로 소멸된다. 재방문 고객은 예약시점에 고객기록을 통해 확인이 되며 해당 데이터를 PMS에서 불러들여 예약을 진행함으로써 해당 고객의 방문횟수가 추가되는 것이다.

이러한 고객 기록의 분석을 통해 고객에 대한 각종 정보를 습득할 수 있으며 이러한 자료는 중요한 마케팅 자료로 이용된다. 한편 이러한 고객의 전화번호, 직책, 사무실이전 등과 같이 개인 정보가 바뀌게 되면 그때마다 판촉부의 담당자가 관련 정보를 최신화(update)시켜 항상 살아있는 정보가 될 수 있도록 관리를 해야만 한다. 만약 고객관리 담당자가 고객에 대한 관리를 게을리 하여 과거의 정보를 그대로 간직하고 있다면 쓸모없는 정보가 될 것이다.

## 2. 재방문 고객 프로그램(repeat guest program)

고객 확보를 위한 경쟁이 치열하고 전반적인 경기 둔화 현상을 보이고 있는 시장(market)에 위치한 호텔들은 나름대로의 경쟁전략을 수립하여 보다 많은 고객 확보를 위해 최선을 다하게 마련이다. 하지만 이러한 신규 고객 확보에 대부분의 마케팅예산을 소비하기보다는 기존의 고객층을 대상으로 한 유지마케팅(retention marketing)에 초점을 맞추어 마케팅 전략을 수립하는 것이 비용 측면에서 유리하다.

호텔을 재방문하는 기존 고객들은 호텔에 대해 개별적으로 긍정적인 이미지를 가지고 있기 때문에 그들이 경쟁관계에 있는 호텔 상품의 구매를 억제하고, 해당 호텔에 더욱 충성하는 고객(loyal customers)으로 만들기 위한 노력은 특별히 호감을 가지고 있지 않는 잠재고객(potential customer)을 재방문할 수 있도록 유도하는 노력보다 경제적이며 효과적이라 할 수 있다.

대부분의 특급 호텔에서 고객의 재방문을 유도하기 위해 여러 가지 혜택프로그램을 마련하여 운영중이며 특히, 재구매 고객에게 방문의 빈도수에 비례하여 특별한 선물용 쿠폰이나 무료서비스를 제공하는 호텔이 증가하고 있다.

재방문 고객에게 호텔에 대한 긍정적인 이미지를 한층 강화하기 위해 해당 고객의 기록을 찾아 고객이 선호하는 것을 미리 지정한 객실 내에 준비(set-up)함으로써 고객이 객실에 도착했을 때 색다른 느낌을 받을 수 있도록 한다.

## 3. 재방문 고객 확보 방안

정확한 고객기록의 보유는 해당 고객으로 하여금 재방문시 등록카드에 단지 서명만을 하는것 으로 체크인 과정을 마칠 수 있으며 이러한 순조로운 체크인 과정은 고객의 호텔에 대한 긍정적 이미지를 한층 더해줄 수 있다. 또한 객실 내에 준비한 세팅(set-up) 및 재방문에 따른 각종 무료쿠폰 등의 증정은 고객의 재방문을 확고히 해 줄 수 있는 마케팅 전략이라 할 수 있다.

이러한 재방문 고객의 유지 마케팅(retention marketing)의 일환으로 호텔마다 독특한 내용으로 호텔 회원유치를 하고 있는데 이러한 회원제 프로그램에 대한 내용은 다음과 같다.

### (1) 호텔 회원제의 개념

호텔회원제의 시작은 1980년대 미국에서 객실점유율이 하락하자 낮은 점유율과 낮은 호텔 이윤을 타개하기 위하여 호텔체인들은 항공사를 모델로 한 상용고객제도를 만들었는데 홀리데이인(Holiday Inn Co.)이 상용고객제도인"프라이어티 클럽(Priority Club)"을 개발한 것이 효시로 볼 수 있으나 실용화는 되지 않았고 그 후에 힐튼(Hilton Corp.), 하얏트 호텔(Hyatt Hotel), 메리어트호텔(Marriott Hotel)이 상용고객제도를 실시하였다.

국내에서 호텔회원제도의 효시는 1980년 신라호텔에서 도입한 신라클럽 인터내셔날"이었으며, 1983년에 전세계 하얏트 체인 호텔을 대상으로 시작한 " 골드패스포트(Gold Passport)" 회원제를 도입한 하얏트 리젠시 서울(현재의 그랜드 하얏트 서울)이 뒤를 이었다. 그 후 1990년대 들어서 본격적으로 각 호텔마다 회원 제도를 도입하여 운영하고 있다.

호텔의 회원제도는 장기적으로는 고객의 욕구와 호텔 기업이 추구하는 기업의 철학(mission)을 최대한 충족시킴으로서 고객 지향적인 서비스(guest oriented service)를 유지할 수 있도록 해 준다. 그리고 고객에 대한 기초 컴퓨터 자료를 통해 고객의 욕구를 체계적으로 분석하고 꾸준한 시장 세분화(market segmentation)를 통해 시장 개척을 지원하여 호텔 마케팅을 강화할 수가 있다는 장점을 충분히 살릴 수가 있다.

호텔 내부적으로는 반복구매 고객의 증대를 위한 각종 고객 혜택제도 운영을 보다 체계화 시켜 비용을 효율적으로 관리할 수 있도록 해준다. 대부분의 상용고객제도는 가입비가 없으며, 보너스 포인트를 제공하여 고객들이 상용고객제도에 참가하도록 부축이고 있는 것이다. 호텔기업들은 상용고객제도를 통해 혜택을 얻기 위하여 호텔에 충성도를 가지고 재방문하기를 기대하고 있는 것이다. 회원이 일정한 수준에 이르면 무료 객실 숙박권, 숙박요금 할인혜택, 객실 업그레이드(room upgrade), 상품, 패키지여행 등과 때로는 현금까지 제공하고 있다.

호텔 회원제도는 신용카드와 유사한 개념을 가지고 있으며, 근래에 들어서는 회원제도와 신용카드 기능을 통합한 제휴카드가 발행되고 있다. 호텔의 회원카드는 신용카드와 같이 할부구매나 지불능력의 기능을 가지고 있지는 않지만 신용카드와 마찬가지로 일정한 자격요건을 갖춘 일반인을 대상으로 발급되므로 신분표시의 기능을 가지며 회원에 대한 정보를 갖고 있으므로 알맞은 정보를 선택하여 호텔에서 유용하게 사용할 수 있다.

## (2) 호텔 회원제도에 의한 고객확보 방안

호텔의 고정고객 확보 방안은 두 가지로 대별되는데 첫째는 고객관리시스템(customer management system)을 활용하여 회원들의 정보를 수집하여 보다 세분화된 마케팅 자료로 활용하는 것과 둘째는 각종 혜택을 제공하여 고정고객으로의 견인율 즉, 이용 빈도를 높이고자 하는 것이다.

### 1) 세분화된 마케팅자료로의 이용

고객관리시스템을 이용한 고객관리는 개별적인 고객을 인식하여 프로파일

(profile)을 작성하고 가치를 평가한다. 수집된 정보는 인구통계학적, 사회경제적으로 구분될 수 있으며 이를 통하여 체재일수, 1일 당 평균소비액의 견지에서 본 가치를 측정한다. 고객관리시스템의 활용에 있어서 회원제도는 호텔에 기여도가 크다고 볼 수 있는 회원의 정보만을 따로 모아 마케팅 자료로써 활용하고 회원들에게 지속적인 관리와 서비스를 제공한다.

① 목표화 된 마케팅: 고객이 얼마나 자주 여행하고 어떤 지역에서 오는지 또한 얼마나 소비하는지를 파악한다면 소비가 어디에서 발생하는가와 호텔이 제공하는 혜택의 잠재성이 무엇인지를 찾을 수 있을 것이다.

② 정보의 피드백 (feedback): 고객의 개별적인 상품의 선호도를 피드백하여 그 정보를 서비스와 상품증진을 위해 해석하고 고객 중 다른 호텔로 이탈하려는 경향이 있을 경우 그 문제점을 파악하여 미리 조치할 수 있다.

③ DM(direct mail) 발송: DM을 통하여 촉진정보를 고객에게 우송한다. 이밖에도 정기적으로 발간되는 뉴스레터(news letter)나 호텔 소식지를 보내기도 한다. 또한 호텔 회원제도가 일년에 몇 번 이상의 실적을 요할 경우 회원자격을 유지하기 위해 체재일수를 상기시킬 수 있는 잠재정보를 은근히 통보하기도 한다.

④ 개인적인 서비스제공: 호텔과 고객간의 관계를 강화시켜 지속적인 구매가 이루어지게 하기 위해 개별 고객을 대상으로 그들의 매출실적과 선호도에 대한 정보를 얻는다. 결과적으로 호텔은 고객들의 개별적인 필요에 맞는 혜택을 직접적으로 대상화시켜 제공할 수 있다.

### 2) 고객의 충성유도

회원제도는 회원들에게 각종 할인 혜택을 제공하며 고객관리 시스템을 통하여 누적된 수입과 체재일수에 관한 정보에 따라 고객이 소정의 보상수준에 이르면 무료 식사나 객실 업그레이드 등과 같은 부가서비스를 제공한다. 이러한 매출실적에 따른 포인트 제도는 회원들의 구매를 자극시켜 반복구매를 유도하고 상표의 충성도를 갖게 한다.

### (3) 호텔 회원제도의 분류

최근 호텔에서 이루어지고 있는 회원제도를 구분하는 데는 단일화되고 획일적인 분류 방법보다 다양한 접근 방법이 필요하다. 따라서 현재 호텔에서 사용되고 있는 회원제도를 이용대상과 가입비의 유 · 무, 신용카드회사(credit card company)와의 제휴여부 등 세 가지 측면에서 구분하고자 한다.

#### 1) 서비스 이용에 의한 분류

① 상용고객제도: 상용 고객제도의 대상은 업무를 위해 여행을 하면서 호텔 객실을 반복적으로 이용하는 고객이다. 호텔마다 운영하는 형태는 다르지만 주요 대상이 사업여행자이므로 비즈니스에 편리한 서비스나 객실에 관련된 부가서비스를 특별히 제공한다. 경우에 따라서는 포인트 제도나 마일리지(mileage)를 제공하여 상표 충성도(brand loyalty)를 유발하기도 한다.

② 식음료 회원제도: 식음료 회원제도는 호텔의 식음료업장을 주로 이용하는 내국인이나 국내에 거주하는 외국인을 대상으로 한다. 최근 일부 호텔에서는 식음료 매출을 증진시키기 위해 회원 제도를 통해 판매촉진을 강화하고 있다.

③ 스포츠클럽 회원제도: 체육관, 사우나, 수영장, 에어로빅 그 외에 식음료 업장, 이 · 미용실, 세탁소, 베이커리(bakery) 등 호텔 내의 각종 부대시

설을 이용할 경우 가족이 함께 이용할 수도 있으며 할인 혜택을 받게 된다. 가입비가 타 회원제도 가입비보다 월등히 비싸고 평생회원제 형태로 운영된다.

④ 비서(secretary) 회원제도: 기업체에서 관계자의 예약을 담당하는 비서들을 대상으로 하여 특별한 특전을 부여하는 제도이다. 호텔기업이 처음으로 비서를 위해 도입한 이 제도의 시초는 1978년 하얏트 호텔의 Private Line'이다.

⑤ 회원(membership) 제도: 특정 업장을 이용하는 고객들을 대상으로 회원제로 운영하는 형태이며 회원 자격은 일정한 규정에 의하여 정해진다.

⑥ 면세점 회원제도: 호텔에서 운영하고 있는 면세점 이용객들을 위한 제도로 가입비는 무료이며, 면세품을 구입할 경우 할인혜택을 제공하고 각종 홍보물, 우편물을 발송한다.

### 2) 가입비 유 · 무에 따른 분류

① 유료 회원제도: 회원 가입시에 일정금액의 회원 가입비를 지불하고 회원 자격을 부여받는 제도로 유료 회원제도를 통하여 발급되는 카드는 하나의 독립된 상품이다.

② 무료 회원제도: 호텔이 일정 수준 이상의 고객 중에서 대상을 선정하고 무료로 회원권을 발행하여 이들 고객에게 객실의 할인 및 특전을 제공하는 제도이다.

〈그림 21〉 H호텔의 호텔회원제 소개

# 4

# 제4장 프런트 데스크

# 제4장 프런트 데스크

## 제1절 프런트 데스크의 업무

### 1. 프런트 데스크의 역할

흔히 프런트 데스크를 호텔의 얼굴로 비유하는데 그 이유는 고객을 최초로 영접을 하고 고객이 체크아웃할 때 마지막으로 환송을 하는 장소이기 때문일 것이다. 즉 프런트 데스크는 호텔과 고객을 이어주는 접점(contact point)이라 할 수 있다. 또한 프런트 데스크는 객실상품의 판매를 통해 호텔수입을 발생시키며, 객실 판매의 성공 여부에 따라 다른 상품의 판매에도 크게 영향을 미치기 때문에 판매를 촉진시킬 수 있는 자질을 갖춘 종업원이 배치되어 고객의 마음을 사로잡을 수 있어야 한다.

프런트 데스크의 역할은 고객에게 호텔에 대한 상품의 충성도(loyalty)를 창조하는 장소로써의 기능을 하기 때문에 고객의 마음을 감동시켜 호텔의 이미지를 향상시키고 상품의 재구매를 유도하는 중요한 역할을 담당하는 부서이다. 아무리 조직적이고 전문적인 마케팅 전략을 수립하고 고객을 대상으로 적극적인 판촉활동을 전개할지라도 호텔을 방문한 고객에게 처음부터 좋은 인상을 주지 못하면 모든 활동의 효과를 기대할 수 없다.

## 2. 프런트 데스크 종업원의 역할

프런트 데스크는 앞에서 언급을 하였듯이 호텔과 고객 간을 연결하는 매개역할을 하여 고객이 투숙하는 동안 최상의 서비스 제공으로써 호텔에 대한 좋은 인상을 주어 고객의 재방문을 유도하는 객실판매의 최전선의 역할을 하는 부서라 할 수 있다.

따라서 프런트 데스크에 근무하는 종업원은 고객이 요구하는 내용을 신속하고 재치있게 판단하고 상황에 따라 적절히 대응하여 고객으로부터 기대이상의 서비스를 제공하고 있다는 느낌이 들 수 있도록 한 다음, 그 연장선상에서 호텔의 상품과 서비스의 판매를 극대화하여 매출을 증대시키는데 기여를 해야 한다. 기본적인 업무로는 다음과 같다.

### (1) 체크인

사전에 정상적으로 예약하고 호텔을 방문하는 고객을 대상으로 체크인하는 것이 주요업무이지만 예약을 하지 않고 방문하는 고객을 위한 객실의 판매 및 등록 업무를 겸한 객실 판매 업무를 담당한다.

### (2) 정보제공

호텔에 투숙하고 있는 고객으로부터 서비스에 대한 문의가 있을 경우 상세한 정보를 제공하여 고객의 편의를 도모하고 외부로부터 문의가 있을 경우에 최선을 다하여 필요한 정보를 제공하도록 노력을 해야 한다. 이와 같은 정보제공은 고객을 편안하게 해줄 수 있을 뿐만 아니라 경우에 따라서는 호텔의 부대서비스 상품의 구매를 유도할 수 있는 기회가 될 수도 있다. 고객에게 여러 가지의 정보를 제공하기 위해서는 타 업종의 판매원처럼 호텔의 정책, 절차, 요금, 제공되는 서비스 및 상품 등의 판매하는 서비스상품에 대해 완전히 파악하고 있어야 한다. 즉 고객으로부터 예상되는 질문에 완벽하게 대답할 수 있도록 서비스상품에 대한 지식을 구체적으로 파악하고 있어야 한다.

### (3) 판매 증진

프런트 데스크는 호텔과 고객 간의 중계적(the liaison between hotel and the guest)인 위치에 놓여 있으면서 한편으로는 고객의 편의와 서비스 판매의 대외적인 업무까지를 맡고 있는 창구의 중심부이기도 하다.

고객의 도착과 출발에 있어서 영접 및 환송을 하는 곳인 만큼 고객에게 좋은 인상은 물론 현관에서의 친절과 예의, 세련되고 새로운 분위기를 제공하여 호텔 내에 머물러 있는 동안이나 이후에도 훌륭한 호텔이라는 좋은 이미지를 갖도록 해야 한다. 따라서 고객에게 서비스를 신속하고 정확하게 제공하여 신용도를 높임으로써 객실의 판매를 증진시킬 수 있기 때문에 프런트 데스크 근무자는 판촉의 기능도 겸하고 있다.

호텔에 종사하는 모든 종업원은 판매사원이다. "everybody in the hotel is a salesman"이라는 말이 있듯이 판매는 판촉부의 담당자뿐만이 아니고 고객을 접하는 모든 종업원은 판매를 유도해야 하는 의무가 있다.

### (4) 고객불평 처리

고객들은 자신이 호텔종업원으로부터 제공받은 서비스나 시설물 등의 불평에 대해서 호텔에 도착하여 등록을 했던 프런트 데스크에 이야기하는 경우가 많기 때문에 프런트 데스크에서 근무하는 종업원은 고객으로부터의 불평을 원만하게 처리할 수 있는 테크닉을 연마해야 하겠다. 따라서 프런트 데스크에 근무하는 종업원은 고객의 요구와 기대하고 있는 서비스 수준을 파악하여 고객의 불평을 능숙하게 처리하여 호텔에 대한 충성도를 강화시키도록 해야 한다.

### (5) 고객안전

고객의 안전은 당연히 안전을 담당하는 부서에서 총괄해야 하지만 호텔에 투숙하고 있는 고객은 어떠한 일이 발생되었을 경우 대부분 프런트 데스크에 연락을 하여 처리를 하기를 원하기 때문에 고객의 개인적인 프라이버시를 포함한 제반 사항을 보호해 주어야 할 의무가 있다. 따라서 외부에서 고객을 찾기 위하여 고객의 객실번호나 개인 정보를 문의할 경우 고객의 허락없이 알려주지 않도록 해야 한다.

## 3. 객실 업 셀링(up-selling rooms)

대부분의 고객들은 객실요금에 많은 관심을 가지고 있다. 특정 호텔에 예약을 하거나 워크인(walk-in) 고객은 투숙하기 전에 해당 호텔에 대한 예상 객실가격대를 염두에 두는 것이 사실이다. 그렇지만 호텔의 객실은 여러 가지 형태가 있으며 가격도 천차만별이기 때문에 고객의 요구를 미리 파악하여 그에 알맞은 객실형태와 객실가격을 제시함으로써 고객이 인근의 경쟁호텔을 찾아 떠나는 경우를 방지할 수 있는 것이다. 특히 경우에 따라서 호텔을 방문하는 고객에게 원하는 객실의 수준보다 나은 객실의 편의시설과 제공되는 추가 서비스를 설명하고 구매의욕을 자극하여 비싼 객실을 판매할 수 있는 분위기를 조성하는 일련의 노력이 업셀링이라 할 수 있다. 이때 주의해야 할 사항은 제안을 할 때는 친절한 자세로 자신 있게 해야 한다. 최저 요금을 먼저 제시하기보다는 높은 가격을 제시하여 고객에게 선택할 기회를 제공하도록 한다. 동시에 가격만이 아니라 고객에게 제공될 가치에 대해 강조해야 한다.

프런트 데스크의 종업원은 각 객실의 특징과 경쟁관계에 있는 호텔에 비해 상대적 장점을 숙지하고 고객에게 전달할 수 있어야 한다. 객실판매를 효과적으로 하기 위해서는 다음과 같은 사항을 주지하도록 해야 한다.

### (1) 정확한 상품 정보의 숙지

프런트 데스크에서 고객을 대상으로 상품의 판매를 증진시키기 위해서는 현재 판매 가능한 객실 형태와 수를 파악하여 고객에 따라 제시할 수 있는 할인율, 부가 서비스 등의 상품에 대한 현황을 숙지하고 상품에 관한 풍부한 지식을 갖고 있어야 한다. 아울러 호텔에서 제공하고 있는 주변서비스에 대한 내용을 파악하여 고객의 문의에 언제라도 자세하게 응대할 수 있어야 하겠다.

### (2) 고객의 욕구 파악

고객의 의도를 구체적인 질문을 통하여 파악하고 고객이 의사결정을 용이하게 할 수 있도록 자문한다. 즉, "어떤 형태의 객실을 원하십니까?" 와 같은 막연하고 제한없는 질문보다는, "현재 저희 호텔 객실은 바다가 보이는 특실과 클럽 층에 조용한 더블 룸이 있는데 어떠십니까?"와 같은 구체적인 질문을 하는 편이 고객이 상품구매에 대한 결정을 하는데 많은 도움이 될 것이다. 그렇지 않고 고객의 문의에 단답형 형식의 사무적인 응대는 고객의 진정한 욕구를 파악할 수 없기 때문에 고객을 감동시킬 수 있는 기회를 상실할 것이다.

### (3) 고객의 설득

고객에게 객실을 판매할 경우에 강압적인 방법으로 객실을 판매한다는 인상을 주지 않도록 하기 위해 고객 욕구를 파악한 다음 부드럽게 설득할 수 있는 기술을 습득해야 한다. 고객으로 하여금 강요에 의해 구매했다는 인식을 준다면 그 고객은 다시 재방문을 하지 않고 호텔에 대해 부정적인 인상을 가지게 될 것이다. 따라서 고객이 불쾌감을 느끼지 않고 기쁜 마음으로 추천 또는 자문하는 상품이나 서비스를 구매할 수 있도록 설득력 있는 판매 전략을 구사해야 한다.

### (4) 객실요금 구조의 정보제공

항상 객실 요금은 고객이 지불해야만 하는 최종 금액을 알려주도록 해야 한다. 일반 고객들에게 세금과 봉사료를 제외한 객실요금을 제시하면 체크아웃 시점에서 문제가 발생할 수 있기 때문에 세금과 봉사료를 포함한 금액을 제시하여야 한다. 단순히 요금에 대한 문의를 하는 경우 객실요금을 조금 낮추기 위해 봉사료와 세금을 제외한 순수 객실요금만을 이야기하는 임시적인 판매 방식은 장기적인 고객 관계에 악영향을 미칠 수 있기 때문이다.

### (5) 상품의 긍정화

호텔의 상품이나 서비스는 다양하기 때문에 상황에 따라 장점과 단점이 있기 마련이다. 이때 상품이나 서비스의 장점은 더욱 강화(reinforcement)하고 단점은 긍정적인 상황을 접목시켜 긍정화 시킬 수 있는 자세가 필요하다. 즉 객실과 객실주변 환경의 부정적인 요소를 고객에게 장점으로 이용한다. 예를 들면 전망이 좋지 않은 객실(inside room)은 “조용한 객실”로 긍정화 시킬 수 있으며 승강기 근처나 수영장 부근 객실은 "편리"하거나 "수영장을 언제나 쉽게 이용할 수 있는" 객실이 될 수 있다는 내용으로 고객에게 긍정적인 면을 부각시킨다.

### (6) 부가 서비스상품의 제시

객실을 설명하는 과정에서 하나의 상품만을 제시하지 말고 다양한 객실의 형태와 가격을 제시하여 고객이 원하는 상품을 선택할 수 있도록 유도한다. 예를 들면 “바다가 내려다보이는 딜럭스 객실은 봉사료와 세금을 제외하고 30만원입니다”. 또는 “시내가 보이는 더블 객실은 봉사료와 세금을 포함하여 25만원이지만 아침식사 및 전용 라운지를 이용할 수 있는 디럭스 더블 룸은 32만원입니다."와 같이 항상 두 개 이상의 상품을 구체적인 가격과 함께 제시하여 선택의 폭을 늘려 주도록 해야 한다.

### (7) 판매 유도

상담이 종결되면 고객이 객실 상품의 구매에 대한 최종결정을 내릴 수 있도록 유도한다. 이때 고객에게 모든 정보를 제공한 후 친절하면서도 단호한 태도로 판매를 매듭지어야 한다. 예를 들면 "고객께서 마음에 드셨다면 등록카드에 서명해 주시겠습니까?" 또는 마음에 드시는 객실을 선택하시고 등록카드를 작성해 주시겠습니까? 와 같은 말은 협상을 매듭짓는 효과적인 한 가지 방법이다.

### (8) 호텔서비스의 정보제공

프런트 데스크 종업원은 세일즈맨십(salesmanship)을 바탕으로 고객이 구매하고자 하는 상품뿐만 아니고 부대상품에 대한 정보를 제공해야 한다. 즉 현재 호텔에서 제공하는 특선요리 또는 기타 부대시설에 대한 구체적인 정보를 제공함으로써 호텔 전체 매출 향상에 기여할 수 있다. 이것은 고객의 필요를 신속하게 예측하여 호텔의 주변 서비스를 판매할 수 있는 기회가 된다.

## 4. 객실 배정 업무

객실 배정(room assignment)이란 객실 업무의 핵심으로 만실이 될 때까지 판매 가능한 객실에 투숙객을 배정하는 절차를 말한다. 즉, 객실배정은 예약에 의한 당일 도착예정 고객을 위하여 객실을 할당하거나 당일 예약된 고객이 도착하기 전에 객실을 준비하여 객실배정에 따른 시간단축 및 효율적인 업무수행은 물론 투숙객의 편의를 도모함에 있다. 객실 예약부서에서 예약을 접수할 때

## ROOM ASSIGN SHEET

| 1202 HST | 1206 HST | 1208 HFT | 1210 HFT | 1212 HFT | 1216 HFT | 1218 HFT | 1220 HFT | 1222 HFT | 1224 HFT | 1226 HST | 1228 HST | 1230 HST | 1232 LDD | 1234 HDT | 1236 HDT | 1238 HDT | 1240 HDT | 1242 HDT | 1246 HDT | 1248 ISD | | 1251 PRS | | |
|---|---|---|---|---|---|---|---|---|---|---|---|---|---|---|---|---|---|---|---|---|---|---|---|---|
| 1201 ISD | | 1203 LDT | 1205 LDT | 1207 LDT | 1209 LDT | 1211 LDT | 1215 LDD | 1217 LDD | 1219 LDD | 1221 LDD | 1223 LDD | 1225 LDD | 1227 LDD | 1229 LDD | 1231 LDD | E.V | | MAID BOX | 1241 SSO | | | | | |
| 1102 HST | 1106 HST | 1108 HFT | 1110 HFT | 1112 HFT | 1116 HFT | 1118 HFT | 1120 HFT | 1122 HFT | 1124 HFT | 1126 HST | 1128 LDD | 1130 LDD | 1132 LDD | 1134 HDT | 1136 HDT | 1138 HDT | 1140 HDT | 1142 HDT | 1146 HDT | 1148 HDT | 1150 HDT | 1152 HDT | 1154 HST | 1156 HST |
| 1101 ISD | | 1103 LDD | 1105 LDT | 1107 LDT | 1109 LDT | 1111 LDT | 1115 LDT | 1117 LDT | 1119 LDT | 1121 LDD | 1123 LDD | 1125 LDD | 1127 LDD | 1129 LDD | 1131 LDD | E.V | | MAID BOX | 1141 SSD | | 1147 ROS | | | 1151 LDD |
| 1002 HST | 1006 HST | 1008 HFT | 1010 HFT | 1012 HFT | 1016 HFT | 1018 HFT | 1020 HFT | 1022 HFT | 1024 HFT | 1026 HST | 1028 HST | 1030 HST | 1032 HST | 1034 HDT | 1036 HDT | 1038 HDT | 1040 HDT | 1042 HDT | 1046 HDT | 1048 HDT | 1050 HDT | 1052 HDT | 1054 HST | 1056 HST |
| 1001 ISD | | 1003 LDT | 1005 LDT | 1007 LDT | 1009 LDT | 1011 LDD | 1015 LDD | 1017 LDD | 1019 LDD | 1021 LDD | 1023 LDD | 1025 LDD | 1027 LDD | 1029 LDD | 1031 LDD | E.V | | MAID BOX | 1041 LFT | 1043 LFT | 1045 LFT | 1047 LFT | 1049 LDD | 1051 LDD |
| 902 HST | 906 HST | 908 HFT | 910 HFT | 912 HFT | 916 HFT | 918 HFT | 920 HFT | 922 HFT | 924 HFT | 926 HST | 928 HST | 930 HST | 932 HST | 934 HDT | 936 HDT | 938 HDT | 940 HDT | 942 HDT | 946 HDT | 948 HDT | 950 HDT | 952 HDT | 954 HST | 956 HST |
| 901 ISD | | 903 LDT | 905 LDT | 907 LDT | 909 LDT | 911 LDT | 915 LDT | 917 LDT | 919 LDT | 921 LDT | 923 LDT | 925 LDT | 927 LDT | 929 LST | 931 LST | E.V | | MAID BOX | 941 LFT | 943 LFT | 945 LFT | 947 LFT | 949 LST | 951 LST |
| 802 HST | 806 HST | 808 HFT | 810 HFT | 812 HFT | 816 HFT | 818 HFT | 820 HFT | 822 HFT | 824 HFT | 826 HST | 828 HST | 830 HST | 832 HST | 834 HDT | 836 HDT | 838 HDT | 840 HDT | 842 HDT | 846 HDT | 848 HDT | 850 HDT | 852 HDT | 854 HST | 856 HST |
| 801 ISD | | 803 LDT | 805 LDT | 807 LDT | 809 LDT | 811 LDT | 815 LDT | 817 LDT | 819 LDT | 821 LDT | 823 LDT | 825 LDT | 827 LDT | 829 LST | 831 LST | E.V | | MAID BOX | 841 LFT | 843 LFT | 845 LFT | 847 LFT | 849 LST | 851 LST |
| 702 HST | 706 HST | 708 HFT | 710 HFT | 712 HFT | 716 HFT | 718 HFT | 720 HFT | 722 HFT | 724 HFT | 726 HST | 728 HST | 730 HST | 732 HST | 734 HDT | 736 HDT | 738 HDT | 740 HDT | 742 HDT | 746 HDT | 748 HDT | 750 HDT | 752 HDT | 754 HST | 756 HST |
| 701 ISD | | 703 LDT | 705 LDT | 707 LDT | 709 LDT | 711 LDT | 715 LDT | 717 LDT | 719 LDT | 721 LDT | 723 LDT | 725 LDT | 727 LDT | 729 LST | 731 LST | E.V | | MAID BOX | 741 LFT | 743 LFT | 745 LFT | 747 LFT | 749 LST | 751 LST |
| 602 HST | 606 HST | 608 HFT | 610 HFT | 612 HFT | 616 HFT | 618 HFT | 620 HFT | 622 HFT | 624 HFT | 626 HST | 628 HST | 630 HST | 632 HST | 634 HDT | 636 HDT | 638 HDT | 640 HDT | 642 HDT | 646 HDT | 648 HDT | 650 HDT | 652 HDT | 654 HST | 656 HST |
| 601 ISD | | 603 LDT | 605 LDT | 607 LDT | 609 LDT | 611 LDT | 615 LDT | 617 LDT | 619 LDT | 621 LDT | 623 LDT | 625 LDT | 627 LDT | 629 LST | 631 LST | E.V | | MAID BOX | 641 LFT | 643 LFT | 645 LFT | 647 LFT | 649 LST | 651 LST |
| 502 HST | 506 HST | 508 HFO | 510 HFO | 512 HFO | 516 HFO | 518 HFO | 520 HFT | 522 HFT | 524 HFT | 526 HFT | 528 HST | 530 HST | 532 HST | 534 HDT | 536 HDT | 538 HDT | 540 HDT | 542 HDT | 546 HDT | 548 HDT | 550 HDT | 552 HDT | 554 HST | 556 HST |
| 501 ISD | | 503 LFO | 505 LFO | 507 LFO | 509 LFO | 511 LFO | 515 LDT | 517 LDT | 519 LDT | 521 LDT | 523 LDT | 525 LDT | 527 LDT | 529 LST | 531 LST | E.V | | MAID BOX | 541 LFT | 543 LFT | 545 LFT | 547 LFT | 549 LFT | 551 LFT |
| 402 HST | 406 HST | 408 HFO | 410 HFO | 412 HFO | 416 HFO | 418 HFO | 420 HFT | 422 HFT | 424 HFT | 426 HST | 428 HST | 430 HST | 432 HST | 434 HDT | 436 HDT | 438 HDT | 440 HDT | 442 HDT | 446 HDT | 448 HDT | 450 HDT | 452 HDT | 454 HST | 456 HST |
| 401 ISO | | 403 LFO | 405 LFO | 407 LFO | 409 LFO | 411 LFO | 415 LDT | 417 LDT | 419 LDT | 421 LDT | 423 LDT | 425 LDT | 427 LDT | 429 LST | 431 LST | E.V | | MAID BOX | 441 LFT | 443 LFT | 445 LFT | 447 LFT | 449 LST | 451 LST |
| 302 HST | 306 HST | 308 HFO | 310 HFO | 312 HFO | 316 HFO | 318 HFO | 320 HFT | 322 HFT | 324 HFT | 326 HST | 328 HST | 330 HST | 332 HST | 334 HDT | 336 HDT | 338 HDT | 340 HDT | 342 HDT | 346 HDT | 348 HDT | 350 HDT | 352 HDT | 354 HST | 356 HST |
| 301 ISO | | 303 LFO | 305 LFO | 307 LFO | 309 LFO | 311 LFO | 315 LDT | 317 LDT | 319 LDT | 321 LDT | 323 LDT | 325 LDT | 327 LDT | 329 HST | 331 HST | E.V | | MAID BOX | 341 HFT | 343 HFT | 345 HFT | 347 HFT | 349 HST | 351 HST |

〈그림 22〉 room assign 기록지

에는 예약을 하는 시점에서 객실번호를 입력하는 것이 아니라 객실형태별 총수량을 고려하여 예약을 접수하고 특별한 경우를 제외하고 객실의 배정은 도착 당일 아침에 실시한다.

### (1) 객실 배정의 방법

객실 배정 담당자는 호텔 전 객실의 구조와 특징을 파악하고 있어야 하며 VIP의 예약처럼 특별요구고객(special request guest)인 경우 모든 조건에 부합하는 최적의 객실을 배정하도록 세심한 배려를 해야 한다. 일반적으로 객실 배정을 아침 근무 조에서 시행하며 아래 예약에 대해 우선적으로 객실을 배정한다.

① 블록(block)이 있는 예약 : 예약 접수 당시 객실을 지정

② VIP예약 : 꽃, 과일 등 사전에 준비가 필요할 때

③ 컨넥팅 룸(connecting room)과 인접 객실(adjoining room)

④ 특수한 층이나 객실번호를 지정할 때

⑤ 일행이 많거나 동일 층을 원하는 일행이 있을 때

⑥ 카지노 고객 : 카지노 판촉부의 요구가 있을 때

⑦ 특실이나 소수보유객실의 예약시

⑧ 단체객의 예약

⑨ 주말이나 휴일 등 고객의 혼잡이 예상되거나 초과예약인 경우

### (2) 객실 배정의 변경

일단 객실을 배정하고 나면 변경하지 않도록 해야 하지만 특별한 사정으로 인하여 관련 부서나 고객에게 통보된 객실의 번호가 변경될 때 관련서류를 확인하여 꽃이나 과일 기타 전달물이 있을 때 벨 캡틴(bell captain)을 통해 옮기도록 하고 객실과, 룸서비스, 객실정비 부서에 통보한다. 특별한 사정으로 인

하여 사전등록(pre-registration)이 되어 있는 경우 환영 메시지(welcome message)의 객실번호도 변경해야 한다. 또한 객실번호가 통보된 경우 해당 업체에 객실번호가 변경된 사유를 설명하고 양해를 구한다. 그렇지만 부득이한 경우를 제외하고는 객실배정을 하여 객실번호가 통보된 경우 변경하지 않도록 신중하게 처리해야 한다.

## 5. 체크인 업무

체크인(check-in)이란 호텔에 숙박을 원하는 고객을 대상으로 투숙을 하기 위한 절차의 첫 단계 서비스를 의미하는 것으로 고객이 호텔에 도착하면 고객의 정보를 일정한 양식에 기록하는 등록과 함께 호텔 측으로부터 특정 객실의 입실을 위한 키(key)를 제공받는 과정이다. 이 과정에서 고객의 성명, 숙박기간, 객실가격 등을 결정하거나 확인한다. 체크인업무의 과정은 고객이 호텔에 도착해서 최초로 고객을 응대하는 것이기 때문에 프런트 데스크 종업원(front desk agents)은 고객을 친절하고 예의바르게 응대하여 불쾌감을 주거나 실례를 범하지 않도록 유의해야 하며 또한 매출증진에 적극성을 가져야 한다.

### (1) 예약 고객

자호텔의 예약 부서나 기타의 방법으로 사전에 예약을 하고 예약이 확인된 고객이 예정한 날짜에 호텔을 방문하는 고객을 말하는 것으로 벨맨의 안내로 프런트 데스크의 리셉션(reception)에 고객이 도착되면 먼저 프런트 데스크 종업원은 다음과 같은 방법으로 고객의 등록업무를 실시한다.

#### 1) 환영인사(welcoming)

정중하게 호텔방문에 대한 감사의 환대인사를 하고 예약 유 · 무를 확인한다.

예약을 호텔컴퓨터나 이미 준비한 목록을 통하여 확인하는 과정에서 실수를 범하지 않도록 고객의 성명(full name)을 정확히 파악해야 한다. 고객이 체크인을 하기 위해 도착하였을 때 프런트 데스크의 종업원은 이미 인쇄되어 있는 도착예정 고객명단을 참고하여 재치 있게 고객의 성함을 불러주면 고객이 보다 친숙함을 느낄 수 있다.

### 2) 등록(registration)

고객의 예약이 확인되면 알파벳순으로 사전에 호텔 컴퓨터시스템에서 인쇄(print out)된 등록카드를 고객에게 제시하여 고객의 정보를 확인하고 추가사항을 기록하도록 한다. 이때 예약 당시 고객의 모든 정보를 접수한 경우나 재방문 고객의 경우 이미 컴퓨터에 고객의 정보가 입력되어 있기 때문에 접수된 고객은 등록카드에 서명만 함으로써 고객의 등록과정은 마감된다. 재구매 고객(repeat guest)에게는 예치금(deposit)을 받지 않는 것을 원칙으로 하며 지불방법이 신용카드(credit card)일 경우에는 카드를 임프린트(imprint) 하도록 한다. 프런트 클럭은 고객이 도착하기 전에 준비된 사전 등록 카드(pre-registration card)를 암기하여 고객이 도착하여 성함만 이야기하면 즉시 알 수 있도록 해야 하며 재방문 고객의 경우에는 고객의 성함 및 기호 등을 암기하여 도착과 동시에 성함을 불러주어 고객으로부터 친숙감을 느끼도록 해야 한다. 예약된 객실의 형태나 투숙기간 등이 변경되는 경우가 있으므로 재확인해야 하며 특히 객실료는 예약 당시 정해진 가격을 구체적으로 통보하여 체크아웃할 때 특별한 문제가 발생되지 않도록 유의해야 한다.

## (2) 워크인

워크인(walk-in)이란 사전에 예약을 하지 않고 호텔을 방문하여 투숙을 원하는 고객으로서 지방호텔이나 저급 수준의 호텔일수록 워크인 고객이 차지하는 비율이 높은 편이다. 고객이 프런트 데스크에 도착하면 먼저 예약 유·무를

**先拂豫置證 (DEPOSIT)**

▶ 고 객 명 : ▶ ROOM No.

▶ 일 자 : ▶ 접수자 :

▶ 예치금액 :

| ₩ | 비고 |
|---|---|

◎ 본증을 보관 하셨다가 퇴숙시 호텔직원에게 반납하시면
고객의 계정에 대체 하겠으니 반드시 영수증을 받아 가십시요.

- 감사합니다 -

(보 관 용)

〈그림 23〉 선불예치증(deposit)

확인한 후 예약이 되어 있지 않는 워크인 고객은 프런트 데스크 위에 비치된 등록카드(registration card)에 개인 정보를 상세하게 기록하고 고객의 서명이 끝나면 프런트 오피스 클럭은 등록사항을 재확인 후 모니터를 통해 고객이 원하는 형태의 객실 판매가능 상태를 확인하고 지불방법(cash, credit card 등)을 고객에게 문의한다. 현금으로 지불하기를 원하는 고객은 예상되는 객실료 이외에 호텔 내 부대시설 및 객실 내 미니-바를 사용할 경우를 대비하여 추가금액을 예치할 것을 요구해야 한다. 식음료 서비스를 고려하여 적당한 금액의 예치금(deposit)을 내도록 유도한다. 이때 고객의 기분이 상하지 않도록 특별한 주의가 요청된다. 호텔사정에 따라 다르지만, 일부호텔에서는 예약을 하지 않고 투숙을 원하는 고객은 객실료를 거의 할인하지 않고 투숙하기 때문에 성수기에는 평균객실료를 높이기 위한 목적으로 일부객실을 워크인에 배정하는 경우도 있다.

### (3) 단체고객의 체크인

단체고객의 체크인은 많은 사람이 동시에 도착하기 때문에 단체고객을 담당하는 여행사나 단체의 담당자와 긴밀하게 협의하여 도착 전에 가능하면 모든 정보를 입수하여 간략한 등록업무과정을 거치도록 해야 한다. 예를 들면 단체관광객인 경우 도착 전에 고객의 명단과 여권번호, 일정 등을 구체적으로 접수하면 호텔 측에서는 차량의 주차장 확보, 도착예정시간에 벨맨의 대기 등 사전에 등록업무에 관한 사항을 준비할 수 있기 때문에 등록시간을 단축할 수 있다.

#### 1) 단체 예약의 확인

단체예약(group reservation)의 정보에 따라 프런트 오피스 팀장은 당일 예상되는 도착 단체에 관하여 단체관련 담당자나 거래처에 직접 확인하여 이용객실 숫자 변경 유·무, 종류, 숙박일자, 인원수, 도착시간, 이용교통기관, 식사, 수하물, 지불방법 등을 재확인하여 당일의 객실 판매계획을 수립하여 효율적으로 운영하도록 해야 한다.

#### 2) 객실 배정

단체고객의 객실을 배정할 때 객실현황을 고려하여 배정하는데 국내 단체는 동일 층이 아니라도 큰 문제는 없으나 일본 및 동남아지역 단체 특히 동남아지역 단체인 경우 특별한 지정이 없는 한 원칙적으로 단체의 객실은 소음 혼잡 등의 문제가 발생할 수 있으므로 가능하면 동일 층으로 배정하도록 한다. 이때 단체고객들에게 호텔에서 차별대우를 하고 있다는 느낌을 받지 않도록 주의해야 한다. 고객간의 연락을 위한 고객별 객실명단을 인쇄하여 나누어주도록 하고 만약 고객들 간에 객실을 변경할 경우에는 객실내의 미니바(mini-bar) 또는 전화 서비스요금이 객실별로 부과되기 때문에 체크아웃 시에 마찰을 피하기 위해 반드시 프런트 데스크로 사전 통보를 하도록 해야 한다.

**團 體 日 程 確 認 表**

年 月 日

| 團 體 名 : | 旅行社名 : | 案內者名 : |
|---|---|---|
| 宿泊日字 : 月 日 泊 | Master No. | 案 內 者 : |
| 宿泊人員 : 名 | ESCORTER RM : 號 | MORNING CALL : 時 分 |

| 食事日程 | 食事時間 | 人員數 | 食事內容 | 食事場所 | 料 金 | 其 他 |
|---|---|---|---|---|---|---|
| BF | | | | | | |
| LN | | | | | | |
| DN | | | | | | |
| 客室番號 | | | | | | |
| 其 他 | C / out :<br>行 先 地 :<br>入國日字 : | | | Guide Rm :<br>接 受 者 :<br>入 國 場 所 : | | |

〈그림 24〉 단체 예약 확인서

### 3) 단체의 도착

단체고객의 도착 전에 고객에 대한 구체적인 정보를 접수하였으면 사전에 등록 업무를 위한 준비가 가능하기 때문에 시간을 단축할 수 있다. 그러나 갑작스런 변경이나 즉흥적인 요구사항이 있게 마련이므로 단체의 도착예상 시간에 로비에 벨맨, 판촉부 담당자 등의 관련자들이 대기하여 영접을 하고 특별한 상황이 발생할 경우 신속히 처리하도록 한다.

① 단체의 체크인은 당직 지배인이나 단체고객 담당자가 투어 코디네이터(tour coordinator) 역할을 담당하여 단체를 담당하고 있는 오거나이저(organizer), 투어 에스코트(tour escort), 투어 콘덕터(tour conductor) 또는 투어 리더(tour leader) 등과 대화하여 단체의 등록업무가 원활히 진행되도록 한다.

② 단체가 일시에 도착하면 따뜻하게 영접을 하고 단체의 예약 내용대로 신속하고 정확하게 등록 업무를 진행해야 한다. 대규모 단체인 경우에는 별

도의 호스피탈리티 데스크(hospitality desk)를 1층 로비나 기타의 공간에 마련하여 일반고객에게 불편을 초래하지 않도록 만전을 기한다. 이 때 프런트 클럭은 단체의 등록을 총괄하는 가이드나 투어 에스코트로부터 객실 명단을 입수하고 단체의 특기사항이나 모닝콜(morning call) 및 아침식사 등을 주문 받아 기록하고 호텔 내의 관련 부서와 정보를 공유하기 위하여 컴퓨터에 입력을 한다.

③ 단체에 합류하지 않고 개인별로 도착하는 단체의 개별고객은 사전에 구체적인 정보를 관련자로부터 입수하도록 하고 확인되지 않은 고객은 단체의 관련자로부터 확인이 될 때까지 로비나 커피숍 등의 적당한 장소에서 기다리도록 하고 단체가 도착하면 합류하도록 한다.

### 4) 단체의 등록 및 확인사항

① 숙박료 및 식사요금이 일괄지불인 경우: 이 경우의 등록은 투어 리더만 등록하도록 하고 명단이 준비되어 있지 않은 단체는 투숙과 동시에 가이드가 단체객의 이름, 생년월일, 여권번호, 주소 등을 기록하여 제출하도록 한다.

② 일부비용 일괄지급의 경우: 대개 객실료와 아침식사가 여행사나 단체인솔자가 일괄지불하고 나머지 개인서비스는 각자가 지불하는 경우를 의미하는 것으로 사전에 접수한 정보를 이용하거나 그렇지 않은 경우 투어리더로부터 고객의 개인정보를 객실별로 작성하게 하여 개인별 폴리오(folio)를 작성하도록 해야 한다.

### 5) 객실 키

객실 명부(rooming list)를 기준으로 객실 배정이 완료되면 〈그림 25〉와 같이 키홀더(key holder)에 객실 번호, 고객 이름을 기입하여 고객별로 키를 나누어준다. 전자 카드인 경우 사용해 본 경험이 없는 고객이 있을 수 있기 때문에 벨맨은 단체고객에게 객실 키 사용법을 알려주도록 해야 한다. 대부분의 호텔에서는 단체고객을 위해 객실 키에 대한 시범(demonstration)용 세트를 준비해 놓고 있다.

〈그림 25〉 객실 key holder

### 6) 아침식사

개인 고객인 경우에는 메뉴를 다양하게 선택하여 아침식사를 하기 때문에 특별한 문제가 없으나 단체인 경우에는 많은 사람이 한꺼번에 식사를 해야 하기

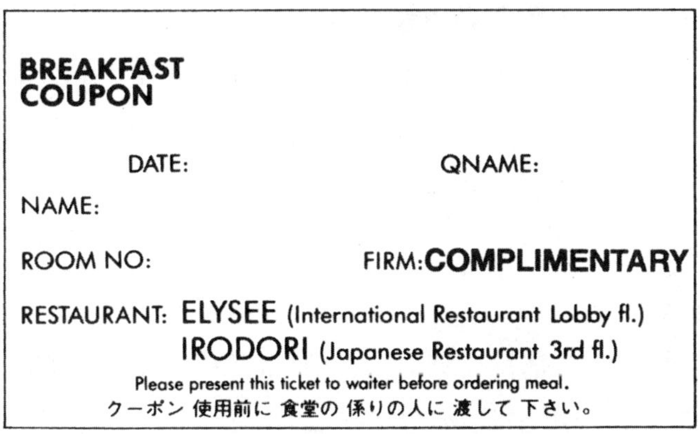

**BREAKFAST COUPON**

DATE: QNAME:

NAME:

ROOM NO: FIRM:**COMPLIMENTARY**

RESTAURANT: ELYSEE (International Restaurant Lobby fl.)
IRODORI (Japanese Restaurant 3rd fl.)

Please present this ticket to waiter before ordering meal.
クーポン 使用前に 食堂の 係りの人に 渡して 下さい。

〈그림 26〉 Breakfast Meal coupon

때문에 단체의 식사내용을 사전에 통보 받아 식음료 부서에서 식사를 준비하도록 한다. 만약 특별한 사정으로 인하여 사전에 통보받지 못했을 경우 당일 체크인시 가이드나 투어 에스코트에게 문의하여 식사내용을 확인한 후 해당 부서에 통보를 해야 한다.

### 7) 모닝콜의 확인

모닝콜(morning call)은 일반적으로 숙박객이 요청한 기상시간에 객실 내 전화를 통해 깨워주는 서비스로서 아침식사 30분전이나 특별히 일찍 떠나는 경우에는 투어리더에 의해 요구되는데 모닝콜에 대한 정보는 컴퓨터에 입력을 하고 명단을 교환실에 통보하여 실수를 하지 않도록 해야 한다. 왜냐하면 단체는 여러 사람이 이동을 하기 때문에 정해진 시간에 나타나지 않으면 전체의 일정에 영향을 미치기 때문이다.

### 8) 아침식사의 확인

단체고객이 요구하는 식사의 종류, 인원, 시간 등의 내용을 식음료 부서의 담당자에게 단체의 등록이 종료되는 대로 통보된 내용을 재확인하고 변경사항이 있으면 적절한 절차를 걸쳐 변경하도록 한다. 대개 등록을 할 때 아침식사를 위한 쿠폰을 객실 키와 함께 나누어준다.

### 9) 가이드 식사, 무료 쿠폰발행

일반적으로 단체를 안내하는 가이드는 호텔에서 무료식사를 제공하므로 경리과에서 확인된 식사 쿠폰에 가이드의 성명, 단체 명, 기간, 등을 표기하고 반드시 무료라는 내용을 표시해 주어야 한다.

### 10) 기타 업무

단체고객을 위한 프런트 데스크의 업무는 상기된 사항 이외에도 고객 편의를 위한 다음과 같은 서비스업무가 있다.

① 지불조건의 확인: 예약 확인 당시 확인된 지불조건이 체크인시 변경될 수도 있다. 여행사 지불한도가 초과될 때는 개인 지불 또는 여행사 지불인지를 확인하여야 하며 분명하지 않을 경우는 현지 여행사 담당자에게 연락을 취하여 조건을 확인할 필요가 있다.

② 조기 퇴숙(early check-out), 연장(extension)의 경우 변경사유를 파악하여 예약담당자에 연락, 객실의 변동에 대비하여 객실판매에 차질이 없도록 한다.

③ 에스코트와 귀빈 예우: 호텔에서 귀빈대우를 해야 하는 경우 절차에 따라 상사의 결재를 득하여 예약과, 객실 서비스 및 하우스키핑 부서 등과 협조하여 시행한다.

④ 객실 수의 변동에 따른 객실요금 변경

-호텔의 사정에 따라 상이하나 보통 15실마다 1실(최대 4실)의 무료객실을 제공한다.

-추가침대 및 아기침대(extra bed)의 요금: 3인 1실 객실을 원하는 경우 객실정비부서에 연락하여 세팅하도록 하고 추가 침대 요금을 부과한다.

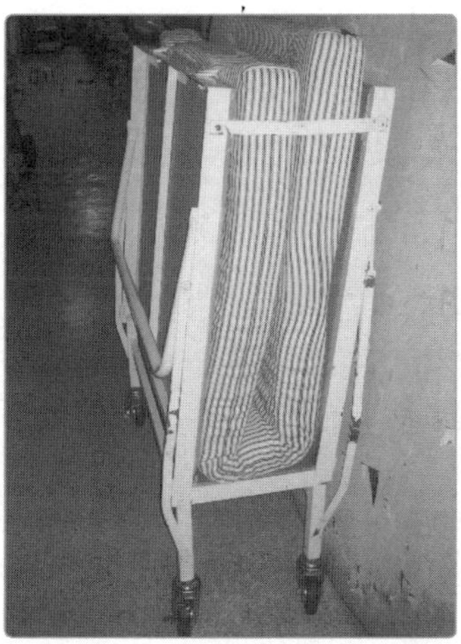

〈그림 27〉 extra bed와 baby crib

〈그림 28〉 Check-in 절차

**Gyeongju Hilton**

**Please use Block Letters**

Title/Name
이름

Surname
성

Street
주소

City/State
시/도

Postcode
우편번호

Country
국가

Telephone No.
전화번호

Email Address
이메일

Profession
직업

Passport/Visa No.
여권/주민등록번호

Nationality
국적

HHonors No.
힐튼아너스

Frequent Flyer No.
항공사 멤버쉽 번호

Guest Signature
서명

Company Name
회사

How will the account be settled?
정산

Cash ○ 현금 | Cheque (with bankers card) ○ 수표
Credit Card ○ 신용카드 | Cº Account ○ 회사

Hilton International Hotels (UK) Ltd will use your information for administration and marketing purposes including analysing your travel and accommodation preferences. We will need to disclose your information to our service providers and agents for these purposes. By completing this form you consent to the transfer of your information to our administration centres in the United States and to other countries where our hotels are situated. Further, if you provide us with sensitive personal data about you, for example health and dietary information, you consent to our processing this information for the above purposes.
We may share your information with our group-companies, hotel owners and selected third parties and we, or they, may wish to contact you with special offers of goods, services or forthcoming events or promotions which may interest you.
**If you do not want to be contacted for marketing or research purposes, please tick this box.** ○
All the information you give us is voluntary. You have the legal right to apply for a copy of the information we hold on you and correct any inaccuracies as well as to object against its use for direct marketing or research purposes

Hilton International Hotels(UK)은 고객이 제공한 정보를 고객의 여행 및 숙박 선호도 분석을 포함한 사무와 마케팅 목적으로 사용합니다. 당사는 고객에 대한 정보를 당사의 서비스 공급자들과 에이전시에게 공개합니다. 고객이 본 양식을 작성하는것은 자신에 대한 정보를 미국에 있는 당사의 행정 센터와 당사 호텔이 있는 다른 국가로 보내는 것에 동의한다는것을 의미합니다. 또한 건강과 식이 요법 정보와 같은 민감한 개인적 자료를 제공하는것은 당사가 그 정보를 처리하는것에 동의하는것을 의미합니다.
당사는 고객에 대한 정보를 당사 그룹 계열사, 호텔주, 선정된 제 3자 등과 공유할 수 있으며, 당사나 그들은 고객이 관심 있을만한 호텔의 상품, 서비스, 다가오는 이벤트와 프로모션등에 관한 정보를 제공하고자 고객에게 연락을 취할 수 있습니다.
**마케팅 및 리서치의 용도로 손님의 정보가 사용되는 것을 원하지 않으시면 해당란에 표시하여 주십시오.** ○
고객이 제공할 정보는 자발적인 것입니다. 고객은 당사가 보유한 고객정보에 대한 사본을 요구할 수 있고 잘못된 정보에 대해 수정할 수 있으며 고객의 정보가 다이렉트 마케팅이나 마케팅 리서치를 목적으로 사용되는 것을 반대할 수 있는 법적 권리를 갖고 있습니다.

The management takes no responsibility for valuables left in guest rooms. Safety deposit boxes are available free of charge in the room or at the Reception desk

호텔 경영진은 고객이 객실에 둔 귀중품에 대하여 책임지지 않으며, 객실이나 Reception Desk의 귀중품 보관함이 무료로 제공됩니다.

**Non-Stop Check Out**
I authorise Hilton to debit the credit card that has been authorised on arrival for the full amount incurred during my stay

Signature
서명

Checked
확인

**Hotel to Complete**

| Arrival Date 도착 | Departure Date 출발 | Room Number 객실번호 |
| --- | --- | --- |
| | | |

| No of Guests 고객수 | Rate 요금 | Agent Initials |
| --- | --- | --- |
| | | |

Registered Office: Maple Court, Central Park, Reeds Crescent, Watford, Herts WD24 4QQ

〈그림 29〉 등록카드 양식

## 6. 등록카드 작성방법

등록(registration) 카드는 〈그림 29〉와 같이 호텔마다 독특한 디자인으로 되어 있지만 등록카드의 구성요소는 거의 흡사하다. 즉 고객으로부터 얻고자 하는 각종 정보는 대부분 비슷한 내용을 호텔에서 요구하기 때문이다. VIP고객이나 재구매 고객은 사전에 준비된 카드를 제시하여 고객은 서명만 하도록 한다. 이때 주의해야 할 사항은 고객의 개인정보를 재확인하여 정확한 정보를 기록해야 한다.

### (1) 고객의 기록/입력 사항

고객의 정보는 마케팅활동에 중요한 단서가 될 수 있으며, 미래를 예측할 수 있는 자료이기 때문에 개인 신상에 관련한 모든 내용은 정확하게 기록 또는 입력되어야 한다. 또한 개인 신상은 비밀이 절대적으로 지켜져야 하기 때문에 신중하게 관리되어야 한다.

#### 1) 정확한 고객의 성명

고객명은 명확하게 기록/입력하도록 한다. 잘 이해할 수 없을 경우에는 고객에게 직접 확인해서 정확한 내용을 기록/입력한다. 예를 들어 외국인인 경우 이름과 성의 구분을 잘못 기재하여 고객이 불쾌하지 않도록 주의해야 한다.

#### 2) 고객정보의 명확화

고객관리 측면에서 주소나 생년월일, 여권번호/주민등록번호 등의 정확한 고객 개인정보를 기재한다. 잘 이해할 수 없을 때에는 그 자리에서 확인한다.

#### 3) 체재기간의 확인

출발일은 예약되어 있는 기간을 재확인하여 기입한다. 변경이 있을 경우 숙박기간이 예약시의 기간보다 짧을 때는 특별한 문제가 없으나 연장될 때에는 그 해당기간의 객실의 판매가능 상태를 파악하여 확인한 후에 불가능한 경우에는 그 고객에게 명확하고 친절하게 설명하고 확인을 받아야 한다. 여기에 기입된 출발일은 체재기간의 확인이다.

## (2) 클럭의 기록 사항

### 1) 객실가격의 명기

가격란에는 그 객실의 정규가격이 아니고 고객에게 부과할 수 있는 객실가격 또는 고객이 지불을 승낙한 금액을 기입한다. 대개 우리나라 호텔의 경우 원화로 표시하나 일부호텔에서는 국제화의 일환으로 외국인인 경우 달러로 표시하기도 한다. 이러한 경우는 예약전문회사로부터 외국환을 기준으로 예약을 했을 때 적용된다. 또한 국가별로 봉사료와 세금의 부과율이 다르지만 고객에게 객실료에 추가되는 봉사료와 세금에 관한 내용을 설명해야 한다.

### 2) 참고사항 기록

고객이 특별히 요구한 사항이나 관리상 필요한 내용(billing instruction, 외부전화연결 금지, 특별한 아메니티 비치, 기타 사항 등)을 비고란에 기록하여 고객이 투숙하고 있는 동안 고객의 편의를 도모하기 위한 수단으로 이용된다.

### 3) 객실의 결정과 예약조건의 확인

프런트 데스크 클럭은 고객이 등록을 하는 동안 예약된 객실 형태를 재확인한다. 왜냐하면 본인이 직접예약을 하지 않고 제3자를 통하여 예약을 했을 경우 본인이 요구한 객실과 전혀 다른 형태의 객실이 예약되는 경우가 있기 때문이다. 만약 다른 형태의 객실이 예약이 되었으면 가능한 한 고객이 원하는 객실을 제공하도록 한다.

### 4) 지불관계의 재확인

예약을 접수할 때 고객으로부터 지불수단에 관한 내용을 문의하여 카드란에 개인 지불, 회사 지불, 후불처리 등 지불방법이 명기되어 있으나 등록시에 재확인하도록 한다.

① 타인이나 회사에서 계산할 경우 지불 범위(room only, all bill 등)를 확인하여 컴퓨터에 입력시킨 후 프런트 캐셔에게 통보한다.
② 거래처(accounts)인 경우 바우처의 회수와 투숙기간 등을 확인하고 예치금(advance deposit)으로 되어있는 경우 고객에게 선수금의 구체적인 내역을 확인시켜 주어야 한다.
③ 2명이 동실을 사용할 경우 별도로 등록카드를 작성하도록 하고 객실요금의 정산에 관한 사항을 문의하여 지불방법을 확인한다.(한사람이 일괄 지불하는 경우 1개의 폴리오를 작성하고, 공동으로 지불하는 경우에는 2개의 폴리오를 각각 작성해야 한다.)

### 5) 객실요금의 확인

체크아웃할 때 고객과의 논쟁을 피하기 위하여 객실요금을 예약 카드에 명기된 할인 또는 예약요금 등을 확인하여 고객에게 정규요금(regular room rate)과 적용된 객실요금을 확인시켜 주어야 한다.

### 6) 등록카드와 컴퓨터입력 처리

등록절차를 종료하고 객실 키(room key)를 발급한 후 벨맨으로 하여금 안내를 하도록 조치하고 체크인을 담당한 종업원은 즉시 등록카드의 내용을 고객원장(guest folio)에 입력하고 등록카드를 프런트 캐셔에게 넘겨준다. 특이 사항이 있는 경우 비고란을 활용하여 해당 고객의 폴리오를 접하게 되는 종업원들이 그 정보를 공유할 수 있도록 한다.

## 7. 예약된 객실이 없는 경우의 처리방법

불행하게도 사전예약을 하고 도착한 고객에게 호텔 사정으로 인하여 고객이 예약한 객실을 제공하지 못하는 경우로써 만실(full house)은 아니지만 고객이 원하는 형태의 객실이 부족할 경우와 만실이 되어 타 호텔로 턴 어웨이(turn-away)를 해야 할 경우가 있다. 이러한 경우가 발생되지 않도록 최선을 다해야 하지만 호텔의 부득이한 사정으로 인하여 발생하였을 경우에는 신중하게 처리하여 호텔의 이미지 손상을 최소화해야 한다.

### (1) 특정 객실 형태가 부족할 경우

고객이 사전에 예약한 객실이 없고 다른 형태의 객실이 있을 경우 룸 클럭은 고객에게 이러한 내용을 전달하고 다른 객실의 가격차가 크지 않을 경우 객실의 수준을 업그레이드(upgrade)시키고 객실 요금을 정확히 통보한다. 특실밖에 없는 경우에는 고객의 허락을 득한 다음 일단 특실을 제공하고 익일 고객이 예약한 객실로 변경하여 주도록 한다. 이때 호텔의 프런트 데스크에 근무하는 종업원은 고객에게 특실로 업그레이드를 하면 기분이 좋을 것이라는 막연한 생각을 해서는 안된다. 왜냐하면 까다로운 고객은 본인이 원하는 객실을 제공하지 않으면 불쾌하게 생각하기 때문이다. 따라서 호텔 측의 사정으로 인하여 객실의 수준을 높여 업그레이드를 할지라도 고객에게 정중한 사과와 함께 승낙을 얻도록 해야 한다.

### (2) 빈 객실이 없을 경우

도착 전에 예약 확인을 받았는데도 불구하고 만실(full booking)로 인하여 고객이 도착해서 객실을 제공받지 못하면 고객은 매우 불쾌할 것이다. 이와 같은 경우 해당 고객에게 좋은 인상을 주지 못하고 호텔의 이미지를 실추시키는 원인이 될 것이다. 이러한 상황을 처리해야만 하는 프런트 클럭은 대단히 난처하지만 이미 발생한 일이기 때문에 사명감을 갖고 최선을 다하여 일정한 절차에 따라 처리하도록 해야 한다. 초과 예약으로 인하여 이러한 경우가 발생하는데 만약 신혼부부가 호텔에 도착하였을 경우를 상상해 보면 그 상황이 어떠할 것인가를 쉽게 이해할 수 있을 것이다. 이와 같은 경우에 턴 어웨이(turn-away)를 해야 한다. 턴 어웨이(turn-away)란 예약을 하고 도착한 고객에게 호텔의 사정으로 인하여 이미 만실(Full House)이 되었기 때문에 객실을 배정하지 못할 경우 그 고객을  다른 호텔(동급 이상의 호텔)로 안내하는 행위를 말한다. 객실 상품 판매의 특수성으로 인하여 부득이 턴 어웨이가 발생할 경우 호텔품위와 대 고객 신용도를 높이고 불평을 최소화하기기 위해 다음과 같은 조치를 취한다.

① 동일 수준 이상의 타 호텔 예약 및 교통편 제공
② 1박 객실료의 호텔 부담
③ 고객희망에 따라 익일 당 호텔로 유치(교통편 제공)

재구매 고객에게 이러한 상황이 발생하여 경쟁호텔에 투숙할 경우 경쟁호텔의 종업원은 그 고객을 유치하기 위해 최상의 서비스를 제공할 것이므로 고객을 빼앗길 수 있기 때문에 이러한 일이 발생하지 않도록 최선의 노력을 해야 한다. 턴 어웨이를 한 고객은 익일에 어떠한 수와 방법을 동원해서라도 충분한 준비를 한 후 고객을 다시 자호텔로 유치하여 고객으로부터 상실된 신용을 만회할 수 있는 서비스를 제공하도록 해야 한다. 이때 총지배인의 정중한 사과도 잊어서는 안된다.

## 8. 객실 변경 업무

투숙하고 있는 객실의 변경(room change)은 객실의 고장이나 긴급한 상황 등의 호텔사정으로 인한 경우와 고객의 요청에 의한 경우가 있다. 만약 고객의 요청에 의한 경우는 객실이 여유가 있는 한 최대한으로 고객의 요청에 응해야 하며 호텔의 사정으로 변경된 경우에는 고객에게 변경의 이유를 충분히 설명하여 이해시키고 동의를 얻어야 한다. 호텔 측의 사정으로 변경하고자 하는 객실 요금이 다른 경우 동일한 요금이 계상되도록 하고 고객의 요청으로 변경하고자 하는 객실요금이 다른 경우는 객실 요금의 변경에 대해 고객에게 확인시켜 주어야 한다. 또한 메시지나 기타 정보 등이 누락되는 일이 없도록 주의해야 한다.

### (1) 고객의 희망에 의한 변경

고객의 희망에 의하여 객실을 변경하고자 할 경우에는 다음사항을 확인해야 한다.

① 변경하고자 하는 객실의 요금
② 고객의 수하물
③ 새로운 키 발급
④ 컴퓨터의 객실번호 수정
⑤ 메시지 점검

### (2) 호텔 측의 사정에 의한 변경

시설, 설비관계의 고장 또는 부득이한 사정 등의 호텔 측 사정으로 인하여 객실을 변경해야 할 경우 객실을 상향 조정할지라도 장기투숙객인 경우는 번거로운 일이기 때문에 변경의 사유를 정중하게 전달하여 승낙을 얻어야 하고 객실

가격은 어떠한 경우라도 투숙하던 객실과 동일한 요금을 적용하도록 한다.

## (3) 객실이동

객실변경은 어떠한 경우이든 객실 내에 있는 고객의 개인 소지품이나 수하물 등을 옮겨야 하기 때문에 개인 프라이버시를 침해하기 쉬우므로 객실변경을 위한 관련자는 특별히 주의를 해야 한다.

### 1) 고객의 부재중 객실의 이동

고객이 부재중에 객실을 변경해야 할 경우는 고객에게 사전 승낙을 받고 객실에 있는 개인 수하물 및 소지품을 이동할 경우에는 객실정비부서, 벨데스크의 관련자들이 객실팀장의 책임 하에 세심한 주의를 기울여 이루어지도록 해야 한다.

**ROOM/RATE CHANGE NOTICE**

NO. ______

NAME: ______ DATE: ______

ROOM NO.:FROM ______ TO: ______

RATE: FROM ______ TO: ______

REMARKS: ......

Clerk: ______ Approved by: ______

〈그림 30〉 Room/Rate change slip

### 2) 고객이 객실에 머물고 있을 때의 객실 이동

사전에 고객에게 객실변경시간을 통보하고 객실정비부서, 벨데스크 등의 관련자가 이동할 객실과 키를 준비하여 고객의 소지품이 손상되지 않도록 조심하여 옮긴다.

### 3) 변경 후 처리

객실을 변경하였을 경우에는 객실요금, 객실번호 등의 고객에 대한 새로운 정보를 관련 부서에 통보하여 고객 서비스에 만전을 기하도록 한다.

## (4) 기타 변경 업무

### 1) 요금 변경

현재 투숙중인 고객의 객실 요금이 특별한 사정으로 인하여 변경된 내용을 상세히 설명하여 고객을 이해시킨다. 이러한 요금변경(room rate change)은 다음과 같은 경우가 있다.

① 체크인 후 할인요금을 적용해야 하는 고객으로 판명될 경우(상사의 결정에 따라 이루어진다)
② 프런트 클럭의 실수로 인하여 객실요금이 잘못 적용되었을 때
③ 장기 투숙의 계약체결로 인한 요금 변경의 경우
④ 체크인할 때에는 패키지 요금을 적용하였으나 투숙연장으로 일반객실요금으로 변경되었을 때
⑤ 단체 요금으로 체크인 되었으나 투숙연장으로 일반객실 요금으로 변경되었을 때

### 2) 출발일의 변경

고객의 사정으로 인하여 투숙을 연장하거나 예정보다 일찍 체크아웃을 할 경

우와 같이 고객의 요청에 의해 발생되며 특히 연장시에는 연장기간 중의 객실 현황을 확인하여 처리하여야 한다. 연장기간에 초과 예약으로 불가능한 경우 가능한 날짜까지만 승인을 하고 그 이후는 대기 상태로 하여 우선적으로 처리를 한다.

### 3) 메시지 전달

Message라 함은 외부인으로부터 투숙객에게 전화로 전해하거나 직접 남겨지는 간단한 Memo 형식의 글을 의미한다. 또한 교환을 통하여 VMS (Voice Mail System)을 이용하는 방법도 있으며, 여기에서는 VMS를 제외한 MSG. desk에서 수기로 Message를 접수하는 방법에 대하여 설명하기로 한다.

① 전화

외부인의 전화로 Message를 남기고자 할 때에는 준비를 갖출 때까지 Hold the line, please!라고 한 후 Guest name, Room No. 등을 확인하고 전하는 분의 이름, 회사명, Telephone No.를 적고 용건을 기재한다.

재확인을 위해 복창하여야 한다. 또는 전화상 구별하기 힘든 단어, 예를 들면 P와 T, B,와 V,R,과 L 등등은 정확하게 받아써서 투숙객이 착오를 일으키게 하는 등의 실수는 하지 말아야 한다.

또한 시간, 날짜 등을 기재하고 서명란에 Full name을 영문으로 기재하여 1매는 즉시 Room으로 Delivery 하고 2매는 Key box에 넣고 MSG. lamp를 켜둔다

② 외부인이 직접 남기는 Message

외부인이 Message를 직접 남기고자 할 때에는 Message 용지를 내어드려 적게 하는데, 이때 간혹 외부인이 투숙객에게 전하는 것인지 그 반대의 경우인지가 구분하기 어려울 경우에는 직접 문의 후 확인하여 외부인이 투숙객

에게 남길 때에는 "where are you"에 Message 내용을 기록하여 Key box에 넣는다. 이 경우에도 Guest name, Room No.는 꼭 확인되어야 한다.

③ Message의 전달

손님이 직접 프런트 데스크로 오는 경우 1매는 손님에게 내어드리고 나머지 1매는 정해진 장소에 보관하며, 전화로 Message문의가 온 경우에는 읽어드리게 되는데 이때는 특히 Name, Telephone No. 등을 정확하게 읽어드려야 하며 이미 읽어드린 Message paper를 원하는 경우에는 Message light를 Off한 상태로 통보 시간, Clerk의 이름을 기록한 후 보관함에 보관한다.

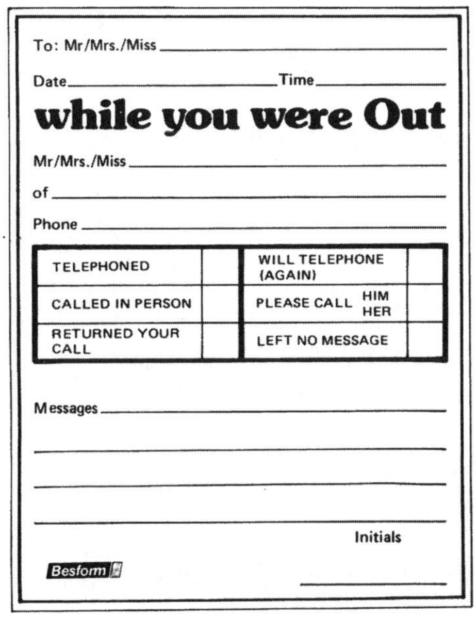

To: Mr/Mrs./Miss

Date ______ Time ______

**while you were Out**

Mr/Mrs./Miss

of

Phone

| TELEPHONED | | WILL TELEPHONE (AGAIN) | |
|---|---|---|---|
| CALLED IN PERSON | | PLEASE CALL HIM HER | |
| RETURNED YOUR CALL | | LEFT NO MESSAGE | |

Messages

Initials

Besform

〈그림 31〉 Message 용지

### 4) 환전업무

① 외국환 매입

(1) 고객으로부터 외국환을 매입할 때에는 환전증명서를 작성해야 한다.
(2) 환전 증명서는 한국은행의 위임을 받은 외국환 은행에서 발행한 외국환 매각신청서와 외국환 매입증명서 용지만 사용된다.
(3) 동 용지는 외국환 매각신청서(흑색)과 외국환 매입증명서(청색)을 1조로 하여 50조 100장을 한권으로 한다.
(4) 외국환 매각신청서는 환전상 비치 원본으로 사용하고 외국환 매입증명서는 환전상이 서명 날인하여 고객에게 교부하는 증명서로 사용한다.
(5) 동일번호의 1조로만 사용할 수 있으며 이에 반할 때에는 폐기(Void) 처리한다.
(6) 환전증명서의 금액은 정정하지 못하며 오기, 파손된 용지는 폐기해야 한다.
(7) 폐기용지는 별도 보관하였다가 환전증명서 교부신청시 지정 거래 외국환은행에 반납하고 반납 확인을 교부받아야 한다.
(8) 환전증명서는 금액에 관계없이 반드시 교부하여야 한다.

② 환전원의 업무

(1) 환전원은 외국인과 의사소통이 가능하고 환전 업무관계 법규를 숙지하고, 환전관리대장을 비치하여 기록을 유지해야 한다.
(2) 당일의 환전 결과 매입, 매각액을 통화의 종류별로 합산하여 환전 장부에 기장하고, 환전원과 책임자의 날인을 한다.
(3) 매입외화의 대 외국환은행 매각 의무를 지켜 매입외화를 불법 유출하지 않는다.

(4) 환전상 인가증, 안내표지판을 게시한다.

③ 유의사항

(1) $5,000 이상의 외화 매입시에는 한국은행 총제가 정하는 서식에 인적 사항, 취득경위, 사용용도 등을 기재한 신청서를 제출받아야 한다.

〈그림 32〉 환전상 인가증 및 환율 게시판

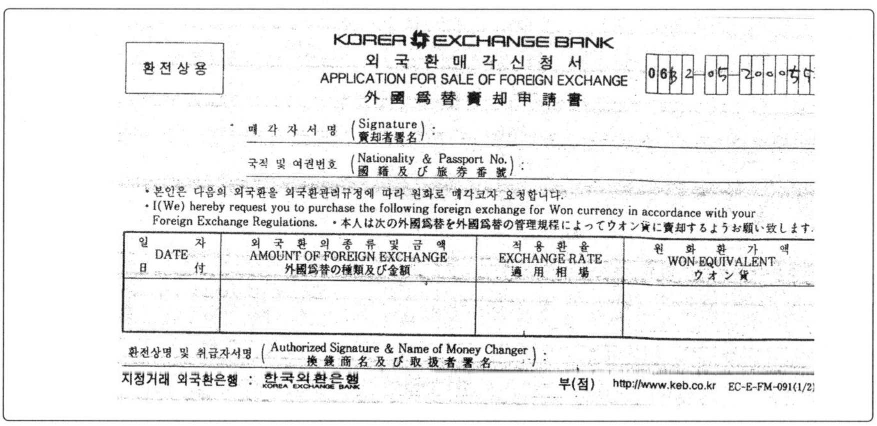

환전상용

KOREA EXCHANGE BANK
외 국 환 매 각 신 청 서
APPLICATION FOR SALE OF FOREIGN EXCHANGE
外 國 爲 替 賣 却 申 請 書

· 매각자서명 (Signature / 賣却者署名):

국적 및 여권번호 (Nationality & Passport No. / 國籍及び旅券番號):

· 본인은 다음의 외국환을 외국환관리규정에 따라 원화로 매각코자 요청합니다.
· I(We) hereby request you to purchase the following foreign exchange for Won currency in accordance with your Foreign Exchange Regulations. · 本人は次の外國爲替を外國爲替の管理規程によってウォン貨に賣却するようお願い致します.

| 일자 DATE 日付 | 외국환의 종류 및 금액 AMOUNT OF FOREIGN EXCHANGE 外國爲替の種類及び金額 | 적용환율 EXCHANGE RATE 適用相場 | 원화환가액 WON EQUIVALENT ウォン貨 |
|---|---|---|---|
| | | | |

환전상명 및 취급자서명 (Authorized Signature & Name of Money Changer / 換錢商名及び取扱者署名):

지정거래 외국환은행 : 한국외환은행 KOREA EXCHANGE BANK 부(점) http://www.keb.co.kr EC-E-FM-091(1/2)

〈그림 33〉 외국환매각신청서

(2) 상기 서식은 매월 10일까지 관할 세무서에 통보한다. 단, 매입금액이 건당 $100,000이 초과할 경우에는 국세청에 통보하여야 한다.

(3) 재환전은 외화 유출을 방지하기 위하여 외국환은행을 제외하고는 취급이 가능하지 않으므로 호텔 고객의 경우 출국시 공항에서 재환전받도록 안내한다.

## 5) SAFE DEPOSIT BOX의 사용

프런트 데스크 종업원은 체크인시 고객에게 귀중품을 호텔의 귀중품보관함(safety deposit box)에 보관하도록 당부하고 그렇지 않을 경우에는 분실에 대한 책임을 지지 않게 된다. 귀중품보관함의 열쇠는 관리책임자와 고객을 제외한 어느 누구도 관리할 수 없다. 만약 고객이 열쇠를 분실함으로써 발생한 모든 책임은 고객이 서명한 귀중품 보관조약에 따라 고객이 책임져야 한다.

고객이 귀중품 보관함에 접근할 때 프런트 오피스 담당자는 고객에게 접근 요청양식에 서명을 요구한 후 처음 귀중품 보관발급신청서에 서명한 것과 비교, 확인한 후 고객에게 귀중품 보관발급 시 적어 둔 고객의 개인적인 정보를 질문한다.

이러한 확인절차를 거쳐 고객이 보는 동안 보관함을 열 수 있으며 관리자와 고객이 가각 가지고 있는 열쇠가 한꺼번에 적용되어야 한다. 무엇보다도 보관함에 보관되는 품목은 오직 고객만이 만질 수 있어야 하며 모든 용무가 끝나면 고객 앞에서 보관함을 잠그고 열쇠를 고객에게 돌려 준 후 종업원과 함께 관리대장에 서명해야 한다.

간혹 고객이 귀중품을 그대로 둔 채 퇴숙할 경우 호텔은 고객에게 연락을 하여 인수할 것을 요청하고, 만약 고객이 호텔로 열쇠를 배달해 왔을 경우 호텔은 열쇠를 보관하고, 방출서명을 부탁해야 한다. 보관함 속의 품목이 고가일 경우 고객에게 인수할 것을 요청하거나 법정대리인을 보내 인수하도록 요청해야 한다.

호텔은 호텔과 고객간의 신뢰할 수 있는 서비스를 생명으로 하기 때문에 만약 호텔이 고객의 분실물을 습득했을 경우 사소한 물건이라도 호텔 내 분실물 담당부서를 통해 잘 보관한 후 분실한 고객에게 신속, 정확히 습득물을 인계하여야 한다.

이러한 서비스를 통해 고객에게 호텔에 대한 좋은 이미지와 공신력을 줄 수 있으며, 고객은 호텔에 대한 신뢰감과 감사의 마음으로 호텔 재방문을 높일 수 있을 것이다.

분실물 관리부서는 고객이 물건을 분실했을 경우 분실자의 인적사항(성명, 주소, 전화번호), 분실일시와 장소, 그리고 분실물 내용을 정확히 기록해야 하고, 반면 습득물 접수 시 습득자의 인적사항(성명, 연락처), 발견일시와 장소, 그리고 습득내용을 정확히 기록하고, 안전하게 보관해야 한다.

① 귀중품 보관함의 대여 방법

(1) 투숙객의 편의를 위하여 무료로 대여한다.
(2) 투숙객이 Box의 대여를 요구하는 경우에 당 호텔의 신청서를 받아서 Key를 내어준다.
(3) Box와 Key를 제공받은 고객은 귀중품을 Box에 넣어 보관한다.
(4) 고객은 Box를 이용할 때마다 최초에 작성한 신청서에 매번 서명해야 한다.
(5) 어떠한 경우에도 다른 사람이 Key를 소지하고 개함을 요구할 경우 이에 응해서는 안된다.
(6) 고객이 대여한 Key를 반납하고자 할 경우에는 신청서의 반납란에 서명을 받고 Key를 회수한다.
(7) 반납된 신청서는 따로 정리하여 1년간 보관한다.

② SPARE KEY 의 관리

(1) Spare Key는 Key 보관봉투에 개별 포장하여, 책임자, 과장, 부장의 도장을 봉함 부분에 날인하여 투명Tape로 밀봉한 후 지정된Box에 일괄 보관한다.
(2) 지정된 Box의 Guest Key는 봉함하여 책임자, 과장의 날인을 상기와 같은 방법으로 득한 후에 General cashier와 당직데스크에서 보관한다.
(3) 봉함된 봉투는 고객이Key를 분실하여 사용되기까지 절대 개봉하지 못한다.
(4) 분실 Key가 발생하여 손님이 Box의 개봉을 요구할 경우에는 담당자가 General cashier에 연락한다.
(5) General cashier 담당자는 환전 담당자와 같이 Key를 개봉하여 지정된 Box를 연다.
(6) 지정된 Box에서 해당 Spare Key를 꺼내어 손님의 입회하에 봉함된 봉투의 상단을 개봉하여 Key를 꺼내어 해당 Box를 개봉하고 내용물을 고객이 꺼내도록 한다.

③ 미반납 KEY 처리 규정

(1) Box와 Key를 대여받은 고객이 대여 Key를 반납하지 않고 당 호텔을 Check-out한 보관함의 신청서는 별도로 관리한다.
(2) 미반납 Check-Out 현황은 매월 1회 Check 한다.
(3) 미반납 고객에 대하여는 신청서 상의 주소지로 Key 반환요청서를 발송한다.
(4) 요청서를 발송한 날부터 1개월간을 회신접수 경과기간으로 둔다.
(5) 회신이 없으면 미반환 Key 현황을 보고 후 Box를 열어 내용물 유무를 확인한다.

## Safe Deposit Box Application

**(貸金庫ご利用證)** No.

| Room No. | | |
|---|---|---|
| Print Name | | |
| Signature | Date & Time | |
| Box No. | Cashier | |

### Conditions Governing Usage.

下記の約定承認して貸金庫を借罔用いたします.

#### Safe Deposit Box

1. The use of this safe deposit box is limited to the period of stay at the Hotel Hyundai.
2. The deposit box shall be locked or unlocked only by the person(s) signing this application from.
3. Ther Hotel HYUNDAI is not responsible for any damage or loss resulting from the loss of the key through carelessness, theft, or other causes. In the event your key is lost, there will be a charge of ₩70,000 for replacement of lost key.
4. The safe deposit box is released upon check out and the key returned to the Hotel. If the safe deposit box is still occupied without the hotel's open the box and remove the contents which will be given to the authorities as fogotten articles.

#### 貸金庫のご案内

1. 貸金庫のご利用は,當ホテルご滯在期間中に限らせていただきます.
2. 貸金庫の開閉はご利用證にご署名のある方のみが行なえことができます.
3. 貸金庫の鍵を紛失した結果生じた損害につきましては, その原因の如何を間わす, 當ホテルは一切の責任を負いません. 万一鍵を紛失さわた場合は, 弁償金實費70,000ウオンをご請求させて載きます.
4. 借用期間滿了の際は, 直らに貸金庫をお明けになり, 鍵をご退却くだちい, 尙, 期間滿了後三ケ月間何もご連絡の無い場合たは, 當ホテルにて金庫を開錠し, 保管さわていた物品は遺失物として所結の機關に屆け出ます.

〈그림 34〉 SAFE DEPOSIT BOX 기록 용지

(6) 내용물이 있는 경우에는 내용물 현황과 같이 주소지로 재통보한다.

(7) 통지후 1개월 이내에도 회신이 없는 경우에는 당사의 "Lost&Found" 처리규정에 의거하여 관리한다.

(8) 상기의 습득물은 최초 통지일로부터 1년이 경과할 때까지 분실자의 통보가 없을 경우 당사의 "Lost&Found" 처리규정에 의거 처분한다.

(9) 임의로 개봉한 Box는 Lock set를 교체하여 재사용한다.

〈표 4〉 프런트 오피스의 오전업무 체크 리스트

* DIARY와 log book 확인
* 야간 메니저로부터 책임권을 이양받는다
* 현재 상황 확인
오늘밤:
_________나갈 방수　　　단체_________
_________도착할 방수　　개인_________
_________지불 약속된 방수
_________예약을 풀어야 할 방수(TIME RELEASE)
_________고장난 방수
_________오늘밤 사전에 등록한 방수
어제밤:
_________지불 약속한 방중 NO-SHOW난 방 _________룸 방값
_________팔리지 않은 방　　　　_________평균값
실 제( 일주일 단위 )　　계 획 ( 일주일 단위 )
_________룸 방값　　_________룸 방값
_________평균 방값　　_________평균 방값
_________팔 방　　_________팔 방
오늘밤의 가능성:
_________팔 수 있는 방
_________싱글　　_________스위트
_________더블　　_________귀빈층
_________트윈　　_________기타
* 도착할 손님의 명부를 확인
단 체 명 :　　　도 착 시 간 :
_____________　　_____________
_____________　　_____________
* 정규 고객이나 자주 오는 고객 확인
* DAILY RING ROUND(THE PROCESS OF CONTACTION MAJOR RESOURCE DAILY AND THEN UPDATING ON THE HOTEL'S AVAILABILITY)의 결과 확인
* "판매 전략판" 확인

| 판매전략판 | |
|---|---|
| 목표방값 | 초과예약 정도 |
| 평균방값 | 방을 올려서 주는 것 |
| 판매할 방 수 | 최소 절충 가격 |
| 최선을 다하자 | |

* NO-SHOW 처리
* 주요 행사와 그에 관한 부대 사항 점검
* 도착할 손님의 명단을 확인
단 체 명:　　　도 착 시 간:
/ 특별 요청이 있는 고객에게 행동을 취함　　/ 더블 예약을 확인하고 제거한다
/ 정규의 고객을 확인한다　　/ 예약카드 인쇄 완료
* 룸을 Block
/ 관광 단체의 방　　/ VIP의 방　　/ 특별한 요구가 있는 방
/ 대 실　　/ RM SHOW할 방
* HOUSEKEEPERS LIST를 갱신
/ 일찍 도착한 방　　/ 일찍 떠난 방　　/ 사전에 등록한 방
/ 늦게 체크아웃할 방　　/ 연장한 방　　/ EXTRA BED가 들어간 방
/ DAy use　　/ 실수로 판매를 못했거나 손님이외부에서 잔 방
/ RM SHOW한 방　　/ 항공사 여행사 직원의 방 & 도착시간
/ Bolck된 방　　/ 특별한 요구가 있는 방
* 고장난 방의 상태를 확인
* room service에 보낼 comp order를 완성(객실에 무료로 넣는 과일이나 꽃, 술 등의 선물)
* 새로운 VIP reporter를 검토
* 쿠폰 준비(패키지, 식권 등)
* FLAG 리포터에 나타난 사항을 처리
* 지난밤에 사전 등록을 하고 NO-SHOW난 방을 CHECK-OUT
* 퇴숙 리포터를 확인하고 이상 유무 확인
* 모든 예약 카드(재실)를 확인하고 금약의 승인을 받는다
* 주문된 것을 공급한다
* 모든 CHECK-OUT한 계산서를 준비한다.
* 실수 수정과 완전한 계산을 끝낸다
* 근무 교대 준비
직무 중 항상 해야 하는 것들
* 입숙과 퇴숙의 상황을 주의 깊게 관찰
* "전략판"을 재검토
* lobby의 상황 주시
* Vacant, Clean room으로의 전환을 확인

# 제2절 객실 관리

객실 관리(room control)는 효과적인 시스템을 이용하여 판매함으로써 최고의 가격으로 최대의 객실을 판매하기 위한 것이다. 즉 객실의 현황을 정확히 숙지하고 고객의 요구를 파악하여 객실 판매로 인한 매출을 극대화하기 위한 수단이라고 할 수 있다. 따라서 체크인, 체크아웃, 판매가능 객실 수 등의 정보를 수시로 점검하여 최신화(update)하고 고객의 요구에 즉각적으로 부응하기 위하여 관련 부서와의 긴밀한 협조체제를 구축하여 객실의 판매 관리를 체계적이고 과학적인 방법으로 관리해야 한다.

## 1. 예약의 점검

가장 바람직한 고객관리는 예약부서에서 초과예약 없이 100% 예약을 유지하여 익일 프런트 데스크에서 해당 예약에 대해 규정에 따라 객실배정을 함으로써 시간적, 경제적, 육체적 낭비를 막는 것이다. 그러나 이것은 어디까지나 지나치게 이론에 국한한 것으로 현실성이 결여되어 있다. 즉, 아무리 예약을 철저히 관리하는 호텔이라 할지라도 노쇼 및 취소가 있을 수 있으며 천재지변 등의 예상하지 못한 경우가 빈번히 발생하기 때문이다.

### (1) 예약 현황 및 분석

수익을 극대화하기 위한 방법으로 앞에서 서술한 바와 같이 수익률관리 제도를 도입하여 예약 및 객실관리의 효율화를 추구하는 호텔이 증가하고 있으며 이러한 시스템이 도입되지 않는 호텔에서는 예약 및 프런트 데스크 종업원 경험에 따른 데이터 분석에 의존하고 있는 실정이다.

### (2) 노쇼

노쇼(no-show)는 고객이 예약을 해 놓고 도착예정일 당일에 나타나지 않는 경우이지만 취소의 경우와 다르기 때문에 도착예정일에 도착하지 않고 사정상 하루 늦게 도착하는 경우가 종종 있다. 따라서 해당 고객과 연락을 취할 수 있으면 그 노쇼에 관해서 문의하고 그 결과에 대한 것을 예약 카드에 기록하여 예약 슬립을 예약실로 넘긴다. 노쇼에 대한 위약금은 호텔의 내부규정에 따라 처리한다.

### (3) 취소

예약의 취소(cancellation)는 도착예정일 이전에 취소에 관한 연락을 받는 경우와 도착 당일에 취소하는 경우가 있는데 예약실에 통보해야 할 경우는 당일의 취소이다. 취소에 대한 통보를 받았을 경우 통보자와 호텔의 연락 받은 자의 성함을 예약 슬립에 명기하여 문제 발생의 경우를 대비한다. 취소에 대한 위약금은 호텔의 규정에 의하여 부과한다.

### (4) 워크인 및 당일예약 업무(walk-in and daily pick-up)

예약 카드를 작성해 워크인이라 표기하고 당일 픽업의 경우는 효율적인 객실 통제를 위하여 데일리 픽업(daily pickup) 대장에 기록하고 컴퓨터에 예약 내용을 입력한다. 도심지호텔에서는 거의 사전예약에 의하여 체크인 업무가 이루어지지만 지방의 호텔이나 저급의 호텔에서는 예약을 하지 않은 고객들에 의한 등록업무가 차지하는 비율이 높기 때문에 당일에 객실상황에 대해서 전화상으로 문의를 하거나 또는 직접 방문을 하여 문의를 하는 경우가 많다. 따라서 프런트 데스크의 종업원은 당일예약이나 예약을 하지 않고 내방하여 객실이용을 원할 경우 친절한 서비스로 고객의 문의에 응하도록 하여 고객이 돌아가지 않도록 해야 한다.

### (5) 객실 수가 적은 형태의 객실

특실, 전망이 좋은 객실(outside room) 등과 같이 수가 비교적 적은 객실에 관해서는 고객과 분쟁의 소지를 없애고 통제를 하기 위해 보장형 예약이 아니면 객실예약에서는 가능한 한 고객에게 정확한 객실 형태의 배정을 약속해서는 안된다. 특히 객실의 초과예약이 예상되는 날짜에는 당일 프런트 데스크에서 객실 배정시 최선을 다해주겠다는 정도의 언급을 하도록 한다. 가끔 호텔에서는 객실 배정으로 인하여 고객과 종업원 사이에 언쟁이 발생되기도 하는데 이러한 경우는 예약 당시 예약담당자는 고객에게 불분명한 대답을 하였기 때문에 빚어지는 일이다. 왜냐하면 휴양지 호텔을 찾는 고객은 휴양지의 여행의 기쁨을 배가하기 위하여 대부분의 고객들은 전망이 좋은 객실을 원하지만 객실은 한정되어 있기 때문에 예약당시 정확하게 언급을 해주지 않으면 등록단계부터 고객을 불쾌하게 할 수 있다.

### (6) 예약 슬립의 보관

객실 번호의 전기를 마친 카드는 날짜별로 파일에 정리하여 예약실에서 보관하도록 한다. 최근에는 업무의 간소화를 위해 예약실에서는 예약 슬립을 작성하지 않고 컴퓨터 터미널에 직접 예약상황을 입력하기도 한다. 이때는 업무의 한계를 명확하게 하기 위해 예약접수자의 코드가 함께 입력된다.

## 2. 출발예정일의 확인

출발예정일은 고객이 도착해서 등록을 할 때에 재확인을 하지만 고객 사정으로 인해 투숙도중에 변경되는 경우가 있기 마련이다. 특히 성수기 투숙을 연장하는 경우 객실배정업무에 지장을 초래하기 때문에 이러한 번거로움을 최소화하기 위해 고객의 출발 예정 전일에 출발일을 재확인할 필요가 있다. 만약 투숙을 연장하기 원하면 투숙하고 있는 객실이 블록(block)되어 있는지를 확인하여 그 결과에 따라 조치를 취한다. 가끔 객실이 블록되어 있는 경우 투숙연장 문제로 고객과 언쟁이 벌어지는 경우도 있다.

### (1) 예정에 변경이 없을 경우

객실 슬립의 출발란 옆에 확인여부의 표시를 한다. 또 예정일의 변경은 아닌데 출발시각이 오후가 되는 때에도 그 객실 블록 카드에 변경된 체크아웃시간을 기입한다. 이러한 경우에도 컴퓨터 처리로 인하여 예약슬립을 사용하지 않을 경우에는 컴퓨터 화면에 특별한 코드를 이용하여 출발예정일이 확인되었음을 표시하도록 한다.

### (2) 예정일이 변경되는 경우

재확인 결과 출발예정일의 변경이 없는 경우는 예정대로 고객의 체크아웃을 위한 준비를 하지만 예정일이 변경되었을 경우에는 다음과 같은 절차를 거쳐 처리한다.

#### 1) 예정보다 빠른 출발

① 호텔 컴퓨터에 수정된 날짜를 입력하여 판매가능 객실 수를 조정하고 예약 슬립의 원장에도 날짜를 수정하여 기록을 남긴다.

② 당일 조기 체크아웃일 경우 고객이 이용한 서비스에 대한 청구서를 미리 준비하여 가능하면 신속한 처리를 하도록 한다.

### 2) 예정보다 늦은 출발

예정일보다 출발일을 연기(late check-out)해야 할 경우 객실이 많이 남아 있을 때는 특별한 문제없이 연장을 해 줄 수 있으나 초과 예약으로 인하여 객실의 연장이 곤란한 경우 프런트 데스크에 근무하는 모든 종업원이 숙지할 수 있도록 하고 특별한 사정으로 인한 경우는 팀장의 재가를 받아 연장해주는데 다음 순서로 연장해 준다. 호텔의 객실은 한정되어 있기 때문에 융통성 있는 관리가 필요하다.

① 귀빈(VIP)
② 장기 투숙객(long term staying guest)
③ 고급객실(suite room occupants)
④ 개인 고객(individual guest)

또한 대기일 경우 대기자 명단(waiting list)을 활용한다.

## (3) 예고없이 체크아웃시간을 넘기는 고객

전일에 출발일을 재확인했음에도 불구하고 출발일 당일의 체크아웃(보통 오전 11~12시) 시간까지 연락이 없는 경우 우선 객실로 전화연락을 하고 전화를 받지 않으면 벨데스크와 하우스키핑 부서에 통보하여 객실을 확인해야 한다. 이러한 경우는 예상하지 못한 사고나 스키퍼(skipper) 등을 연상해야 한다.

## (4) 늦은 체크아웃(late check-out)

호텔자체에서 규정하고 있는 일반적인 체크아웃시간 이후에 퇴숙하는 것을 의미하는 것으로 고객으로부터 레잇 체크아웃의 요청을 받았을 경우에는 즉시 객실정비부서에 통보하여 당일 다른 고객을 위해 판매하는데 차질이 없도록 해야 한다. 체크아웃 시간대에 따라 호텔에서는 차등하여 요금을 정해놓고 있다.

## 3. 노쇼 및 취소의 원인과 예방법

### (1) 원 인

취소(cancellation)는 호텔 측에 예약자가 통보를 하는 경우가 많지만 노쇼(no-show)는 거의가 예약자 또는 투숙하는 당사자의 무관심 내지는 무성의로 인한 경우가 많다. 최근에는 예약담당자의 재확인으로 인하여 이러한 경우가 많이 줄어들었으나 노쇼율(no-show rate)은 국가의 문화수준과 비례한다고 해도 과언이 아니다. 특히 우리나라 사람들이 외국의 호텔에 예약해 놓고 아무 통보 없이 숙박을 하지 않아 노쇼로 인한 위약금 청구서를 받아보고 당황하는 경우가 있다. 이러한 경우를 대비하여 호텔에서는 예약을 접수할 때 반드시 고객의 지불을 보증할 수 있는 신용카드의 번호를 요구하기도 한다.

### (2) 예약방법

예약을 받을 때 고객의 인적사항을 정확히 접수하고 도착일 전에 도착여부를 재확인한다.

① 신뢰성을 바탕으로 예약의 내용을 명확하게 받는다.
② 예약을 받을 때 예약자의 연락처, 숙박기간, 객실 형태 등을 정확히 접수하여 재확인시 구체적인 문의가 이루어질 수 있도록 한다.
③ 예약을 접수할 때 예약자에게 노쇼/취소의 경우 위약규정을 자세히 설명하여 고객의 관심을 유도한다.
④ 고객의 지불을 보증할 수 있는 신용카드 번호를 접수한다.
⑤ 항공기의 연착, 기타 교통수단의 사고 등의 정보를 수시로 입수하여 노쇼에 대비한다.

# 제3절 체크아웃 업무

## 1 일반적인 퇴숙 절차

고객이 출발예정일에 투숙기간 중 객실 및 부대시설을 이용한 비용을 계산하고 객실이 빈 상태로 되는 것을 체크아웃이라고 한다. 특별한 경우를 제외하고 지불이 끝난 후 고객이 프런트 데스크에 객실 키를 반납하여 프런트 케셔가 고객 원장(guest folio)을 기준으로 컴퓨터에 데이터를 입력해야 정식으로 체크아웃이 된다. 고객이 프런트 데스크에 와서 체크아웃을 원하면 프런트 케셔는 컴퓨터에 입력된 정보를 이용하여 청구서를 인쇄하고 고객이 점검을 하게 하지만 일부호텔에서는 고객이 현재까지 이용한 서비스의 금액을 객실내의 TV 모니터를 통하여 확인할 수 있기 때문에 객실에서 확인이 가능하다. 또한 상용고객이나 귀빈을 위한 특별 층에서는 층에 별도의 데스크를 설치하여 체크아웃업무를 실시하기도 한다. 일반적으로 퇴숙의 절차는 다음과 같다.

① 고객의 퇴숙 요청 접수
② 객실번호 확인
③ 체재기간동안의 서비스에 관한 질의응답
④ 객실 키 반납
⑤ 등록카드 및 각종 Bill 준비
⑥ 기타 서비스 사용여부 문의
⑦ 청구서 금액 확인
⑧ 지불 수단 재확인
⑨ 청구서(bill) 인쇄 후 최종 확인 요청 및 서명
⑩ 다음 여행 목적지의 문의(목적지에 자매호텔이 있을 경우 안내)
⑪ 투숙에 대한 감사와 재방문 요청

〈그림 35〉 Check-out 절차

GUEST : MR S] ! H
ADDRESS : 90 PING-TUNG KUANG FN

Taiwan

| | | |
|---|---|---|
| Room | : | 1637 |
| Arrival | : | 03/01/01 |
| Departure | : | 03/03/01 |
| Person(s) | : | 1 |
| Room Rate | : | 238,000 |
| Cashier | : | 43 YHN |
| Folio No. | : | 219491 |
| Page | : | 1 |

Renaissance Seoul Hotel, 03/03/01 12:18 　　　I N V O I C E

| DATE | TIME | REFERENCE | DESCRIPTION | AMOUNT |
|---|---|---|---|---|
| 03/01 | 19:05 | 00:06:30 | Tel - L.D. Call (Auto) 00288 | 8.894 |
| 03/01 | 19:13 | 00:02:21 | L.C.290 0183361387 | 870 |
| 03/01 | 19:36 | 00:00:43 | L.C.290 0193200106 | 290 |
| 03/01 | 21:05 | 00:00:48 | Tel - L.D. Call (Auto) 00288 | 1.617 |
| 03/01 | 21:06 | 00:04:20 | Tel - L.D. Call (Auto) 00288 | 6.468 |
| 03/01 | 21:42 | 00:00:16 | Tel - L.D. Call (Auto) 00288 | 1.617 |
| 03/01 | 21:43 | 00:00:10 | Tel - L.D. Call (Auto) 00288 | 1.617 |
| 03/01 | 01:36 | | Room Charge | 238.000 |
| 03/01 | 01:36 | | Service Charge | 23.800 |
| 03/01 | 01:36 | | Room Tax | 2.380 |
| 03/02 | 09:21 | 346 | Elysee - Breakfast #1637 : CHECK # 346 | 50.820 |
| 03/02 | 09:26 | 00:00:19 | Tel - L.D. Call (Auto) 00288 | 1.617 |
| 03/02 | 09:26 | 00:00:58 | Tel - L.D. Call (Auto) 00288 | 1.617 |
| 03/02 | 09:35 | 00:00:10 | L.C.290 0186999556 | 290 |
| 03/02 | 14:43 | 1637 | Mini Bar | 8.250 |
| 03/02 | 15:37 | 00:03:26 | Tel - L.D. Call (Auto) 00288 | 5.255 |
| 03/02 | 01:52 | | Room Charge | 238.000 |
| 03/02 | 01:52 | | Service Charge | 23.800 |
| 03/02 | 01:52 | | Room Tax | 2.380 |
| 03/03 | 11:50 | 00:00:02 | L.C.290 018 | 290 |
| 03/03 | 12:07 | 00:00:19 | L.C.290 018 | 290 |
| 03/03 | 12:18 | | Visa Card - Overseas<br>->456313 　　09/02 | -618.162 |
| | | | Balance Korean Won | 0 |

Thank you for staying at Renaissance Seoul Hotel!
We wish you a safe and comfortable journey back home.

10% SERVICE CHARGE & 10% V.A.T WILL BE ADDED.
10% 봉사료 및 10% 세금이 추가됩니다.
10% サ-ビスチャジと 10% 税金が 含まれて おります

I AGREE THAT MY LIABILITY FOR THIS BILL IS NOT WAIVED AND AGREE TO BE HELD PERSONALLY LIABLE IN THE EVENT THAT THE INDICATED PERSON, COMPANY OR ASSOCIATION FAILS TO PAY FOR ANY PART OR THE FULL AMOUNT OF THESE CHARGES.

SIGNATURE ______________________

〈그림 36〉 청구서(bill)의 예

퇴숙시에 고객이 제공받은 서비스에 대한 불만이나 가격에 대한 의문사항을 제기할 경우에는 다음과 같은 요령으로 대처한다.

① 청구서의 요금에 대한 의문사항이 있으면 청구된 요금에 대한 내용을 서비스 항목별로 상세하게 설명을 한다. 이때 고객이 어떠한 의문사항을 제기할지라도 고객을 무시하는 태도를 보여서는 안된다.
② 고객의 문의에 정중하고 진지한 태도로 답변을 한다.
③ 만약 수정 사항이나 잘못된 부분이 발견되면 신속하게 처리하여 고객이 기다리는 시간을 최소화한다.
④ 고객의 불만이나 실수에 대한 처리 결과를 상사에게 구체적으로 보고한다.

또한 퇴숙시 고객이 이용한 상품이나 서비스의 정산수단으로는 다음과 같은 종류가 있으나 지불 수단에 관해서는 등록할 때 이미 문의를 하였기 때문에 특별한 경우가 없는 한 퇴숙시에 고객에게 재확인만 하면 된다.

① 현금 및 수표(cash/check)
② 신용 카드(credit card)
③ 타 객실로 이체(room charge transfer)
④ 후불(city ledger)

고객의 요구에 따라 특별히 청구서를 후불처리 하고자 하는 경우는 FOM 및 여신부서(credit department)의 담당자로부터 사전 승인을 받아 처리하는데 단골고객인 경우 프런트 데스크의 담당자의 재량권으로 후불처리하기도 하나 이러한 경우는 담당자가 고객의 지불에 관한 모든 것의 책임을 져야 한다. 따라서 고객의 청구서를 후불 처리할 경우는 신중하게 처리하도록 해야 한다.

## 2. 레이트 체크아웃(late check-out)

호텔의 사정에 따라서 다르지만 일반적으로 체크아웃 시간은 오전 11:00~12:00이다. 그러나 항공기의 연결편이 늦거나 개인적인 사정으로 인하여 퇴숙시간 이후까지 호텔에 머물러야 하는 고객을 위하여 퇴숙 예상 고객의 명단을 준비하여 객실로 문의하여야 한다. 이러한 경우 고객이 당황하지 않도록 공손하고 친절하게 문의를 하여 퇴숙예정 시간을 기록한다. 레이트 체크아웃의 경우는 예정 시간에 따라 호텔의 규정을 적용하여 추가요금을 부과한다. 그리고 당일 체크아웃 예정인데도 불구하고 퇴숙하지 않고 사정상 투숙기간을 연장할 때는 컴퓨터에 판매 가능 객실을 점검한 후 가능여부를 알려주어야 하며 만실이 예상되어 거절할 때는 객실 현황을 자세하게 설명하여 고객에게 불쾌감을 주지 않도록 이해 시켜야 하나 가능한 한 현재 투숙하고 있는 고객에게 연장의 기회를 주도록 해야 한다.

## 3. VIP 체크아웃

VIP 투숙시 대부분 퇴숙 전에 비서나 회사의 관련담당자에 의해 계산되는 경우가 많다. 이러한 고객이 객실에 머물고 있는 상태에서 계산 마감과 함께 컴퓨터의 입력이 체크아웃 처리되기 때문에 객실내 전화연결이 안되며 교환실 등으로부터 메시지전달도 안된다. 따라서 VIP의 체크아웃은 고객이 객실에 남아 있는지를 확인하고 컴퓨터상에 체크아웃 절차를 실행하도록 해야 한다. 또한 객실 키를 객실에 남겨 두고 나가는 경우가 많기 때문에 주의 깊게 점검을 하도록 벨 데스크에 사전 주지시켜야 한다.

## 4. 단체 체크아웃

단체는 동시에 많은 인원이 퇴숙을 해야 하므로 시간이 많이 걸리고 번거롭기 때문에 미리 체크아웃 시간을 가이드에게 문의하여 프런트 캐셔에게 전달해주어 준비하도록 해야 한다. 특히, 미니바(mini-bar) 점검의 지연으로 인한 불평이나 미수불금 등이 있을 수 있으므로 사전에 준비하는 것이 좋다. 키 회수를 점검하고 이상 유무를 출발 전에 가이드에게 통지하여 모든 키의 회수, 계산 등을 출발 전에 마감해야 한다. 대개 관광을 위한 단체고객은 단체로 퇴숙을 하고 관광버스를 이용하여 이동을 하게 되기 때문에 체크아웃 시간이 지연되지 않도록 최선의 방법을 강구해야 한다.

일반적으로 단체고객은 개별고객에 비해 호텔을 재 방문할 경우가 적지만 단체고객의 체크아웃 때에도 개별고객과 마찬가지로 정중하고 친절한 자세로 대함으로서 호텔에 대한 좋은 이미지를 줄 수 있도록 해야 한다.

## 5. 고객의 불평처리 및 자세

호텔은 종업원의 실수나 영업 시스템이 잘못되면 고객의 불평 · 불만으로 이어질 경우가 있다. 고객 한 사람이 불평하면 여러 사람에게 이야기하는 습관이 있으므로 호텔의 종업원은 고객의 불평 · 불만을 신속하고 슬기롭게 처리할 수 있는 자질을 길러야 한다.

프런트 데스크는 고객이 접촉하기 용이하기 때문에 고객의 불평을 가장 많이 접수하는 부서이기도 하다. 투숙객으로부터 불평을 접수했을 때 우선 고객의 불평내용을 경청한 후 불평의 수준과 상황을 판단하여 적절한 조치를 취하고 만약 불평의 정도가 심하여 조치하기가 곤란하면 프런트 데스크의 책임자나 필요할 경우 객실팀장에게 보고하여 처리하도록 해야 한다. 아무리 완벽한 서비스를 하려고 해도 고객으로부터의 불평은 발생하기 마련이기 때문에 고객의 불평에 당황하지 말고 침착하게 처리하여 불평 속에서 무엇인가를 배우려는 긍정적인 자세가 중요하다. 일반적으로 고객의 불평 그 자체에 대한 인상을 나쁘게 갖고 있기 때문에 불평을 하는 고객에게는 불평내용을 떠나서 종업원의 태도부터가 불손하게 되는 경우가 많이 있게 된다. 따라서 고객의 불평을 적극적인 자세로 처리하려고 노력을 하고 있다는 인상을 주도록 해야 한다. 불평이 잘 처리되어 만족하게 된 고객은 오히려 호텔 서비스의 구매력에 긍정적인 영향을 미칠 수 있다는 연구결과가 있듯이 불평하는 고객을 상대하는 종업원은 이러한 점을 충분히 인식하여 불평처리에 만전을 기해야 한다.

### (1) 불평의 개념

불평(complaints)이란 호텔을 이용하는 고객이 접하게 된 서비스에 대하여 순간적으로 유발되는 감정을 의미하며 문제의 제기 및 해결을 요구하게 된다.

불평을 처리하기 위해서는 먼저 고객의 감정을 달랜 후 해당 불평을 처리해야 한다. 불평하는 고객은 호텔 측에 동일한 불평이 발생되지 않도록 문제점을 수정하고 제거할 수 있도록 다시 한번 기회를 제공하는 것이며 불평이 있어도 문제제기를 하지 않고 단순히 재방문을 하지 않는 고객에 비해 호텔에 대한 애착이 있음을 명심해야 한다.

### (2) 불평 접수시 주의 사항

고객이 불평을 토로할 당시에는 상황에 따라 정도의 차이는 있겠으나 대개 화가 나 있는 상태이기 때문에 고객을 이해하는 측면에서 응대 해주지 않으면 상황을 악화시킬 수 있다. 따라서 불평을 접수할 때에는 불평에 대한 내용을 평가하지 말고 가능하면 동정심을 불러일으킬 수 있는 분위기로 접수하도록 해야 한다. 불평을 접수할 때 주의해야 할 사항은 다음과 같다.

① 변명을 하지 않는다.
② 정당성에 대해 묻지 않는다.
③ 잘잘못을 따지지 않는다.
④ 불평에 대해 개인적인 감정을 갖지 않는다.
⑤ 사회적인 통념으로 판단하지 않는다.

## (3) 불평처리 절차

### 1) 불평듣기

고객이 화가 가라앉을 때까지 분풀이를 계속하게 하고 반드시 불평의 내용에 대해 메모하는 자세를 보여준다. 고객은 자신의 주장에 대해 종업원의 태도에 따라 고객의 화를 진정시킬 수 있다. 불평을 계속 듣는 이유는 이야기 도중에 방해를 하면 고객이 이야기를 다 하지 않고 중간에 그칠 수 있기 때문이다. 이와 같이 고객이 일방적으로 이야기하는 것을 들어준다는 것은 쉬운 일이 아니므로 인내가 필요하다.

### 2) 불평에 대한 동정

고객이 불평을 할 때에는 경청하면서 고객의 입장이라면 나도 그럴 수 있었다는 동정의 표시를 한다. 화가 난 고객에게 상황의 옳고 그름을 떠나 반론을 제기하는 것은 고객의 화를 부추기는 결과를 초래할 수 있기 때문에 가능하면 고객의 불평내용에 동정의 의사를 밝힌다.

### 3) 정중한 사과

고객의 불평을 처음부터 끝까지 다 경청하고 나면 정중하게 사과를 한다. 이때 중요한 것은 사과는 한두 번만 하도록 한다. 왜냐하면 고객에게 여러 사람이 여러 번 반복하여 사과를 하면 그에 대한 보상을 요구하기 때문이다.

### 4) 문제 해결방안 제시

고객의 불평내용에 대한 정중한 사과에 함께 불평내용에 대한 해결방안을 제시하고 고객의 의중을 살핀다. 문제의 해결방안은 보통 객실에 대한 불평일 경우 객실료를 할인해 주거나 또는 부가적 서비스를 무료로 제공하기도 한다. 그러나 불평의 상황에 따라 적절하고 합리적인 보상의 수준이 되어야 한다.

### 5) 문제해결 감사의 뜻 전달

문제의 상황에 따라 합리적인 수준에서 문제를 해결하고 서비스에 대한 불평으로 인하여 그 서비스를 개선시키거나 향상시킬 수 있는 기회를 제공한 것에 대한 감사의 뜻을 전달한다.

### 6) 사후 관리

서비스에 대한 불평을 토로하는 고객은 반드시 재구매를 위해 돌아오기 때문에 고객의 불평을 처리하고 난 후에는 그 고객에 대한 사후관리를 철저히 해야 한다. 호텔의 부정적인 경험은 많은 잠재고객에게 영향을 미칠 수 있으나 잘 관리된 고객은 호텔의 충성도가 강화될 수 있기 때문이다.

## (4) 불평발생원인 및 사후 관리

호텔 서비스에 불만이 있는 고객이 불평을 하지 않고 돌아가면 호텔의 서비스를 낮게 평가하여 재구매의 확률이 낮아지지만 불평하는 고객은 사후처리의 여부에 따라 재구매 확률이 매우 높고 고객에 따라서는 불평에 대한 처리가 원만하게 이루어졌을 경우 호텔에 대한 충성도를 강화시키는 경우도 있다. 따라서 고객의 불평을 겸허하게 수용하여 신중하게 처리하고 필요하면 서비스 제공의 절차를 수정해야만 한다.

# お客様のご満足度アンケート用紙

Marriott
HOTELS · RESORTS · SUITES

**826.77 PUSAN MARRIOTT HOTEL**

お名前 ____________________

住所 ____________________

____________________

国 ____________________

ご到着日 ____________________ ご出発日 ____________________

回答欄の円を完全に塗りつぶしてください。

正しい記入法 ●

誤った記入法 ✔ ✗

次の質問にお答えください。該当しない質問がございましたら、次の質問に進んでください。

*当ホテルをどのように評価されますか：*

## 1. 宿泊施設について...

| | 優秀 … 最低 |
|---|---|
| 入室時の部屋全体の清潔度 | ⑩ ⑨ ⑧ ⑦ ⑥ ⑤ ④ ③ ② ① |
| 据付家具の状態 | ⑩ ⑨ ⑧ ⑦ ⑥ ⑤ ④ ③ ② ① |
| 室内照明の明るさ | ⑩ ⑨ ⑧ ⑦ ⑥ ⑤ ④ ③ ② ① |
| 室内の機能性 | ⑩ ⑨ ⑧ ⑦ ⑥ ⑤ ④ ③ ② ① |
| 部屋のゆったり感、静かさ | ⑩ ⑨ ⑧ ⑦ ⑥ ⑤ ④ ③ ② ① |
| 部屋の空間性 | ⑩ ⑨ ⑧ ⑦ ⑥ ⑤ ④ ③ ② ① |
| バスタブやタイルの清潔度 | ⑩ ⑨ ⑧ ⑦ ⑥ ⑤ ④ ③ ② ① |
| 部屋全体の清潔度 | ⑩ ⑨ ⑧ ⑦ ⑥ ⑤ ④ ③ ② ① |
| 滞在中の部屋の清潔度とサービス | ⑩ ⑨ ⑧ ⑦ ⑥ ⑤ ④ ③ ② ① |
| 客室全体の水準 | ⑩ ⑨ ⑧ ⑦ ⑥ ⑤ ④ ③ ② ① |
| 庭の状態 | ⑩ ⑨ ⑧ ⑦ ⑥ ⑤ ④ ③ ② ① |
| ロビーやホテル玄関の状態 | ⑩ ⑨ ⑧ ⑦ ⑥ ⑤ ④ ③ ② ① |
| ロビーやフロントの装飾品 | ⑩ ⑨ ⑧ ⑦ ⑥ ⑤ ④ ③ ② ① |
| 通路の状態 | ⑩ ⑨ ⑧ ⑦ ⑥ ⑤ ④ ③ ② ① |
| ホテルの全体的な管理と維持 | ⑩ ⑨ ⑧ ⑦ ⑥ ⑤ ④ ③ ② ① |
| 部屋の全備品は機能していましたか | ○ はい ○ いいえ |

お客様のお部屋番号 ____________

当ホテルの部屋、ロビー、建物の周囲の状態についての感想をご記入ください。

____________________

## 2. ホテル従業員とサービスの質について...

ホテルにご到着の際、お客様のご予約手続きは正確でしたか。 ○ はい ○ いいえ

ご予約はどのような方法でなさいましたか？

○ ホテルの予約係　○ フリーダイヤルの予約取扱

○ 旅行代理店　○ 団体予約カード

○ その他（具体的に） ____________

| | 優秀 … 最低 |
|---|---|
| ご予約は簡単でしたか | ⑩ ⑨ ⑧ ⑦ ⑥ ⑤ ④ ③ ② ① |
| チェックインの速さ | ⑩ ⑨ ⑧ ⑦ ⑥ ⑤ ④ ③ ② ① |
| 従業員の仕事の敏速さ | ⑩ ⑨ ⑧ ⑦ ⑥ ⑤ ④ ③ ② ① |
| 従業員の態度 | ⑩ ⑨ ⑧ ⑦ ⑥ ⑤ ④ ③ ② ① |
| フロントデスクスタッフはよく気がつく | ⑩ ⑨ ⑧ ⑦ ⑥ ⑤ ④ ③ ② ① |
| ベルボーイはよく気がつく | ⑩ ⑨ ⑧ ⑦ ⑥ ⑤ ④ ③ ② ① |
| チェックアウトの速さ | ⑩ ⑨ ⑧ ⑦ ⑥ ⑤ ④ ③ ② ① |
| 空港送迎車のサービスと頻度* | ⑩ ⑨ ⑧ ⑦ ⑥ ⑤ ④ ③ ② ① |
| 従業員とサービスの全体的な質 | ⑩ ⑨ ⑧ ⑦ ⑥ ⑤ ④ ③ ② ① |
| ホテル内外の施設やイベントについての情報が得られる | ⑩ ⑨ ⑧ ⑦ ⑥ ⑤ ④ ③ ② ① |
| 請求書は正確でしたか | ○ はい ○ いいえ |

ホテルの従業員およびサービスの質についての感想をご記入ください。

____________________

（*該当しないホテルもあります。）

次のページに進んでください。▶

ページ 001130　ホテル 472　地域

〈그림 37〉 고객만족 설문지

## 6. 스키퍼

스키퍼(skipper)란 객실 투숙객이 정당한 퇴숙 절차를 이행하지 않고 호텔을 떠난 고객을 말하는 것으로서 제공받은 서비스에 대한 요금을 정상적으로 정산을 하지 않고 도망가는 고객이다. 따라서 호텔매출에 부정적인 영향을 미치는 결과를 초래하기 때문에 사전에 이러한 사태가 발생되지 않도록 제도적인 장치를 마련해야 하며 부득이하게 발생할 경우 아래와 같이 처리한다.

### (1) 스키퍼의 예방

호텔에서 스키퍼를 예방하기 위해 여러 가지의 제도적인 시스템을 마련하여 적용하고 있으나 필요이상의 시스템은 고객을 오히려 불편하게 하는 결과를 초래할 수 있으므로 고객의 불편을 최소화하는 범위 내에서 예방책을 마련해야 한다. 일반적인 불평의 예방법으로는 다음과 같은 것들이 있다.

① 예약자의 경우 연락처를 재확인하여 정확한 정보를 입수한다.
② 예약을 하지 않고 투숙을 원하는 고객은 등록시 개인정보를 정확히 기록하도록 하고 객실료와 부가서비스의 요금을 고려하여 보통 객실요금의 2배의 예치금을 현금으로 받거나 신용카드인 경우 카드를 프린트(imprint)하여 서명을 받는다.
③ 예치금(deposit)을 요구하였으나 거절할 경우에는 등록카드 기록을 철저히 해야 하며 개인의 신상을 확인할 수 있는 면허증이나 주민등록증 또는 여권 등을 확인해야 한다.
④ 투숙객의 여신상황을 매일 점검하여 초과 보고서를 작성하고 전화로 연락하여 정산을 하도록 한다.
⑤ 수상한자나 신원이 확실치 않을 때는 키 점검을 철저히 한다.
⑥ 크레디트 카드 사전 서명시 분실이나 도난 신고된 것인지 확인한다.

〈표 5〉 프런트 오피스의 오후업무 체크 리스트

* DIARY와 로그북 확인
* 오전조로부터 책임권을 이양 받는다
* 현재 상황 확인

도착:

_________나갈 방수 단체_________
_________도착할 방수 개인_________
_________지불 약속된 방수
_________예약을 풀어야 할 방수(TIME RELEASE)
_________오늘밤 사전에 등록한 방수

오늘밤의 가능성:

_________팔 방수
_________싱글 _________스위트
_________더블 _________귀빈층
_________트윈 _________기타

* 주요 행사등을 점검한다
* 자동 기록 장치 파일을 체크하고 행동으로 취한다
HRS(HILTO RESERVATION SYSTEM)의 도착 목록을 점검
* 일반 도착 목록을 점검한다

단체 이름: 도착 시간:

_________________ _____________
_________________ _____________

#더블이 된 예약을 확인하고 삭제한다
# 정규 고객이나 자주 오는 고객을 확인
# 모든 예약카드를 프린트한다
# 룸 쇼 할 방을 지정해 놓는다
* 예약 확인한 방중 최소할 방이 있으면 취소한다
* 하우스키퍼 목록을 갱신한다
# 늦게 C/O 하는 방
# 하루 더 연장한 방
# 대실
# 특ㅂ한 요구가 있는 방
* 룸서비스에 보내는 COMP ORDER를 작성 완료한다
* 새로 확인된 VIP 목록을 점검
* 쿠폰을 준비( 패키지, 식사 계획 등 )
* FLAG 리포터에 나타난 사항을 행동으로 취한다
* 나가는 방에 대한 리포터와 그 차이점을 확인
* 현재 상황 확인

_________나갈 방수 단체_________
_________도착할 방수 개인_________
_________지불 약속된 방수
_________예약을 풀어야 할 방수
_________오늘밤 사전에 등록한 방수

오늘밤의 가능성:

_________팔 수 있는 방
_______싱글 _______스위트
_______더블 _______귀빈층
_______트윈 _______기타

* 모든 등록된 예약 카드를 확인하고 결제를 받아 놓는다
* 공급품을 주문한다
* 부대시설의 점검을 수행
* 야간 근무자들을 위해 프런트 데스크를 정리 정돈
* 아래의 것들을 포함한 조의 인계 인수를 준비한다
# 늦게 도착하는 손님, 사전 등록, 일찍 도착한 손님
# NO-SHOW CHECK OUT, 경쟁 상황

**직무중 항상 해야 하는 것들**

* 도착과 출발의 상태를 주시
* 하우스 키핑에 정보를 알려주는 것
* 고객의 요구에 행동을 취하는 것
* 새로 갱신되는 모든 레포터를 점검
* 유용한 모든 부서를 숙지( 식당, 사우나 등 )
* 모든 등록카드를 점검하고 결재 확인
* 고객의 출현과 현재를 주시
* 깨끗한 방으로의 전환을 확인
* 룸의 변동을 확인
* 새로운 HRS 도착 손님을 확인
* 예약을 풀어야 하는 방의 예약을 취소한다

### (2) 스키퍼 처리

스키퍼가 발생되지 않도록 최선을 다해야 하지만 부득이한 사정으로 인하여 스키퍼가 발생하였을 경우에는 다음과 같은 절차로 처리하도록 한다.

① 고객의 등록카드의 정보를 이용하여 전화나 서신으로 신원을 확인하고 신원이 확실한 경우 지불방법 및 기간을 확인 받아 여신 부서에 통보한다.

② 등록카드의 허위기재로 인하여 신상 파악이 불가능할 때는 여신 부서(credit department)와 협의하여 프런트 오피스 팀장에게 보고하고 총지배인의 결재를 득한 후 결손 처리한다.

# 제4절 객실 키 시스템

## 1. 객실 키 관리의 필요성

호텔 객실 열쇠(guest room key)의 관리는 고객 안전을 보장하는 가장 기본적인 것으로써 고객이 체크인 절차를 마친 후 지급되는 객실 키에 관해서 고객 스스로가 통제할 수 있도록 키 시스템에 대한 구체적인 설명이 필요하고 체크아웃할 때 반드시 반납이 되도록 해야 한다.

### (1) 객실 키의 종류

객실 열쇠는 보통 전통적으로 금속으로 제작된 것이 사용되었으나 최근에는 호텔 내부의 컴퓨터에 연결된 전자키 통제 시스템(electronic control key system)으로 운영을 하고 있다. 이러한 시스템에 연결하여 사용할 수 있는 열쇠는 플라스틱카드에 마이크로 테이프가 부착되어 고객이 보관하고 사용하는데 편리하도록 되어 있다. 그리고 금속열쇠는 분실 시에는 다시 제작하는데 번거롭고 다소의 시간이 걸렸으나 전자키 시스템은 컴퓨터의 조작으로 수초 만에 재발급을 할 수 있기 때문에 관리가 용이하고 고객의 안전을 향상시킬 수 있다. 그러나 대부분의 고객들은 이러한 첨단의 전자 키 시스템을 사용하는데 익숙하지 못하기 때문에 발급시 사용방법에 대한 자세한 설명이 필요하며 고객이 분실시에는 금속열쇠보다 더 위험한 경우가 발생할 수가 있으므로 이 점을 충분히 주지 시켜주어야만 된다.

주로 개인 고객인 경우에는 프런트 데스크의 종업원이 키의 작동법을 설명하고 벨맨이 직접 고객을 객실까지 안내하여 객실 키의 사용법을 알려주지만 단체고객의 경우에는 단체고객에게 쉽게 설명을 할 수 있도록 시범(demonstration)용의 키를 만들어 입실 전에 교육을 하여 키 사용에 문제가 발생되지 않도록 한다.

더 나아가 고객의 편의를 위해 키를 전혀 소지하지 않고 고객에게 주어진 4자리의 암호 숫자를 이용하여 객실출입을 할 수 있는 키 시스템도 도입이 되고 있다.

유럽의 일부호텔에서는 아직까지도 전통적인 분위기의 정서를 고려하여 상징적으로 금속열쇠를 사용하고 호텔 밖으로 나갈 때에는 반드시 프런트 데스크에 맡기도록 하는 곳도 있다.

본서에서는 키의 종류를 최근에 도입되고 있는 전자 키카드 시스템(key card system)을 중심으로 설명하고자 한다.

### 1) 최초발급키(new guest key)

고객이 호텔에 도착하여 등록을 마치고 나면 프런트 데스크 종업원이 키 입력 시스템(key encoding system)을 이용하여 고객에게 발급하는 키이다.

### 2) 복사키(copy key)

객실에 2명 이상이 투숙할 경우나 고객의 요청에 의해서 처음 발급한 최초발급 키와 동일한 키의 발급을 의미한다.

### 3) 1회용 키(one shot key)

객실의 점검(inspection)이나 외부고객을 위한 룸쇼(room show) 등을 위하여 단 일회만 사용할 수 있는 키로써 시간제한이 있다.

### 4) 시퀀셜 키(sequential key)

모든 수준의 새로운 키 발급 후 사용하지 않고 세 번을 발급했을 경우 사용할 수 없도록 되어 있는 키를 말하는 것으로써 이 경우에는 마스터 키(master key)와 함께 사용이 가능하다.

### 5) 층 전용 마스터키(floor master key)

1개 층 또는 몇 개의 층을 그룹화 하여 그 해당 층 및 그룹에 속한 객실을 모두 열 수 있는 키로써 주로 객실정비를 담당하는 객실정비담당자(room maid)가 사용을 한다.

### 6) 블록 마스터 키(block master key)

여러 층을 한 블록으로 정해 해당 블록에 속한 객실을 모두 열 수 있는 키로 주로 객실 점검자(room inspector)가 사용한다.

### 7) 부분 마스터 키(area master key)

여러 개의 블록마스터 키의 기능을 갖고 있는 것으로 주로 객실 정비부서의 객실관리자(housekeeper)나 프런트 데스크의 당직지배인이 사용한다.

### 8) 마스터 키(master key)

호텔 객실 전체를 열 수 있는 키로써 비상시에 사용하고 주로 총지배인이나 부총지배인이 관리한다.

〈그림 38〉 Card Key Sample

〈그림 38〉은 호텔에서 사용하고 있는 카드 키를 보여주고 있으며 대표적인 카드 키로는, 전자 키 시스템회사의 빙카드(Ving Card)와 CSS (computerized security system)을 들 수 있다. 주로 호텔의 총지배인이 사용하는 것으로 호텔 지원부서의 사무실을 포함하여 전체를 열 수 있는 키이다.

## (2) 객실 키 관리

객실 열쇠는 고객 안전과 밀접한 관계가 있기 때문에 열쇠의 관리를 철저히 하여 고객이 안전하고 편리하게 이용할 수 있도록 최선을 다해야 한다. 다음은 호텔 객실 열쇠에 대한 주의 사항이다.

① 열쇠에는 어떠한 경우이든 객실의 번호나 객실번호를 식별할 수 있는 숫자를 표시해서는 안된다.
② 열쇠는 객실번호 대신 당 호텔만이 사용하는 특별한 코드를 부여하여 관리해야 한다.

〈그림 39〉 Card Key System

## Master Key 사용대장

| 결 재 | 담 당 | MGR | 팀 장 | 총지배인 |
|---|---|---|---|---|
| | | | | |

| 날짜 | 방번호 | 용도 | 시 간 | | 사용자 | 확인자 | 비고 |
|---|---|---|---|---|---|---|---|
| | | | OUT | IN | | | |
| | | | | | | | |
| | | | | | | | |
| | | | | | | | |
| | | | | | | | |
| | | | | | | | |
| | | | | | | | |
| | | | | | | | |
| | | | | | | | |
| | | | | | | | |
| | | | | | | | |
| | | | | | | | |
| | | | | | | | |
| | | | | | | | |
| | | | | | | | |
| | | | | | | | |
| | | | | | | | |
| | | | | | | | |
| | | | | | | | |
| | | | | | | | |
| | | | | | | | |
| | | | | | | | |
| | | | | | | | |
| | | | | | | | |
| | | | | | | | |

〈그림 40〉 Master Key 관리대장

③ 등록을 마치고 열쇠를 고객에게 인계할 때에는 옆에 있는 고객에게 들리지 않도록 적은 목소리로 알려 주어야 하며, 등록 패키지(check-in package)를 사용하지 않을 때에는 고객에게 객실번호를 잊어버리지 않도록 객실번호를 일정한 양식에 기록하여 준다. 컴퓨터 시스템을 이용하여 객실 키를 제공하는 호텔에서는 호텔 체크인 패스포트(check-in passport)에 프린터가 자동으로 기록하도록 되어있다.

④ 객실정비부서의 종업원이나 그 외의 다른 부서의 종업원이 객실 열쇠를 호텔 내에서 발견하였을 경우에는 즉시 프론트 데스크에 반납을 해야 한다.

⑤ 고객이 체크아웃할 경우에는 반드시 객실 열쇠를 반납하도록 고객에게 요청을 해야 한다.

⑥ 종업원이 소지하고 있는 비상키를 포함한 모든 마스터키는 사용할 때마다 일지(log book)에 기록을 해야 하며 사용 후에는 즉시 보관을 담당하는 부서에 반납을 해야 한다. 그리고 객실 점검이나 청소를 위해 가지고 있는 마스터키는 사용하는 본인 이외의 종업원이 사용할 수 있도록 허락을 해서는 안된다.

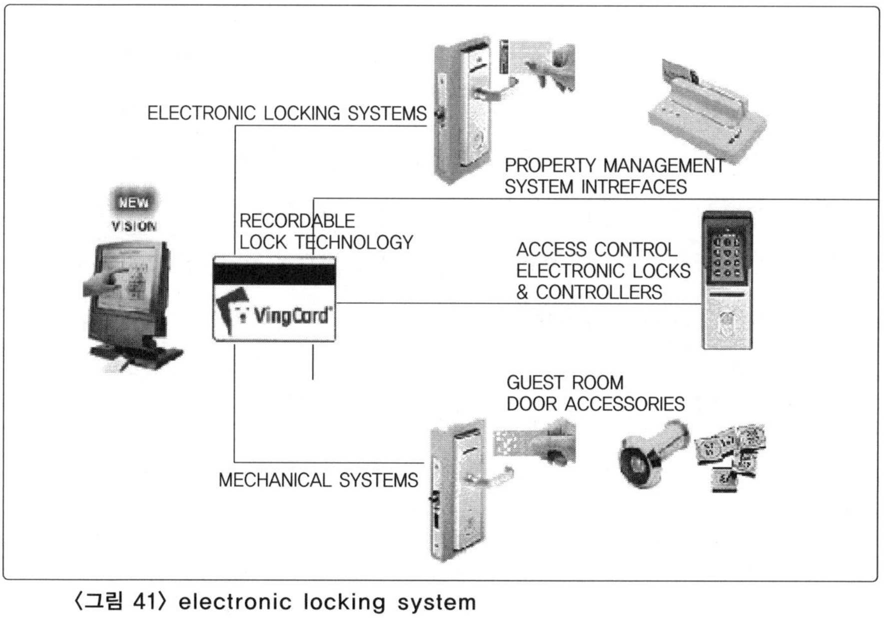


〈그림 41〉 electronic locking system

⑦ 객실 열쇠를 발급할 때에는 반드시 기록이 유지 되어야하고 호텔 총지배인은 주기적으로 열쇠의 발급현황을 점검해야 한다.

⑧ 만약 고객이 객실 키를 분실하였거나 종업원이 소지하고 있는 마스터키를 분실하였을 경우에는 다른 사람이 그 키를 사용 할 수 없도록 즉시 시스템을 바꾸도록 조치한다.

## 2. 분실 키(lost key) 관리

점검결과 정산이 되고 객실이 빈 상태로 객실을 완전히 비운 것으로 판명되나 키가 회수되지 않았을 때 우선 벨 데스크에 수하물의 보관여부, 수하물 반환 시간 등을 확인한다. 완전히 회수불능으로 판명될 때 체크아웃 처리를 하고 분실 키 대장에 기록한 후 프런트 데스크의 팀장에게 보고한다. 최근에는 〈그림 41〉에서 보여주는 바와 같이 대부분 전자식 키 시스템(electronic locking system)을 이용한 카드 키를 이용하기 때문에 카드를 분실하였을 경우에도 즉시 컴퓨터조작으로 키를 바꿀 수 있다. 객실의 키는 고객의 안전관리 문제가 직결되기 때문에 항상 철저히 관리해야 한다. 특히 마스터 키(master key)의 분실시에는 호텔 내 전체 객실의 출입이 가능하므로 이를 방지하기 위해서는 호텔 내 모든 객실 출입문에 전자 감응장비 프로그램을 변환시켜야 하는 작업이 필요하기 때문에 마스터키의 분실은 심각한 문제를 야기시킬 수 있다.

고객용 객실 키는 고객의 부주의로 분실되는 경우가 있으며 분실 시에는 기록대장에 기록한 후 책임자에게 보고한다.

# 제5절 나이트 클럭 업무

프런트 오피스 클럭(front office clerk)의 야간업무는 주간업무의 연장이며 객실판매는 물론 최종적인 확인업무, 업무마감 보고서 등 핵심 업무가 이루어지므로 주간 근무자로부터 모든 사항을 정확하게 인수받아야 하며 의문사항이나 프런트 오피스 클럭이 결정 할 수 없는 상황이 발생하였을 경우에는 당직지배인과 협의하여 처리한다.

## 1. 객실 키 확인

금속키(metal key)를 사용하는 호텔에서 실행하는 업무로서 컴퓨터와 키랙(key rack)에 남아 있는 객실 키를 대조하여 객실의 공실 여부를 점검하는 것이다. 카드 키를 이용하는 호텔에서는 키를 체크인과 동시에 만들기 때문에 객실별로 키를 보관하도록 되어 있는 키 랙이 필요 없기 때문에 키 점검업무를 실행하지 않고 있다.

## 2. VIP 상황 숙지

당일 투숙예정 VIP 고객의 명단을 파악하여 체크인은 완료되었는지 또는 투숙 중인 VIP의 현황 등을 항상 숙지하여 고객의 동향을 살피고 업무 규정 절차에 따라 보고서를 작성한다. 이와 같은 VIP 보고서는 경영진이 VIP 예우에 중요한 참고자료가 될 수 있다. 따라서 일부 호텔에서는 VIP에 대한 설명과 함께 사진을 종업원이 게시판에 게시하는 경우도 있다.

## 3. 예상 도착 고객의 정리

도착 예정 시간이 지나도 체크인하지 않는 고객의 명단을 파악하여 해당 예약을 정해진 절차에 따라 처리하는 것을 일컫는다. 객실의 여유가 많을 때는 투숙예정고객만 파악하면 되지만 객실의 여유가 없을 경우에는 도착예정시간이 지난 투숙객의 정리도 해야 한다. 대부분의 호텔에서는 예약을 접수할 때 도착예정시간과 항공기 편명(flight No.)과 시간(flight schedule) 등의 정보를 기록하거나 컴퓨터에 입력하기 때문에 도착예정시간을 파악할 수 있으므로 객실이 여유가 없는 날짜에는 항공기의 지연, 교통체증 등을 파악하여 이상이 없으면 그 고객을 위해 배정한 객실을 판매가능객실로 전환하여 판매한다.

### (1) 미도착 고객 객실의 처리

확인이 가능한 예약고객인 경우 예약 당시 접수한 연락처로 확인을 해야 하며 연락이 되지 않거나 예약처가 확실하지 않는 경우 업무 규정에 따라 처리한다. 판매 객실에 여유가 있는 경우 사전에 객실이 배정된 보증예약은 노쇼에 따른 객실요금을 추징할 수 있으므로 무리하게 객실을 판매하지 않도록 한다. 그러나 판매객실에 여유가 없는 경우에도 미도착이 확실하다고 판단되기 전까지는 임의로 예약을 취소하지 않도록 해야 한다.

### (2) 객실 세팅의 확인

미도착이 확실한 경우 고객을 위해 꽃, 과일, 판촉물 등의 각종 물품이 세팅(setting)되어 있는 객실은 룸서비스에 통보하여 철수하도록 한 후 표준상태의 객실 상태로 하여 다른 고객에게 판매한다. 이때 실수로 인하여 객실에 세팅되어 있는 물품을 철수하지 않고 다른 고객에게 객실을 판매하였을 경우 입실하는 고객에게 좋은 이미지를 줄 수 없기 때문에 철저히 점검을 해야 한다.

### (3) 노쇼 고객의 파악

예약당시 기록되어 있는 고객의 도착 예정시간을 점검하고 예정시간이 지난 고객의 명단을 파악하여 예약보증이 되어 있지 않은 경우를 제외하고는 호텔의 업무 규정에 따라 노쇼 처리를 한다. VIP 고객이나 단골고객(거래처나 재구매 고객)의 경우는 판매가능객실(saleable room)의 상황에 따라 처리하지만 가능하면 임의로 예약을 취소하지 않고 최대한의 시간까지 기다리도록 해야 한다. 노쇼 처리의 경우 과거에는 호텔예약문화가 정착되지 않아 노쇼에 따른 위약금의 부과를 위한 규정을 적용하면 호텔의 신용도에 문제가 발생할 수가 있었으나 요즘에는 예약문화가 점차 안정되어 가는 추세이기 때문에 특별한 경우가 없는 한 호텔의 예약자들은 노쇼 규정을 잘 이해하고 있다. 또한 신용카드회사에서도 예약당시 고객이 제공한 정보에 의한 위약금 청구도 가능하도록 제도적 장치를 마련하고 있다. 그러나 아직까지 지방호텔이나 하위 등급의 호텔에서는 고객의 노쇼를 관대하게 처리하고 있는 실정이다.

## 4. 고객의 메시지 확인

전자카드 키 시스템을 채택하고 있는 호텔에서는 고객의 메시지를 컴퓨터화면에 입력하고 메시지 내용을 인쇄하여 객실에 전달하는데 수신된 메시지나 우편물이 정확하게 전달이 되었는지를 확인한다. 특히 외부로부터 투숙객 앞으로 오는 팩스나 텔렉스 등은 완급을 판단하여 신속하게 전달이 되도록 해야 한다. 가끔 이러한 메시지가 신속하게 전달이 되지 않아 고객으로부터 항의를 받는 경우가 발생하기도 하기 때문에 전달시간과 전달자의 성명을 대장에 기록하고 가능하면 즉시 전달을 하도록 해야 한다. 나이트 클럭은 메시지가 적시에 고객에게 전달되었는지 여부를 점검해야 한다.

## 5. 매출액 점검

객실판매에 의한 매출이 정확히 처리가 되었는지를 점검하는 절차를 의미하는 것으로 종업원의 실수로 인하여 매출액이 누락되거나 과다 계상된 사항을 점검하는 업무이다. 과거에 수작업에 의해서 업무처리를 했을 때에는 많은 오류가 발생하였으나 최근에는 대부분의 호텔이 컴퓨터 시스템에 의해서 처리되기 때문에 매출액에 대한 심각한 오류는 거의 없다. 따라서 매출액 점검은 단순히 컴퓨터에 입력된 매출과 점유율 보고서와의 매출액을 점검 한 후 절차에 따라 마감하는 수준이다.

### (1) 객실요금의 점검

객실예약시의 객실요금을 기준으로 객실 형태별로 실제로 적용한 요금이 컴퓨터에 정확하게 입력되었는지를 확인한다. 단체요금, 카지노 등 기타의 요금인 경우 주중, 주말 또는 계약조건에 따라 요금이 다르게 적용되기 때문에 요금의 적용이 확실하게 되었는지 확인한다. 이러한 작업은 객실요금 확인보고서(room rate checking report)를 통해 확인이 가능하다. 이 보고서에 따르면 같은 회의 및 단체인 경우 동료의 객실에 대한 요금적용이 동일해야 하지만, 시스템의 오류 또는 종업원의 실수로 인해 잘못된 요금이 적용된 경우 영업 마감을 하기 전에 요금을 수정하여 고객의 불평을 사전에 방지할 수 있는 중요한 업무이다.

### (2) 영세율(zero rate)의 확인

호텔요금은 반드시 세금이 부과되나 세법에 규정되어 있는 바와 같이 외교통상부장관이 발급하는 면세자(외교관이나 주한 미군 등)는 세금을 부과하지 않기 때문에 세금의 부과 여부를 확인해야 한다. 단 정부에서 발행하는 면세대상자라 할지라도 요금을 타인이 지불할 경우 영세율 적용을 받을 수 없다. 영세율을 적용한 경우 체크인 또는 체크아웃시에 해당되는 고객의 영세율 허가증을 복사하여 사본을 고객원장에 첨부해야 한다.

## 6. 슬립아웃 룸 점검

슬립아웃(slip out)은 투숙객이 투숙하고 있는 기간에 실제로 객실에서 투숙을 하지 않고 외부에서 숙박을 하는 것을 의미하는 것으로 전자카드 키인 경우는 확인이 곤란하지만 열쇠를 사용하는 호텔에서는 자정이 되면 키 박스를 점검하여 판매된 객실로 되어 있으나 키가 그대로 남아 있을 경우 객실을 점검하여 수하물 유·무 등을 확인한다. 일반적인 슬립아웃은 고객의 사정으로 인하여 외부숙박을 할 경우 프런트 데스크에 보고를 하면 객실 상황과 호텔의 사정에 따라 숙박비의 계산여부를 결정하지만 단골고객이나 장기 숙박자는 특별한 경우가 없는 한 객실요금을 부과하지 않는다. 그러나 고객이 프런트 데스크에 알리지 않고 객실에서 숙박을 하지 않는 고객은 다음과 같이 처리한다.

### (1) 객실에 개인 수하물이 없는 경우

객실 내에 고객의 수하물이나 개인 소지품이 없는 상태에서 입숙하지 않을 경우 그때까지의 요금을 확인한 다음 일단 체크아웃 처리한다. 이때 고객이 계산해야 할 요금이 없을 때는 체크아웃 처리하면 되지만 지불해야 할 금액이 있을 때는 외상거래(city ledger)로 처리하였다가 등록카드 상에 기록되어 있는 전화나 주소 등의 정보를 이용하여 지불요청을 한다.

# 營業報告書

◎ Comp Rooms : 25
- Benefit Comp. :20
- Others Comp. : 5

2006년 월 일

| 區 分 | 當 日 | 月累計 | 年累計 | 明 日 |
|---|---|---|---|---|
| 豫 想 | 164 | | | 100 |
| 實 積 | 190 | 891 | 36,426 | |
| 가 동 율(%) | 42.3% | 49.6% | 52.3% | 22.3% |
| 평 균 요 금 | 77,253 | 92,541 | | |

( 단위 : 阡 )

| 區 分 | 當 日 | | | 月累計 | | |
|---|---|---|---|---|---|---|
| | 豫 算 | 實 積 | % | 豫 算 | 實 積 | % |
| 1. 객실팀 | 29,787 | 18,446 | 61.9% | 119,148 | 90,654 | 76.1% |
| 1) 객실영업 | 27,107 | 14,678 | 54.1% | 108,428 | 82,454 | 76.0% |
| 2) 객실지원 | 900 | 1,197 | 133.0% | 3,600 | 2,303 | 64.0% |
| 3) 레포츠 | 1,780 | 2,571 | 144.4% | 7,120 | 5,897 | 82.8% |
| 2. 식음료팀 | 28,233 | 22,662 | 80.3% | 112,932 | 79,026 | 70.0% |
| 1) 식음 1 | 18,233 | 20,107 | 110.3% | 72,932 | 66,339 | 91.0% |
| 2) 식음 2 | 10,000 | 2,555 | 25.6% | 40,000 | 12,687 | 31.7% |
| 小 計 | 58,020 | 41,108 | 70.9% | 232,080 | 169,680 | 73.1% |
| 3. 유료회원 | 3,333 | 0 | 0.0% | 13,332 | 3,646 | 27.3% |
| 4. 임대료 | 633 | 0 | 0.0% | 2,532 | 0 | 0.0% |
| 合 計 | 61,986 | 41,108 | 66.3% | 247,944 | 173,326 | 69.9% |
| | | | | 1,859,600 | 173,326 | 9.3% |

| 主要行事 | | |
|---|---|---|
| | 當 日 | * 대학교 의과대학 l 컨퍼런스<br>.BK 08:00 20 pax SARA<br>* 여사님 칠순년<br>.LN 12:00 50 pax E/RUBY<br>* 초등학교 제54회 15차 정기총회<br>.SEMI & MEAL 10:00 45 pax SAPPHIRE |
| | 明 日 | * 선생 칠순연<br>.SEMI & MEAL 11:00 50 pax E/RUBY |
| In House V.I.P | | *박 중공업 전무(409-LFO) |
| Arrival V.I.P | | NONE |
| Group Arrival | | NONE |

〈그림 42〉 일일 영업보고서(daily report)

### (2) 객실에 개인 수하물이 있는 경우

고객의 수하물이나 소비품이 남겨져 있는 상태에서 고객이 들어오지 않을 때는 고객의 객실요금 정산관계를 확인하고 당직지배인에게 보고하여 고객의 동정을 살피도록 해야 한다. 호텔의 장기 투숙객이 여신한도를 넘긴 상태에서 이러한 일이 발생하였을 경우는 객실의 고객 수하물을 철저히 점검해야 한다.

## 7. 익일 업무 수행 준비

익일 아침에는 많은 고객이 체크아웃을 하고 경영진에게 당일의 매출 및 고객의 상황을 보고해야 하므로 프런트 데스크는 매우 바쁘다. 따라서 나이트 클럭은 다음날의 업무를 위해 다음과 같은 사항을 준비해야 한다.

① PMS에서 출력되는 표준화된 각종 보고서를 분류하고 정해진 규정에 따라 관련 부서에 보고서 사본을 보낸다.
② 익일 도착고객을 위한 등록카드를 사전에 준비한다.
③ 익일 예상 출발현황을 정리한다.
④ 야간에 발생된 각종 고객 요구 상황(객실 변경, 요금변경, 출발 변경 등)이나 특기사항을 구체적으로 기록을 하고 인수인계한다.

## 8. 예약 및 프런트 데스크의 영업관련 보고서

고객의 영접과 환송 및 하우스키핑 업무, 마케팅 업무 등의 영업업무를 담당하거나 영업업무를 지원하는 부서에서 효율적인 업무를 수행하기 위해 업무의 특성상 각 부서에서 필요한 각종 보고서를 준비하여 전달한다.

## 9. 시장분석

### (1) 시장점유율

시장 점유율(market share)은 두 가지로 나눌 수 있다. 자연시장점유율(natural market share)와 시장 침투율(market penetration rate)이다. 이를 구하는 공식은 아래의 예제에 설명되어 있다. 자연시장점유율은 자사 호텔이 보유하고 있는 판매 가능한 객실 수를 자사의 객실 수를 포함한 동일지역의 동급 경쟁호텔들의 총 판매객실 수로 나눈 백분율 값을 말한다. 이는 곳, 경쟁호텔의 각각의 해당 시장점유율을 나타내는 지표라 할 수 있으며 시장 침투율(market penetration rate)과 함께 해당 호텔의 영업성과를 비교할 수 있는 지표이다. 그리고 시장 침투율은 동일지역의 동급 경쟁호텔 집단간에 실제 판매한 객실 수를 동급 경쟁 호텔에서 총 판매된 객실수로 나누어 얻은 백분율 값으로 각각의 호텔이 시장점유 경쟁력 지표로 사용하고 있다. 시장 침투율만으로는 경쟁력을 분석하는데 부족하기 때문에 자연시장 점유율과 비교하여 측정하도록 한다.

400개의 객실을 소유하고 있는 호텔 A는 특 1등급이며 아름다운 해변으로 유명한 휴양지에 위치하고 있다. 이 휴양지에는 호텔 A와 같은 등급의 호텔

〈표 6〉 점유율 분석의 예

| 호 텔 | 판매가능 객실수 | 판매 객실수 | 자연 시장점유율 | 시장 침투율 |
|---|---|---|---|---|
| 호텔 A | 400 | 300 | 31.3% | 34.1% |
| 호텔 B | 640 | 400 | 50.0% | 45.4% |
| 호텔 C | 240 | 180 | 18.7% | 20.5% |
| 합 계 | 1280 | 880 | 100% | 100% |

· Natural Market Share(%) = 특정 호텔 판매가능 객실수/전체 판매가능객실 수의 합계 (호텔 A+호텔 B+호텔C) x 100

· Market Penetration(%) = 특정 호텔 객실 판매수/전체 판매 객실 수의 합계 (호텔A+호텔B+호텔C) x 100

B(640실 규모)와 호텔 C(240실 규모)의 두 경쟁호텔이 영업을 하고 있으므로 이곳의 특 1등급호텔에서 제공하는 객실 수는 모두 1280실이다. 3개 호텔의 전날 객실판매숫자는 각각 300개, 400개 그리고 180개이고 총 판매객실은 이를 모두 더한 숫자인 880개이다. 따라서 각 호텔의 자연시장 점유율과 시장 침투율을 구하면 〈표 6〉과 같다.

동일조건 하에서 볼 때 호텔 B는 기본적으로 차지할 수 있는 시장 점유율이 50%이지만 판매 후 결과를 볼 때 50%에 미치지 못하였고 호텔 A와 호텔 C는 기본 경쟁력보다 이상의 영업성과를 나타내고 있음을 알 수 있다. 자연시장점유율과 시장 침투율은 경쟁사 간의 영업결과 비교에 자주 이용되는 중요한 지표라 할 수 있다.

### (2) 시장 침투율

경쟁호텔과의 경쟁에서 우위를 차지하기 위해서는 시장 침투율이 자연시장점유율과 최소한 동일한 수준이거나 그 이상이어야 한다. 시장 침투율이 자연시장점유율에 미치지 못하는 경우 여러 가지 이유를 들 수 있으며 이의 회복을 위해 전 경영진의 부단한 노력이 필요하다 할 수 있다.

# 제6절 도어의 업무

도어(door) 근무자의 업무는 호텔을 방문하는 고객의 영접과 돌아가는 고객의 환송, 현관주위의 차량 안내 및 정리, 주차서비스 및 차량호출, 교통편 안내, 현관 근처의 청결 유지관리 등이다. 도어의 업무는 호텔을 방문하는 다양한 고객을 맨 처음 맞이하고 떠나는 고객을 맨 마지막으로 접촉하는 부서이기 때문에 호텔을 대표하는 부서라고 해도 지나친 표현은 아닐 것이다. 이러한 이유로 인하여 호텔의 정문에서 근무하는 도어맨은 고객이 쉽게 알아 볼 수 있고 언제나 고객에게 친절한 서비스를 제공할 수 있는 준비가 되어 있다는 의미로써 특별히 눈에 띠는 복장을 하고 근무를 하는 경우가 많다. 따라서 도어 업무를 수행하는 종업원은 고객에게 첫인상을 긍정적으로 유도하여 호텔의 이미지 향상에 최선을 다해야 한다.

## 1. 고객의 영접

### (1) 숙박객의 경우

보통 숙박객인 경우는 수하물을 동반하기 때문에 고객의 소지품이나 수하물을 신속하게 프런트 데스크 앞으로 운반을 할 수 있도록 벨맨과 협조해야 한다. 호텔의 도어맨이나 벨맨은 고객이 가볍게 들고 갈 수 있는 수하물일지라도 고객이 자신의 수하물을 운반하지 않도록 해야 한다. 또한 고객이 타고 오는 차량을 적절히 안내하여 고객과 수하물이 안전하게 하차될 수 있도록 한다. 또한 VIP인 경우는 이미 프런트 데스크로부터 통보를 받아 도착예정시간, 차량번호, 수행원 등을 파악하고 있어야 한다.

### 1) 차량안내

고객의 차량이 현관 쪽으로 진입하면 2~3m 앞에서 반갑게 인사를 하고 차량이 정차할 수 있는 위치를 알려준다. 이때 주위에 차량이 주차하고 있을 경우는 적당히 안내하여 하차하는데 지장이 없도록 한다. 호텔의 현관입구는 언제나 차량이 쉽게 도착하고 출발할 수 있도록 차량을 효과적이고 재치있게 안내해야 한다.

### 2) 하차 안내

차량이 완전히 정지하면 고객의 안전을 위해서 고객이 타고 있는 좌석 쪽의 문을 열어 정중한 환영의 인사와 함께 고객의 하차를 도와준다. 귀빈을 영접하기 위해 총지배인이나 간부가 대기하고 있는 경우에도 차량의 출입문을 도어맨이 열어 하차를 유도해야 한다. 차량의 출입문을 닫을 때는 조용히 닫고 가능한 한 신속하게 차량을 내보내거나 주차장으로 안내하여 현관 쪽에 차량이 밀리지 않도록 한다.

### 3) 차량 내 수하물 점검

차내에 있는 고객의 수하물을 신속히 내리고 차안에 남아있는 물건이 없는지 확인하고 벨맨에게 정확히 인계한다. 차량의 기사가 있는 경우는 기사 입회하에 수량을 점검하고 손수 운전을 하여 도착한 고객은 고객이 차량을 하차한 다음 수하물을 확인하도록 한다.

### 4) 주차서비스

주차여부를 확인하고 주차장으로 차량을 안내하거나 고객의 요구에 따라 고객을 대신하여 주차대행 서비스(valet parking service)를 제공하기도 한다. 자가운전으로 도착하는 고객(특히 여성고객)은 대부분 도착 즉시 주차대행 서비스를 요구하는 경우가 많으므로 운전을 능숙하게 할 수 있는 사람이 항상 대기하도록 해야 한다. 만약 고객의 차량을 주차할 때 부주의로 가벼운 접촉이나 충격 등으로 인하여 손상되었을 경우는 고객의 기분을 상하게 할 수 있기 때문에 주차대행 서비스를 제공할 경우에는 차량을 침착하고 신중하게 다루는 습관을 길러야 한다. 또한 요즘의 고객은 여러 가지 형태의 디자인으로 실내장식을 하고 내부에 다양한 소지품을 남겨놓는 경우가 많으므로 차량 내의 소지품은 절대로 손을 대지 않도록 하여 본래의 상태를 유지하도록 한다.

#### 5) 고객안내

호텔을 방문하는 고객의 첫 번째 접촉 장소는 도어 데스크(door desk)이기 때문에 서비스에 대한 문의가 많이 발생하기 마련이다. 따라서 고객의 문의에 정확하고 친절한 대응을 하기 위해서는 다양한 정보를 숙지하고 있어야 하겠다. 특히 재구매 고객의 경우 가능한 한 고객의 이름을 기억하여 인사함으로써 고객에게 즐거움을 더해 줄 수 있다. 우천시에는 호텔용 우산을 준비하여 고객을 안내하며 수하물이 비에 젖지 않도록 유의한다.

### (2) 방문객의 경우

호텔은 불특정 다수의 고객들이 회의, 연회, 만남 등의 이유로 이용하는 장소이기 때문에 많은 방문객이 호텔을 왕래하기 마련이다. 도어 서비스는 고객을 차별하지 않고 정중하게 고객을 맞이하는 자세가 필요하다. 따라서 방문객의 호텔 이미지 형성에 있어서 도어 서비스가 차지하는 비중이 대단히 크다고 할 수 있다.

#### 1) 차량 안내 서비스

투숙객이 아닌 방문고객의 경우에는 고객이 많기 때문에 차량번호(특히 VIP 차량번호)를 기억하고 안전한 주차를 할 수 있도록 최대의 서비스를 제공한다. 호텔에서 연회행사나 회의 등 특별한 행사가 개최될 때에는 시작 전과 종료 후에 현관이 차량과 고객으로 혼잡하므로 신속하고 긴밀한 업무처리가 요망된다.

#### 2) 고객안내 서비스

고객을 호텔내부의 관련 장소에 친절히 안내하고 만약 고객이 행사에 대한 내용을 문의하였을 경우 구체적인 행사의 내용과 함께 안내하도록 해야 한다. 우천 시에는 로비의 청결을 위하여 도어의 출입구에 우산비닐봉지를 준비하고 반드시 사용할 수 있도록 유도한다.

## 2. 현관 주변관리

### (1) 교통정리

현관 서비스 중에서 가장 큰 비중을 차지하는 것으로써 현관에 도착하고 출발하는 차량의 안내와 주차관리를 의미한다. 특히 대규모의 행사가 개최되는 날에는 많은 차량이 도착하여 호텔입구가 혼잡할 수 있으므로 차량이 뒤엉키지 않도록 신경을 곤두세워 안내해야 한다.

#### 1) 주차장 관리

도로사정을 잘 숙지하여 주차장 상황을 잘 파악하고 차량의 원만한 소통을 위하여 적절하고 신속하게 정리, 통행시키고 VIP 차량은 주차요원의 협조를 얻어 주차시키도록 한다. 특히 도심지호텔의 경우 야외에 주차할 수 있는 공간이 지극히 한정되어 있어 거의 지하 주차장을 이용하기 때문에 효율적인 주차관리가 이루어지도록 해야 한다.

#### 2) 차량 호출

고객의 요구에 따라 차량을 대기시키기 위해 차량호출은 2회 이상 호출하여 호텔 앞으로 대기시킨다. 주차대행서비스를 했던 고객이 차량대기를 원한 경우 고객이 소지하고 있는 주차표를 확인하고 안전하고 신속하게 현관입구로 대기시키도록 해야 한다.

### 3) VIP 차량관리

당일의 VIP 예약현황 및 연회행사에 관한 모든 사항을 숙지하고 고객을 친절하게 안내하는 것은 물론 신속한 주차정리가 되도록 주차요원의 사전 협조를 구한다. 유능한 도어맨은 귀빈의 차량을 대부분 기억하여 차량 번호만으로도 고객을 알아 볼 수 있기 때문에 보다 친절한 서비스를 제공할 수 있다.

## (2) 현관 주변의 관리

현관은 첫인상을 결정짓는 장소이고, 현관의 주변 환경이 호텔 서비스질의 수준을 좌우하는 요인이기 때문에 현관 주변을 항상 청결한 상태로 유지해야 한다. 보통 현관 입구에는 각종 안내표지판, 안내 데스크, 택시 승 · 하차장, 국기게양대, 회전문 등의 설비가 있다.

## (3) 현관 주변의 경비

호텔을 출입하는 고객의 안전을 위하여 도어 근무자는 취객이나 부랑자 등과 같은 정상적인 고객으로서의 방문자가 아니라고 판단하면 즉시 경비 부서에 연락하여 적절한 조치를 취한다.

## (4) 호텔 내 · 외 안내

고객안내를 위한 각종 정보를 숙지해야만하고 고객의 문의에 기쁜 마음으로 적절히 응대해야 한다. 호텔을 출입하는 고객을 대상으로 도어맨이 적극적이고 친절한 서비스를 제공한다면 호텔에 대하여 호감을 가질 것이다.

### 1) 호텔의 시설 및 당일의 주요행사 안내

도어 근무자는 고객의 안내서비스 업무를 위해 호텔 내 제반 시설과 영업장의 위치 및 영업 내용, 연회행사의 내용 및 장소 등을 정확하게 숙지하고 있어야 한다. 예를 들어 연회행사에 참석하기 위해 호텔을 처음 방문하는 고객이 행사에 대한 내용을 문의하였을 경우 내용을 잘 몰라 안내를 하지 못하였다면 그 고객은 당황할 것이다.

### 2) 교통 안내

호텔 주변의 관광지나 도심지 등의 교통에 대한 문의가 있을 경우 친절히 안내하기 위해 도어의 근무자는 주변의 관광지, 쇼핑센터(shopping center), 위락단지, 골프장, 해수욕장 등에 대한 정보나 도로망의 위치를 정확하게 숙지하고 있어야 한다.

〈표 7〉 Doorman check point

1. 상주하는 개인택시는 규정에 의해 관리되고 있는가?
2. Taxi Service에 대한 기록 유지 관리는 잘 이루어지고 있는가?
3. VIP 차량에 No.는 잘 숙지되고 있는가?
4. 국기 계양과 관리는 잘 이루어지고 있는가?
5. No Tipping은 잘 지켜지고 있는가?
6. 4대 신 서비스 운동은 잘 이루어지고 있는가?
7. 주차장 관리는 원활히 진행되고 있는가?
8. 단체 대행 버스의 관리는 잘 이루어지고 있는가?
9. 각종 셔틀버스 및 배차 관계는 원활하게 이루어지고 있는가?
10. 고객과의 불필요한 대화는 절제 되고 있는가?
11. 어린이와 노약자 출입시 보호되고 있는가?
12. 거동이 수상한 자의 출입은 관리되고 있는가?
13. 당일 출입객 수는 파악되고 있는가?
14. Door Man 에 대한 고객의 이미지는 영원하다는 것을 숙지하고 있는가?

# 제7절 벨 데스크의 업무

벨 데스크의 주요 업무는 숙박을 위한 고객 체크인의 보조, 퇴숙을 하고자 하는 고객의 수하물 운반과 안내, 수하물의 일시보관, 호텔 내 시설의 설명, 호텔 주변의 관광지 안내 및 현관 로비 주변의 질서유지 등이다. 호텔의 도어를 지나 로비(lobby)에 들어서면 특이한 제복(uniform)을 입고 안내 업무를 담당하고 있는 벨 데스크의 종업원은 과거에는 남자만의 직종으로 여겼으나 최근에는 많은 호텔이 서비스의 부드러운 면을 부각시키기 위해 여성 근무자로 대체하여 고객으로부터 좋은 반응을 얻고 있다. 벨 데스크에 근무하는 여성 종업원은 우먼(bell woman)이라 하고 남녀 구분없이 벨 홉(bell hop)이라고도 불린다.

## 1. 체크인 업무

벨 데스크에서는 앞에서 설명한 바와 같이 체크인 업무는 프런트 데스크에서 담당을 하지만 현관의 안내와 수하물의 보조 등과 같은 체크인에 관한 업무를 보조하는 역할을 한다.

### (1) 일반고객의 체크인

#### 1) 현관에서 프런트 데스크로 안내

호텔에 투숙하기 위해 현관에 도착한 고객의 안내는 매우 중요한 기능의 하나로 호텔의 서비스 수준을 알아보기 위해서는 벨데스크에서 근무하는 종업원의 활동을 유심히 살펴보면 알 수 있다고 한다. 즉 호텔 현관에 도착하는 고객을 차별하거나 휴대품이나 수하물을 고객이 들고 현관에 들어오도록 해서는 안된다는 것이다. 근무자는 정위치에서 바른 자세로 대기하고 고객이 도착하였을 경우는 지체없이 고객에게 접근하여 휴대품이나 수하물을 받아 들고 친절하게 안내해야 한다. 고객의 여론조사에서 어떤 고객은 도어나 벨 데스크의 친절한 서비스 때문에 재구매를 한다고 한다. 이 처럼 벨 데스크의 고객안내 서비스는 대단히 중요하며 그 절차에 대해서는 다음과 같다.

① 벨맨은 고객이 도어에 도착하였을 경우 신속히 영접 인사를 하며 고객의 수하물을 받아들고 고객의 2~3m 전방에서 가벼운 인사말과 함께 고객의 걸음걸이 속도에 맞추어 프런트에 안내한다.
② 고객의 수하물이 많을 경우에는 수하물 카트(baggage cart)에 조심스럽게 싣고 고객에게 수하물의 수를 확인한다.
③ 귀중품, 정밀기기, 카메라 등과 깨지기 쉬운 물품(fragile items)은 고객이 직접 휴대하도록 한다.
④ 고객을 프런트 데스크까지 안내한 다음 등록을 하고 있는 동안 수하물 표를 부착하고 수화물을 고객이 볼 수 있도록 고객 바로 뒤에 위치시킨 후 바른 자세로 서서 체크인 절차가 끝날 때까지 조용히 기다린다.
⑤ 고객의 체크인절차가 종료되면 고객으로부터 키를 받아들고 엘리베이터로 안내한다.

### 2) 프런트 데스크에서 객실로 안내

① 엘리베이터 홀에 도착하면 고객에게 먼저 탑승하도록 하고 그 뒤에 수하물을 들고 탑승한다.
② 엘리베이터 내에서 벨맨의 위치는 객실 층 버튼의 위치에 서서 엘리베이터 승 · 하차시 층수를 알려주고 승 · 하차하는 고객에게 가볍게 인사를 한다. 그리고 엘리베이터 안에서는 고객과 호텔서비스나 날씨 및 여행에 관한 가벼운 대화를 유도하여 친숙감을 유지한다.
③ 엘리베이터에서 내려 객실번호의 방향을 염두에 두고 고객의 전방에서 안내하며 객실의 위치와 비상구의 위치를 설명하면서 객실까지 안내한다.
④ 객실 앞에 도착하면 객실번호를 재확인하고 키로 문을 열고 키 센서에 키

를 꽂은 다음 고객이 먼저 들어가도록 한다. 키 센서는 객실 내의 전원과 조명을 정상적으로 작동할 수 있도록 하는 기능을 한다.

⑤ 고객을 따라 객실에 들어가서 수하물 스탠드(baggage stand)에 짐을 가지런히 정리하고 옷이 있으면 옷장에 걸어놓은 후 커튼을 열고 각 램프에 불을 켠 다음 다음사항 등을 안내한다.(이때 재방문 고객인 경우 무리한 안내로 인하여 시간을 지체하지 않도록 한다.)

- 키의 사용법
- T.V 스위치, 램프 스위치, 에어컨 스위치, 라디오 스위치 등 사용법
- 유료 TV의 작동법
- 전화 사용법
- 냉장고의 위치
- 온돌방의 경우 이불장의 위치
- 욕실 사용법
- 호텔 부대시설
- 개인 금고 사용법

⑥ 객실에서 나올 때는 객실에 대한 가벼운 대화와 수하물의 이상 여부를 확인한 다음 필요한 사항이 있으면 벨 데스크를 연락해 달라는 말과 함께 공손히 인사하고 나온다.

### (2) 단체객의 체크인

단체고객은 동시에 많은 인원이 움직이기 때문에 도착예정시간에 맞추어 호텔입구의 주차정리는 물론이고 현관의 일정한 장소에 고객의 수하물을 모아 놓을 수 있는 공간을 확보해야 한다. 단체고객의 수하물은 고객과 동시에 도착하지 않고 별도의 교통수단을 이용하여 미리 도착하는 경우가 대부분이다. 수하

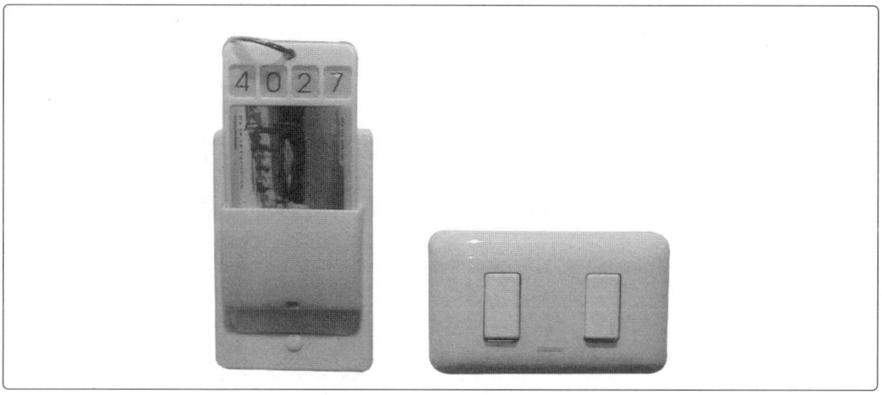

〈그림 43〉 Key 센서의 예

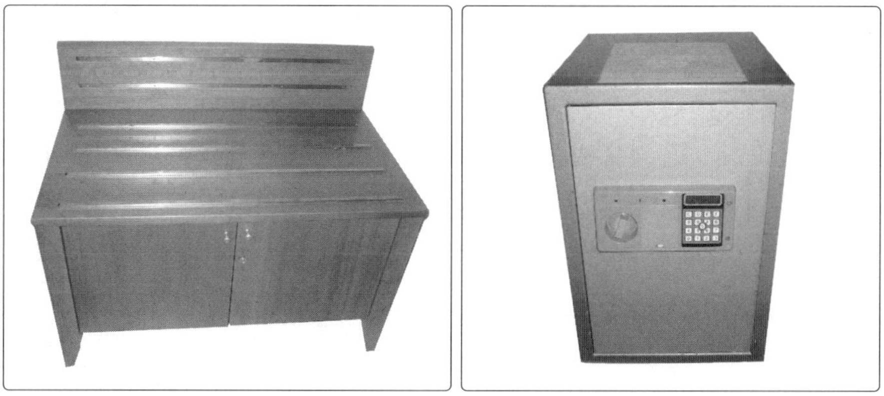
〈그림 44〉 baggage stand와 개인금고

물이 도착하면 부피가 크고 서로가 비슷하므로 고객의 이름을 정확히 확인하여 바뀌지 않도록 신중하게 처리해야 한다.

### 1) 고객의 수하물처리

고객의 수하물을 차에서 조심스럽게 내려 수량을 확인하고 가방에 부착되어 있는 고객의 이름을 확인하고 객실 번호를 기입한 수하물 표(baggage tag)를 부착한 후 층별 및 객실별로 배달한다.

### 2) 객실 키 사용법의 시범

단체고객을 대상으로 객실 키의 사용법을 설명하여 고객이 객실 키 사용에 문제가 없도록 한다. 대부분 벨 데스크에 단체고객을 위해 객실 키의 사용법을 설명하기 위한 시범용 키 세트(key set for demonstration)를 준비하고 있다.

## (3) VIP 체크인

당일의 VIP 체크인을 위한 명단을 프런트 데스크에서 관련 부서에 통보한 바대로 도착예정시간에 로비에서 대기하여 고객이 도착하면 사전에 정해진 안내나 특별한 사항을 실수없이 수행하도록 한다.

① 당일 도착 VIP 객실 번호, 도착 시간, 성명 등을 숙지하여 근무지정 위치에서 대기하며 필요할 경우 엘리베이터 안내도 담당한다.

② VIP가 도착하면 총지배인, 판촉팀장, 객실팀장 등이 영접을 하고 안내는 당직지배인이 그리고 수하물 운반은 벨맨이 담당한다.

③ VIP 고객의 등록 업무를 보조한다. 그러나 대부분의 VIP는 사전등록절차에 의해서 프런트 데스크에 가지 않고 직접 객실로 안내되기 때문에 객실에서 등록카드 작성 또는 사인을 받도록 한다.

④ VIP 고객을 위해 엘리베이터를 전용으로 이용할 경우에는 벨맨이 직접 엘리베이터를 통제하여 안내를 한다.

⑤ VIP 고객의 영접을 위하여 현관에 융단(carpet)을 깔 경우에는 사전에 하우스키핑 부서의 협조를 얻어 도착 직전에 깔도록 해야 한다.

## 2. 체크아웃 업무

벨 데스크에 통보되어 있는 체크아웃 예정 고객을 파악하고 필요한 인원을 배치한다. 체크아웃의 보조업무는 역시 고객의 수하물 운반(baggage down)이 주를 이루기 때문에 수하물 운반에 주의를 기울려야 한다. 특히 귀빈이나 단체 체크아웃인 경우는 벨데스크에서 고객의 수하물이나 현관 안내 업무를 신중하게 처리하도록 해야 한다.

### (1) 일반적인 체크아웃

#### 1) 체크아웃 요청

벨 캡틴(bell captain)은 체크아웃 주문을 받을 경우 수하물의 숫자와 객실번호를  확인하고 체크아웃 슬립을 작성한다. 보통 오전 7:00에서 10:00 중에 체크아웃을 많이 하기 때문에 벨데스크에서는 시간대를 고려하여 근무스케줄을 작성하도록 한다.

#### 2) 고객 수하물 점검

벨맨은 체크아웃 슬립과 수하물의 운반에 필요한 수하물 운반 카트(cart)를 가지고 신속하게 객실에 올라간다. 객실에 도착하면 벨을 누른 다음 고객이 객실 문을 열어주면 정중하게 인사한 후 체크아웃 여부를 확인한다. 객실에 출입할 경우에는 언제나 고객의 프라이버시가 손상되지 않도록 주의를 해야 한다.

#### 3) 수하물 운반(baggage down)

고객의 수하물은 카트에 싣고 빠진 물건이 없는지를 고객에게 반드시 확인하고 수하물이 손상되지 않도록 조심스럽게 운반한다.

#### 4) 수하물 보관

고객으로부터 키 반납과 요금의 정산을 위한 체크아웃 절차를 위해 프런트 데스크에 안내하면서 수하물을 벨 데스크에 잠시 보관한다는 것을 알린 후 벨 데스크에 객실 번호를 기록하고 수하물의 수량을 표시하여 잠시 보관한다. 수하물 보관에는 잠시보관, 장시간 보관 등을 구분하여 수하물 보관증에 표기해야 하며 2시간 이상 보관할 경우에는 수하물 장소를 이용한다.

#### 5) 환송업무

체크아웃을 마치고 객실 키를 반납하면 즉시 호텔을 출발하는 고객을 현관 밖으로 안내하여 대기된 차량이나 영업차량에 도어맨과 수하물을 싣고 정중하게 인사드린다. 이때 수하물을 차량에 싣고 고객에게 반드시 수하물의 내용을 확인시키도록 한다. 고객이 출발하면 수하물 카트를 정위치에 정돈시키고 체크아웃 슬립을 작성하여 벨 캡틴에게 제출한다.

### (2) 단체객의 체크아웃

벨 데스크에 근무하는 종업원의 단체고객에 대한 체크아웃의 주된 업무는 개인고객과 마찬가지로 체크아웃고객의 수하물 취급이다.

#### 1) 수하물 집계(baggage collection)

프런트 데스크 클럭과 운반 시간, 장소, 출발시간 등을 사전에 협의하여 계획을 작성한 후 체크아웃 직전에 해당 고객들의 수하물을 객실로부터 수거하여 로비의 적당한 장소로 모은다.

#### 2) 수하물의 운반

반드시 수량을 확인하고 수하물마다 고객의 이름표와 객실번호를 고객과 함께 확인한 다음 도어맨과 함께 차에 실어준다. 단체고객의 수하물을 운반할 경우에 한꺼번에 많은 수량의 수하물을 처리하기 때문에 소홀히 다루기 쉬우나 단체고객의 수하물처리도 신중하게 처리해야 한다. 단체의 수하물을 현관에 쌓아 둘 경우는 잠시라도 수하물 망(baggage net)을 이용하여 덮어놓도록 해야 한다.

## (3) VIP 고객의 체크아웃

### 1) 출발 시간의 파악

VIP의 출발예정시간을 미리 숙지하여 정위치에서 대기한다. 이때 업무협조문을 다시 한 번 살펴보고 관련된 부서장이나 총지배인에게 연락하여 로비에서 대기하도록 한다.

### 2) 수하물 운반

수하물 픽업(pickup) 시간이 되면 당직 지배인은 프런트 캐셔에게 빌을 준비하게 하고 객실에 연락하여 확인 후 벨맨은 수하물을 운반하고 도어맨은 승용차를 대기시키고 짐을 싣는다.

〈그림 45〉 Bell Desk 전경

## 3. 객실 변경 업무

객실 변경(room change)은 고객의 요구 또는 호텔 측의 사정에 의해서 사용하고 있는 객실을 다른 객실로 변경하는 것이다.

### (1) 재실중의 고객이 객실을 이동할 경우

프런트 데스크의 룸 클럭으로부터 객실 변경에 대한 요청을 받으면 수하물 카트(baggage cart)를 가지고 가서 새로운 객실로 수하물을 옮긴다. 이때 고객의 소지품이나 수하물을 점검하여 빠진 물건이 없도록 욕실, 옷장, 책상 서랍속 등을 살핀다.

### (2) 외출중의 객실 변경

고객이 부재중에 객실을 변경 하고자할 경우에는 고객의 소지품이나 수하물 등을 신중하게 다루어 본래의 상태를 유지하도록 하고 변경된 객실에 옮겨 정위치에 비치하도록 한다. 대개 부재중에 객실 변경을 할 경우는 고객에게 사전에 고지된 상태이기 때문에 소지품을 고객이 직접 패킹(packing)한다.

① 고객의 부재중에 객실을 변경할 경우는 하우스 키핑 담당자의 입회하에 하도록 한다.
② 객실 변경이 끝나면 프런트 데스크에 통보하고 변경에 대한 내용을 기록한다.

## 4. 수하물의 보관 및 불출

### (1) 수하물 보관

고객의 사정으로 인하여 퇴숙하였다가 1일 이상 지나서 다시 호텔로 돌아와 숙박할 경우 수하물을 보관하는 경우와 투숙객이나 외부인이 투숙객을 위해 잠시 보관하는 경우가 있다. 이러한 경우는 투숙객을 우선으로 하여 고객의 수하물이 손상되지 않도록 최선을 다해야 하며 물품의 내용을 파악하여 기록을 남겨야 한다. 통상적으로 보관 기간은 1개월로 한다. 〈그림 4-8〉의 수하물 보관증에 나타난 바와 같이 수하물을 보관 중에 기록하는 사항은 날짜, 객실번호, 성명, 화물의 종류 및 취급한 벨맨의 이름 등이며 수하물의 종류에 따라 깨지기 쉬운 물품은 특별히 표시를 하여 특별히 취급을 하고 부패성의 물품일 경우는 냉장고에 보관시키고 기타 보관 불가능한 것은 적절한 곳에 보관토록 한다.

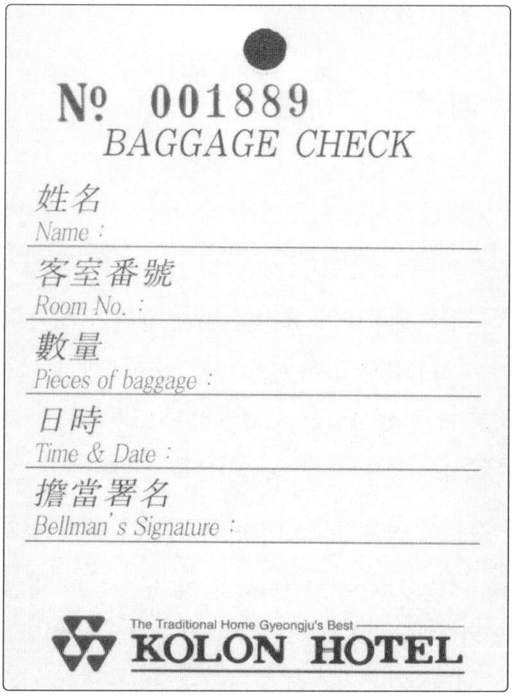
№ 001889
BAGGAGE CHECK
姓名
Name :
客室番號
Room No. :
數量
Pieces of baggage :
日時
Time & Date :
擔當署名
Bellman's Signature :
The Traditional Home Gyeongju's Best
KOLON HOTEL

〈그림 46〉 수하물 표

### (2) 수하물 불출

고객이 수하물 표(baggage tag)를 소지하고 맡긴 수하물을 찾으러 왔을 때에는 보관증을 확인하고 투숙객일 경우에는 객실번호를 파악하여 객실에 배달한다. 객실로 수하물을 운반했을 때 수하물의 내용과 수량을 고객이 확인하도록 한다.

### (3) 수하물표 분실시의 불출

수하물 표를 분실하고 수하물을 찾으러 온 고객에게는 우선 고객의 신상을 파악하고 수하물의 특징, 종류 등을 문의한 후 동일한 물품이라고 판단되었을 경우에만 불출한다. 이때 고객의 신분증이나 여권 등으로 신상을 확인하고 반드시 서명을 받도록 해야 한다.

## 5. 당일 숙박 예정된 수하물

고객의 수하물이 숙박예정시간 이전에 도착하여 객실이 준비되어 있지 않은 경우 보관하게 되는 수하물을 말한다. 프런트 데스크의 룸 클럭으로부터 투숙예정고객의 수하물로서 보관하도록 요청을 받은 벨맨은 고객의 수하물에 성명과 수량을 표시하여 수하물에 부착하고 수하물 보관소에 보관한다. 단, 고객이 체크인을 하기 전이라 해도 객실번호가 지정되었다면 프런트 데스크의 룸 클럭과 협의하여 수하물을 배정된 객실에 운반한다.

호텔 서비스질의 수준이 높을수록 이러한 수하물 관리가 철저히 이루어져 도착하는 고객을 감동시킨다. 필자가 외국출장 때 수하물이 많아 사전에 숙박예정호텔로 화물을 부치고 난 다음 출장을 떠나 숙박예정호텔에 체크인을 하고 객실에 입실을 했을 때 객실의 수하물 스탠드에 미리 부친 수하물이 본래의 상

## BAGGAGE STORE ROOM

| LUGGAGE IN | | | | | | | | LUGGAGE OUT | | | |
|---|---|---|---|---|---|---|---|---|---|---|---|
| DATE | TIME | NAME OF GUEST | ROOM NO | PCS | BAGGAGE TICKET NO | CODE NO | BELL MAN | DATE | TIME | BELL MAN | REMARKS |
| | | | | | | | | | | | |
| | | | | | | | | | | | |
| | | | | | | | | | | | |
| | | | | | | | | | | | |
| | | | | | | | | | | | |
| | | | | | | | | | | | |
| | | | | | | | | | | | |
| | | | | | | | | | | | |
| | | | | | | | | | | | |
| | | | | | | | | | | | |

〈그림 47〉 Baggage 관리 대장

태로 놓여져 있는 것을 발견하고 감동을 한 경우가 있었다.

## 6. 클록 룸

호텔의 클록 룸(cloak room)은 연회, 회의, 식사 등으로 방문하는 고객을 위하여 개인의 휴대품을 잠시 보관하는 장소를 의미하는 것으로서 도심지의 호텔에서는 방문객이 클록 룸을 이용하는 경우가 많다. 방문객의 소지품을 잠시 보관할 경우에는 투숙객, 행사 참석자 등의 고객 신분을 확인하고 보관증을 발급하도록 해야 한다. 이때 고객의 귀중품이나 고가의 물품은 호텔 안전금고(safety deposit box)에 맡기도록 유도한다.

〈그림 48〉 cloak room

## 7. 대 고객 안내 서비스

일반적으로 호텔을 방문하는 사람은 도어나 벨데스크에서 근무하는 종업원에게 관광이나 교통 등의 정보를 문의하는 경우가 많다. 따라서 벨데스크의 종업원은 이러한 문의에 대한 안내서비스를 위해 영업장의 위치나 영업내용, 연회행사의 내용 등 호텔서비스의 현황과 주변의 관광지나 쇼핑센터, 엔터테인먼트 센터(entertainment center) 등의 정보를 자세하게 숙지하고 있어야 한다. 또한 고객의 이해를 돕기 위하여 벨데스크에는 다음과 같은 각종 정보의 인쇄물을 진열한다.

〈그림 49〉 각종 호텔 안내물

① 각종 호텔 브로슈어(brochure)
② 시내교통지도(city map)
③ 렌터카 브로슈어(rent a car service brochure)
④ 쇼핑 가이드(shopping guide)
⑤ 항공운항 스케쥴(flight time table)
⑥ 기차 시간표(railroad time table)
⑦ 행선지 안내 서비스(show me the way card)

## 8. 기타업무

### (1) 배달(delivery)

투숙객의 요구나 외부로부터 물품이나 신문, 서류나 팩스 등의 배달 요청을 받을 경우 신속하고 신중하게 처리하도록 해야 한다. 특히 신문을 배달할 경우에는 고객의 국적을 정확히 파악하여 국적에 따라 국적지의 신문(영문, 일문, 중문 등)을 분류하여 배달하도록 해야 한다. 만약 미국인에게 실수로 인하여 일본어 신문을 배달하였다면 배달을 하지 않은 것보다 못할 것이다.

① 사소한 물건일지라도 전달 요청을 받은 경우는 반드시 보내온 사람의 성명 및 시간을 기록해 놓는다.
② 외부 방문객으로부터 투숙객에게 물품의 전달 요청을 받은 경우는 먼저 프런트 데스크의 인포메이션에서 처리하도록 한다.
③ 배달은 프런트 클럭의 요청에 따른다.
④ 고객이 객실에 있을 때는 물건 배달 즉시 고객으로부터 서명을 받도록 한다.
⑤ 고객이 외출하고 없을 경우에는 프런트 데스크의 클럭과 협의하여 고객이 돌아오면 즉시 배달할 수 있도록 조치한다.

⑥ 배달을 마친 수하물은 기록 대장에 기입한다.

## (2) 로비의 관리

### 1) 청소

호텔로비는 많은 고객이 출입하는 곳이기 때문에 불결하면 고객에게 좋은 인상을 줄 수 없으므로 항상 청결을 유지하도록 해야 하며 더러워진 곳을 발견하면 즉시 로비 메이드(lobby maid)에게 통보하여 조치를 취하고 사소한 사항은 벨맨이 직접 정리하도록 한다. 특히 로비의 재떨이나 소파 등이 더러워지지 않도록 해야 하고 공공화장실을 수시로 점검하여 더러워진 부분이 있으면 하우스키핑부서에 연락하여 즉시 청소를 하도록 한다.

### 2) 로비 주변의 질서 유지

취객이나 불량배, 타 고객에게 실례가 될 수 있는 복장차림의 고객을 통제하여 로비 전체의 질서를 유지하도록 한다. 특히 고객의 휴대품을 도난당하지 않도록 주의를 기울여야 한다. 단체고객의 경우는 소지품을 소홀히 다루는 경우가 있으므로 철저히 감시하도록 해야 한다. 만약 이상한 사람이 발견되었을 경우에는 즉시 안전부서에 연락하여 필요한 조치를 취하도록 한다.

## (3) 국기게양

호텔은 다국적의 고객이 투숙하는 장소이기 때문에 일반적으로 투숙하는 고객의 국적에 따라 국기를 게양한다. 그러나 최근에는 특별한 경우가 없는 한 태극기와 호텔기 및 귀빈의 국적기만을 게양하기도 한다. 특히 귀빈이 투숙할 경우에는 일정한 의전절차에 따라 호텔입구와 귀빈을 모시는 차량에 국기를 게양한다. 따라서 벨 데스크에는 각국의 외부게양용과 차량용의 국기를 제작하여 보관하고 있어야 한다. 국기를 게양하는 방법은 다음과 같다.

### 1) 귀빈이 없을 경우

호텔 내에 투숙하고 있는 고객의 국적기를 게양한다. 이때 태극기와 함께 게양되기 때문에 호텔이 규정하고 있는 절차에 따른다.

### 2) 한 나라의 귀빈이 투숙하고 있는 경우

태극기와 병용할 경우에는 태극기를 최우선의 위치에 게양하는 것을 원칙으로 한다. 태극기는 호텔을 향해 왼쪽에 그리고 외국기는 오른쪽에 각각 게양한다.

### 3) 다국적의 귀빈이 투숙하고 있는 경우

① 귀빈의 국적기가 홀수일 때에는 태극기를 중앙으로 하는 것이 보통이며 외국기는 국가이름의 알파벳을 기준으로 호텔을 향해 왼쪽, 오른쪽으로 교차해가며 배열, 게양한다. 또는 태극기를 포함한 모든 국가의 국기를 나라명의 알파벳 순서에 의거해 왼쪽부터 게양하기도 하며, 태극기를 맨 왼쪽에 놓은 후 순서대로 배열하여 게양하기도 한다.

〈표 8〉 Bellman Check Point

1. 각종 Baggage취급은 반드시 Tag에 의해 이루어지고 있는가?
2. 고객 등록시 Stand By는 잘 이루어지고 있는가?
3. VIP 동정은 파악되고 있는가?
4. No Tipping은 잘 지켜지고 있는가?
5. One Step Ahead운동은 잘 지켜지고 있는가?
6. Plus One Service운동은 잘 이루어지고 있는가?
7. Eye Contact운동은 잘 이루어지고 있는가?
8. 고객 목적지까지 안내는 잘 이루어지고 있는가?
9. 고객의 짐은 재빨리 들어주고 있는가?
10. Rooming List의 기록유지는 잘 되고 있는가?
11. 고객과의 불필요한 대화는 절제되고 있는가?
12. Rm Clerk과의 업무협조는 잘 이루어지고 있는가?
13. 각종 Shuttle 및 배차 관계는 원활하게 이루어지고 있는가?
14. 현관 출입객의 동정은 잘 파악되고 있는가?
15. 목적 없이 배회하는 자는 파악되고 있는가?
16. 여성 방문객의 대처는 적절히 이루어지고 있는가?

② 국가의 수가 짝수일 때에는 태극기는 호텔을 향하여 맨 왼쪽에 세우고 기타 국기는 나라의 알파벳순으로 하거나 태극기도 포함해 왼쪽부터 알파벳순으로 게양한다.

### 4) 귀빈용 차량

태극기와 외국기를 차량에 게양할 경우에는 차량에서 보아 오른쪽에 태극기, 왼쪽에 외국기가 오도록 한다. 외국기만을 게양할 경우에는 차량에서 보아 오른쪽에 게양한다.

# 제8절 비즈니스 센터의 업무

## 1. 비즈니스 센터의 개념

비즈니스 센터(business center)는 호텔 내에 업무를 위해 투숙한 고객이나 또는 방문고객에게 업무의 편의를 도모하고자 업무에 필요한 여러 가지 정보와 장비 및 공간 등의 편의를 제공하는 곳이다. 최근 활발한 비즈니스의 교류로 인하여 호텔 내에서도 방문객이나 투숙객의 지속적인 업무를 위해 호텔 내에서 머물면서 업무처리를 하고자 하는 욕구가 점차 증가하고 있는 추세이기 때문에 이러한 고객의 욕구를 충족시키기 위해서는 비즈니스 센터의 운영은 필수 조건이라 할 수 있다. 또한 상용고객의 업무뿐만이 아니라 각종 정보의 제공이나 예약 등의 업무를 추가하고 취급업무를 확대하여 고객의 편의를 다양하게 제공하고 하고 있다. 과거에는 도심지에 위치하고 있는 상용호텔에서 주로 비즈니스 센터를 운영하였으나 최근에는 업무 중 휴식의 개념으로 휴양지 호텔에서도 비즈니스 센터를 운영하여 휴가를 즐기면서도 업무를 처리할 수 있도록 하고

〈그림 50〉 business center 전경

있다. 따라서 호텔 내의 비즈니스 센터는 필수적인 요소로 간주되어 국제수준의 호텔에서는 대부분 전문적인 지식을 겸비한 종업원이 상주하면서 다양한 업무나 정보제공 등의 편의를 제공하고 있다.

## 2. 비즈니스 센터의 업무내용

비즈니스 센터의 업무는 점점 다양해져 고객의 정보제공은 물론이고 고객의 불평을 접수하는 등 많은 종류의 업무를 처리하고 있다. 따라서 비즈니스 센터에 근무하는 종업원은 호텔의 시설이나 서비스를 정확히 숙지하고 다방면의 지식을 소유한 우수한 사람을 배치해야 한다.

### (1) 비즈니스 센터의 목표설정

비즈니스 센터의 주요목표는 상용고객을 대상으로 고객에게 다양한 정보와 수준 높은 서비스를 제공하여 호텔의 이미지 제고와 판매증진 및 호텔홍보에 기여할 수 있도록 한다. 또한 고객의 반응을 관찰하고 고객의 만족 요인을 파악하여 주기적으로 관련 부서에 제안하도록 한다.

### (2) 고객의 영접 및 안내와 불평처리

상용 고객의 원활한 의사소통을 위해 적극적인 자세로 호텔과 고객사이의 매개 역할을 하고 호텔 내의 부대시설에 대한 영업시간 및 영업내용을 숙지하여 고객들에게 필요한 정보를 제공한다. 그리고 여행, 호텔, 예약, 항공 그 외에 다양한 정보를 숙지하여 고객들이 요청할 경우에 필요한 정보를 제공하고 고객들의 불편한 점들을 접수하여 상사에게 보고하고 가능한 한 신속하게 업무를 처리한다.

### (3) 개인비서 업무제공

고객의 효과적인 업무진행을 위해 사무적인 업무를 보조한다. 그 내용으로는 다음과 같은 것들이 있다.

① 서류작성을 위한 타이핑이나 팩스, 컴퓨터 문서작성, 복사 등의 업무를 고객의 요구에 따라 대행한다.
② 관광에 필요한 여러 가지 정보를 제공하고 필요한 경우 벨데스크에 연결하여 구체적인 정보를 제공받도록 한다.
③ 노트북 컴퓨터나 데스크 탑 컴퓨터, OHP, 슬라이드 프로젝터, LCD 등과 같은 장비를 대여한다.
④ 교통편 예약이나 확인업무
⑤ 고객의 메시지 전달
⑥ 번역 및 통역업무

### (4) 팩스, 텔렉스 업무

팩스 송수신이나 텔렉스는 상용고객이 주로 요청하는 것으로서 고객으로부터 요청을 받았을 경우에는 다음과 같은 절차로 처리한다.

① 팩스, 텔렉스를 송신하고자 할 경우에는 송신자의 이름, 객실번호, 날짜, 시간, 팩스, 텔렉스 번호를 확인한 후 송신한다.
② 팩스를 송신하고 난 후 반드시 트랜스미션(transmission) 결과를 확인한다.
③ 팩스, 텔렉스의 번호가 정확하지 않을 경우 또는 주소는 알고 번호를 알 수 없을 경우 소재지의 전신전화국 국제과에 문의하여 구체적인 내용을 확인한다.
④ 계산서는 작성 즉시 프런트 캐셔에게 전달한다.
⑤ 현금 빌이 발생했을 경우 영수증 상단에 현금 스탬프를 찍어 구분한다.
⑥ 팩스, 텔렉스의 수신, 송신은 타임 펀치와 수신(incoming) 또는 송신(outgoing) 스탬프를 찍고 봉투에 넣어 전달한다.
⑦ 수신된 팩스나 텔렉스의 수신인이 불분명하거나 없을 경우 6개월 동안 보관한다.

### (5) 회의실 관리 및 제공

최근 호텔에서 상용고객들이 관계자들과 회의를 개최하는 경우 또는 면접이나 업무를 위해 회의실을 임대하는 경우가 점차 늘고 있는 추세이다. 따라서 비즈니스 센터는 소규모의 회의실에 회의나 기타업무에 필요한 장비를 설치하여 고객에게 대여해주고 있다. 회의실의 장비는 멀티미디어 회의를 위한 컴퓨터 및 각종 관련기기 비디오(video set), 휴대용 스크린(portable screen), 플립차트(flip chart), 복사기(photo copy machine), 컴퓨터, FAX 등이며 회의실 운영시에는 다음과 같은 사항에 유의해야 한다.

① 회의실은 항상 정돈된 상태로 청결을 유지해야한다.
② 일반적으로 투숙객이 회의실을 이용하고자 할 경우는 일정한 시간을 무료로 제공한다.
③ 회의실에 배치되어있는 책상, 의자 등의 가구나 전화, 컴퓨터, OHP 등을 관리한다.
④ 회의실을 이용하는 고객이 식 · 음료를 주문 할 경우에는 가능한 한 해당 업장으로 유도하고, 그렇지 못할 상황일 경우 룸서비스에 연락하여 고객의 편의를 제공한다.
⑤ 회의실은 예약제로 운영한다.

# 제9절 교환원의 업무

## 1. 교환업무의 중요성

교환원(telephone operator)은 호텔의 서비스 수준을 평가하는데 주요한 요소의 하나로써 객실에 연결되어 있는 전화라인과 외부의 전화를 연결하는 매개체 역할을 수행하는 핵심 부서라고 할 수 있다. 또한 잠재고객의 서비스에 대한 문의전화 까지 처리해야 하기 때문에 대단히 중요한 업무를 담당하고 있다. 전화 서비스는 상대의 얼굴표정을 볼 수 없는 상태에서 이루어지기 때문에 상대방의 의도를 정확히 파악하기가 곤란하고 고객과의 의사전달과정이 유선에 의존하므로 최고수준의 예의바른 존경어와 함께 부드러운 화법을 구사하여야 한다. 그리고 긴급사태가 발생하였을 경우 절차에 따라 가장 신속한 방법으로 정보를 전달해야 하는 임무도 함께 하고 있어 교환실에서 근무하는 종업원은 항상 긴장된 상태에서 근무를 해야 한다. 따라서 교환실의 업무 특성상 지속성을 유지해야 하고 대고객 서비스를 담당하고 있기 때문에 교환실의 중요성은 아무리 강조해도 지나치지 않다. 최근에는 객실에 휴대전화를 비치하여 투숙하는 고객이 호텔을 떠나 이동할 경우에도 통신이 가능하도록 대여를 해주고 있기 때문에 이와 같은 통신수단도 교환실과 연계하여 객실의 매출을 올릴 수 있는 기회를 제공하고 있다.

## 2. 교환원의 기능

### (1) 통신 매개체로서의 기능

통화자의 요구에 따라 수화자를 찾아 연결을 하는 통신매개체로써의 역할을 수행한다. 따라서 교환실 근무자는 전화를 거는 사람과 받는 사람과의 대화시 명확하고 명랑한 음성으로 연결을 해주도록 최선을 다해야 한다.

### (2) 안내 센터로서의 기능

수많은 내·외부고객이나 기타의 사람들이 호텔의 서비스나 상품 및 시설에 대해서 문의를 하기 때문에 상황에 따라서 직접 대답을 해 주어야 할 경우가 있다. 이러한 경우를 대비하여 교환원은 다음과 같은 정보를 최신화하여 항상 숙지하고 있어야 한다.

① 호텔 내에서 발생되는 일과 진행 중인 각종 행사의 내용에 대한 구체적인 정보
② 호텔의 부대시설과 영업장의 위치 및 영업내용
③ 현재 투숙하고 있는 장기투숙객이나 VIP 투숙객의 명단
④ 임원이나 간부들의 성명 및 직책

### (3) 홍보 및 판촉의 기능

교환실은 서비스의 수준에 따라 호텔을 홍보(public relations)하는 효과를 얻을 수 있다. 또한 고객의 문의에 따라 호텔의 이미지를 향상시킬 수 있고 매출을 증진시킬 수 있는 기능을 수행하기도 한다. 예를 들면 사소한 문의에도 친절하게 응대하여 고객의 마음을 감동시킬 수 있으며 호텔 상품이나 서비스에 대한 문의를 할 경우 상품이나 서비스의 장점이나 강점을 소개하여 구매를 자극할 수도 있다.

## 3. 교환실 종업원의 업무

### (1) 교환실장

#### 1) 기본 업무

교환실장은 객실팀장의 지시에 따라 교환원 전체를 통제하고 교환실 업무를 원활히 수행하기 위하여 교환실을 대표하여 관련 부서와 긴밀한 협의를 하고 고객의 불평을 수집하여 개선할 수 있는 아이디어를 제안한다. 또한 교환실은 연중무휴로 업무가 수행되기 때문에 효율적으로 근무 계획서를 작성하여 종업원의 근무를 감독한다.

#### 2) 책임과 권한

교환실장은 교환실의 대고객 업무를 직속상사의 위임과 자발적인 업무수행을 바탕으로 교환원의 업무협조와 모든 업무를 책임지며 이러한 책임을 완수하기 위해 교환원의 업무를 지시 및 감독하고 교육할 수 있는 권한과 근무에 관한 자체적인 권한을 갖는다.

### (2) 교환원

#### 1) 기본업무

교환원은 교환실장의 업무지시에 따라 호텔 전체의 전화통화에 관련된 업무를 원활한 수행을 함으로써 교환실장을 보좌한다.

#### 2) 책임

교환원은 회사의 방침을 위임받아 교환실의 업무를 총괄하는 교환실장이 지시하는 업무를 성실히 수행하여 전화통화의 취급을 일정한 절차에 따라 정확하고 공평하게 진행해야 하는 책임을 진다. 또한 교환실장의 지시 및 통제에 대하여 책임에 따른 제반사항을 즉각적이고 구체적으로 보고해야 한다.

### 3) 교환원의 구체적인 업무

전화교환원은 호텔의 규정에 따라 전화의 연결 업무와 정보제공 업무를 수행해야 하며 전 부서에의 업무를 공평하게 취급을 하도록 해야 한다. 또한 근무시 통화의 비밀을 절대적으로 엄수해야 한다.

① 어떠한 문의에도 즉석에서 응대할 수 있는 지식을 습득해야 한다.
② 고객의 통화에 신속하고 정확하게 응대하고 친절한 서비스를 제공하도록 노력을 해야 한다.
③ 기능적인 서비스로 인하여 서비스의 수준을 떨어뜨리는 일이 없도록 해야 하며 고객에게 좋은 인상을 주어 만족을 얻을 수 있도록 노력해야 한다.
④ 고객통화의 내용을 외부에 누출해서는 안된다.
⑤ 고객의 전화내용을 메모하여 정확한 메시지가 전달되도록 해야 한다.
⑥ 화재발생이나 긴급환자발생 등의 비상사태 경우는 규정을 준수하여 우선적으로 처리한다.
⑦ 호텔의 서비스에 대한 문의가 있을 경우에는 정확한 정보를 제공하도록 하고 구체적인 사항에 대해서는 관련 부서의 담당자에게 연결해 준다.
⑧ 고객으로부터 불평이 발생시는 그 원인과 과정을 상세히 직속상사에게 보고하여 신속하게 처리할 수 있도록 한다.
⑨ 대화중에는 가능하면 고객의 이름을 불러주어 친근감을 느끼도록 한다.
⑩ VIP고객에게 전화를 연결할 경우는 상대의 이름과 용건을 확인 후 고객에게 연결한다.
⑪ 근무 교대시에는 근무중 발생한 내용을 철저히 인수인계한다.
⑫ 언제나 건강하고 밝은 목소리의 음성을 유지하도록 노력한다.

## 4. 전화 받기와 걸기

### (1) 수화(incoming call)

호텔의 교환실은 업무의 특성상 거는 전화보다 받는 전화업무의 비중이 훨씬 크다. 따라서 받는 전화의 처리를 원활히 하기 위해 모든 교환실의 종업원은 대고객 서비스차원에서 친절하고 신속한 통신업무를 수행할 수 있도록 노력해야 한다. 아직 호텔을 결정하지 않은 잠재고객이 상품에 대한 정보를 얻기 위해 호텔에 전화했을 때 교환실의 종업원이 아름다운 목소리와 함께 친절하게 응대를 해주었을 경우 그 고객은 당 호텔을 선택할 확률이 매우 높을 것이다. 반대로 고객으로부터 걸려온 전화에 사무적으로 응대하였다면 아마 다른 호텔을 선택 할 것이다. 이와 같이 교환실의 전화통화 방법이 호텔매출 증대에 많은 영향을 미친다는 사실을 알아야 한다.

#### 1) 시내전화

외부나 호텔 내의 구내전화를 이용하여 객실 번호로 고객과의 연결을 요구할 경우는 컴퓨터 화면에 입력되어 있는 고객의 이름을 고객으로부터 확인해야 하며 고객의 이름으로 객실을 찾을 경우에도 반드시 성명을 확인한 후 연결을 해준다. 만약 컴퓨터 확인결과 투숙객의 이름이 나 객실번호가 상이할 경우 교환

〈표 9〉 전화 연결방법

| 시 간 | 내 용 |
|---|---|
| 00 - 24:00<br>(24 시간) | 고객의 성함과 객실번호를 확인한 후 연결한다. 고객이 특정한 시간에 전화 연결을 원하지 않을 경우에는 절대로 연결하지 않도록 주의한다. |
| 22:00 - 24:00 | 고객의 성함과 객실번호가 확인되었을지라도 연결하기 전에 투숙객에게 허락을 받고 연결한다. |
| 24:00 - 06:00 | 국제전화나 특별한 전화 이외에는 객실로 연결하지 않고 프런트 데스크로 연결하여 처리하도록 한다. |

실에서는 고객에게 정중한 매너로 프런트 데스크의 인포메이션(Information)으로 전화를 돌려 재확인하도록 한다.

### 2) 국제 전화

일반 시내전화와 마찬가지로 객실과 성함을 확인하고 컴퓨터 단말기로 확인이 안되는 경우는 프런트 데스크의 인포메이션으로 연결한다. 이때 고객의 성명(full name)을 정확하게 확인해야 한다. 또한 국제전화일 경우에는 전화요금이 수신자 부담인지 송신자 부담인지를 확인한다. 요즘에는 장기투숙객인 경우 객실에 별도의 라인을 설치하여 받는 전화도 교환실을 거치지 않고 직접 받을 수 있도록 조치하고 있다.

① 송신자 부담 전화(paid call) : 걸려온 전화를 확인하여 투숙객에게 어디에서 누구로부터의 전화라는 것을 알려주고 연결한다. 이때 투숙객이 원하지 않는 전화가 있을 수 있으므로 고객에게 연결여부를 문의한 다음 연결하면 고객으로부터 신뢰를 구축할 수 있다. 또한 객실에 전화를 받지 않는 경우는 메시지 전달여부를 물어 본 후 원하면 프런트 데스크로 연결하여 처리한다.

② 수신자 부담 전화(collect call) : 객실번호나 고객의 성명을 확인하는 절차는 송신자 부담 전화와 동일하나 요금 지불방법에 있어서 수신자가 부담하는 전화이다. 투숙객에게 수신자부담전화라는 사실을 알리고 수신 여부를 허락받은 후 연결하고 상대방 교환의 번호와 상대방(called party)의 전화번호, 성명을 문의하여 계산서를 작성한다.

③ 당일 체크아웃 고객 : 컴퓨터 화면상에는 체크아웃 상태로 나타나지만 일단 객실로 연결하여 재확인을 하고 필요한 경우에는 프런트 데스크로 연결하도록 한다.

### (2) 송화(outgoing call)

거는 전화는 특별한 경우가 없는 한 전자교환시스템인 경우 고객이 직접 다이얼링하고 자동적으로 요금이 청구되기 때문에 문제가 없다. 단, VIP의 경우나 장기 투숙객 또는 고객으로부터 특별한 요구가 있을 경우에는 신속 · 정확하게 처리되도록 최선을 다해야 한다. 최근에는 통신시스템이 발달하였기 때문에 수신자 부담 전화(collect call)일지라도 해당 전신회사에서 정하고 있는 방법에 의해서 직접 전화를 걸 수 있다.

## 5. 모닝콜

### (1) 개인 고객의 모닝콜

투숙객으로부터 모닝콜(morning call)이나 웨이크업콜(wake-up call)을 접수할 때에는 객실 번호와 시간을 정확히 확인하고 기록해야 한다. 전자시스템을 이용하여 운영하는 호텔에서는 투숙객 자신이 객실에서 전화기 조작을 통하여 직접 원하는 시간을 세팅할 수 있다. 또한 대규모 호텔에서는 모닝콜이나 웨이크업 콜을 교환원이 원하는 시간에 육성으로 처리하지 못하기 때문에 자동시스템을 이용하여 고객이 요구하는 시간에 녹음 메시지로 처리하는 경우도 있다. 모닝콜의 처리 절차는 다음과 같다. 모닝콜은 고객이 아침에 약속이 있거나 항공기 시간을 맞추기 위하여 요구하는 경우가 대부분이므로 고객이 요구하는 시간에 정확하게 실시되어져야 한다. 가끔 만취된 고객이 모닝콜을 요구하였을 때 아침에 모닝콜을 수신하지 못하는 경우가 발생하여 개인적인 손실을 호텔에 전가하면서 불평하는 고객이 있다. 이러한 경우를 대비하여 응답이 없으면 다음 단계의 조치를 취해야 한다.

### 1) 고객이 응답이 없는 경우(DNA: do not answer)

고객이 원하는 시간에 객실로 연결을 하였으나 전화를 받지 않을 경우는 전화교환실의 시스템 고장여부를 확인하고 이상이 없으면 프런트 데스크에 문의를 한다. 만약 프런트 데스크에 확인결과 특별한 이상이 발견되지 않으면 벨 데스크에 통보하여 객실을 점검하도록 한다. 이때 고객이 만취된 상태나 피곤한 상태에서 수면을 취하고 있을 때에는 도어의 벨소리도 듣지 못하는 경우가 있기 때문에 객실 점검시 참고해야 한다.

### 2) VIP의 모닝콜

VIP의 모닝콜은 보통 수행원이 있는 경우 특별한 모닝콜이 필요 없겠으나 고객이 특별히 요구하였을 경우에는 가능하면 교환원의 육성으로 원하는 시간에 정확하게 전화를 하도록 하고 이러한 상황을 당직 지배인에게 보고하도록 한다. 특히 VIP의 경우에는 중요한 업무나 이동을 위한 계획이 구체적으로 짜여져 있기 때문에 주의를 기울여야 한다.

### 3) 단체의 모닝콜

단체 고객은 동시에 일어나 아침의 일정을 위해 준비해야 하므로 호텔의 모닝콜이 전달되었을지라도 투어 콘덕터(tour conductor)나 가이드(tour guide)를 통하여 재확인이 되도록 조치한다. 야간 근무시 프런트 데스크에서 작성된 당일의 단체 고객 현황에 의해 객실 번호를 기재하여 다음과 같은 절차로 실행한다.

① 모닝콜을 세팅하기 전에 컴퓨터 시계를 확인한다.

② 모닝콜 세팅 후에 시간을 재확인한다.

③ 모닝콜 시간 5분 후 투어 콘덕터에게 확인한다.
(T/C가 D.A인 경우 다른 객실에 확인)

④ 모닝콜을 한 후 객실을 디스플레이 해 본다.
(M/C이 지워졌는지 확인)

## 6. 일일 보고서 작성법

### (1) 고객 및 종업원 프라이버시 전화

전화요금에 대한 관리차원에서 고객과 종업원의 개인전화에 대한 요금부과 내용을 집계하는 과정으로써 요즘에는 전화통화로 인한 매출도 상당한 부분을 차지하고 있기 때문에 교환실도 매출창출 부서로 간주되고 있다.

① 빌의 합계를 요금, 수수료(handling charge), 부가세(Value Added Tax)별로 합계하여 국제 전화, 국내전화, 총합계를 작성한다.
② 당일에 취급한 빌을 국제전화, 국내전화, 수신자 부담 전화, 취소로 구분하여 계산한다.
③ 일일 보고서 양식에 계산되어 있는 금액을 각각 기입한다. 즉, 전화요금, 수수료, 부가세, 총계 순으로 기입하여 합계를 확인한다.
④ 확인 후에는 분류해 놓은 빌을 번호순으로 다시 정리하여 보관한다.

### (2) 사무용 전화

업무용 전화 역시 필요없는 비용발생을 억제하기 위한 관리로써 관련 부서의 업무용 전화를 통제하는 것이다. 그러나 업무용 전화를 통제한다는 것은 사실상 명확한 구분이 불가능하기 때문에 어려움이 따른다.

① 당일의 사무용 전화의 완료 분을 모아서 국제전화와 국내전화로 구분한다.
② 기록대장에 날짜, 구내번호, 성명, 상대지역, 번호, 통화시수, 금액, 취급인 교환을 기록하고 국제 전화인 경우는 통화시간을 표시한다.
③ 일일 보고서 기록시 국제 전화와 국내 전화의 건수 및 총액을 계산하여 소정란에 기록한다.

### (3) 모닝콜

모닝콜을 하고 난 다음에는 반드시 기록대장에 모닝콜 내용을 기록하여 보관해야 한다. 그 내용은 다음과 같다.

① 프런트 데스크에서 보내주는 단체 모닝콜에 의하여 그룹 수와 객실 수를 파악한다.
② 개인 고객의 모닝콜 건수를 파악하여 단체 수와 객실 수를 함께 기록한다.
③ 일일 보고서가 완료되면 복사본을 취합하여 현금과 함께 전부 프런트 캐셔로 보낸다.

〈표 8〉 Bellman Check Point

1. 전화응대시 음성의 고저는 적절히 이루어지고 있는가?
2. 전화응대시 심문하는 듯한 질문은 피하고 있는가?
3. 당일의 VIP 성함과 객실번호, 일정은 정확하게 파악되고 있는가?
4. Information는 친절, 신속, 정확하게 하고 있는가?
5. Message는 신속, 정확하게 전달되고 있는가?
6. 공용전화 처리는 규정에 의해 취급되고 있는가?
7. 항상 정위치에서 바른 자세를 유지하며 업무에 임하고 있는가?
8. 항상, 적극적이며 친절, 명랑한 마음가짐을 유지하고 있는가?
9. 교환실의 청결 상태는 양호한가?
10. Rm Clerk, Bell 동료간의 업무 협조는 잘 이루어지고 있는가?
11. 야근시의 근무 태도는 양호한가?
12. 고객의 Morning Call은 잘 처리되고 있는가?
13. 단체 일정은 잘 파악되고 있는가?

# 5

# 제5장 객실정비

제 1 절 객실정비부서의 조직

제 2 절 객실정비부서의 업무

제 3 절 Lost & Found의 업무

# 제5장 객실정비

## 제1절 객실정비부서의 조직

### 1. 객실정비부서의 개념

객실정비부서(housekeeping)란 용어는 호텔상품을 생산하는 부서로써 사전적인 의미로는 일반적으로 가정이나 가계를 꾸리는 행위로 해석되고 있지만, 호텔에서는 객실관리, 객실정비, 객실부분에서 제공되는 아메니티(amenity)등 제반 서비스를 의미한다. 즉 호텔내의 시설유지, 객실관리, 수리, 안전 및 청결 등의 호텔 각 분야의 생산적인 시설의 유지, 보수 및 관리에 바탕을 둔다.

호텔에서 숙박을 원하는 고객은 항상 마음속에 자기가 지불하고자 하는 숙박료에 알맞는 깨끗하고 안락한 객실을 호텔에서 제공해 주기를 기대하고 있을 것이다. 이와 같이 고객의 제1차적 욕구라고 할 수 있는 청결과 안락함의 분위기를 조성하는 업무를 담당하는 부서가 바로 객실정비부서인 것이다.

객실정비부서는 호텔의 역사 및 문화와 더불어 모든 호텔에 있어서 중추적인 역할을 하여 호텔영업이 효과적이고 원할 히 운영될 수 있도록 많은 인력과 복잡한 기능을 조직적으로 갖춘 매우 특수한 부서로서 책임과 범위는 거의 무한대라고 할 수 있으며, 연중 24시간 호텔고객에게 서비스 정신과 태도를 현실로 보여주어야 하는 부서이다.

객실정비부서는 호텔조직 중에서 객실과 관련된 각종 업무를 신속하고도 기능적으로 관리하여 고객의 편의를 도모하고 있으나 요즘에는 객실을 포함하여 호텔내 공공 부문의 청결과 시설물의 보수 및 유지까지 담당하고 있다. 호텔고객이 일정한 금액을 지불하고 객실에 체크인(check-in)하는 그 순간부터 객실자체는 고객의 보금자리 역할을 수행하는 것이므로 고객의 집을 관리하는 부서로서 막중한 책임과 긍지를 가지고 근무해야 하는 부서이다.

객실정비부서는 단순한 객실청소라는 측면에서 탈피하여 객실상품을 창조한다는 마음으로 업무에 임해야 하기 때문에 객실정비부서의 모든 종업원은 지속적인 교육과 훈련으로 보다 차원 높은 상품을 생산할 수 있는 능력을 배양해야 한다.

또한 객실정비에 필요한 모든 연관된 부서와의 긴밀한 협조와 인간적 유대관계를 가지고 객실고객으로부터 불편사항이 접수되었을 경우 고객을 위한 신속하고 정성스런 서비스가 제공되어야 한다.

## 2. 객실정비부서(housekeeping)의 중요성

호텔의 객실정비부서는 가장 수익성 있는 상품을 생산하고 유지 · 관리하는 부서이기 때문에 고객이 호텔의 이미지 지각에 많은 영향을 미친다고 할 수 있다. 호텔에 빈 객실(vacant room)이 있다고 해서 고객을 유치할 수 있는 것이 아니다. 왜냐하면 빈 객실을 고객의 욕구를 충족시킬 수 있는 수준으로 정비하여 상품화를 해야만 비로소 판매 가능한 객실(salable room)인 것이다. 따라서 호텔 객실은 항상 청결하고 아늑한 분위기를 줄 수 있도록 정비되어야 하기 때문에 객실정비 부서의 중요업무를 다음과 같이 설명할 수 있다.

### (1) 호텔 상품의 생산과 관리

호텔 객실이 아무리 호화스럽고 고급스런 시설이라고 할지라도 청결을 유지하지 못하면 고객에게 불쾌감을 주어 호텔의 이미지를 손상시킨다. 예를 들어 객실에 들어간 고객이 침대 위에서 머리카락을 발견했다거나 휴지나 먼지를 발견했다면 그 고객은 기대된 서비스의 욕구 충족은 커녕 오히려 객실에 대한 이미지는 물론이고 호텔에 대한 신뢰가 손상될 것이다. 따라서 객실은 언제나 구석구석을 점검하고 수리를 하여 청결을 유지하고 안락한 분위기를 창출하도록 노력을 해야 한다. 이러한 관점에서 호텔의 총지배인은 객실의 청결을 가장 중점적으로 점검하기도 한다.

### (2) 호텔수익의 영향

객실의 청결 및 정리정돈 상태는 고객들의 재구매 의도와 이미지에 많은 영향을 미치기 때문에 호텔의 수익에 절대적인 관련성이 있다는 것은 많은 학자들의 연구에서 나타나고 있다. 따라서 호텔의 경영진은 객실의 청결상태를 유지하는데 심혈을 기울이고 있다. 실질적으로 객실가격과 객실에 투입되는 원가를 고려할 때 객실을 정비하고 객실에 비치되는 각종 인쇄물 및 부가 서비스 등과 인건비가 객실 상품의 주요 원가요소이므로 다른 영업부서보다 수익 면에서 훨씬 높다. 예를 들면 식음료는 식자재의 원가부문이 전체의 30~50%를 차지하나 객실의 원가는 20~30% 정도이다.

### (3) 호텔의 자산관리

호텔건물과 객실내의 각종 설비들은 호텔의 특성상 다른 기업에 비교하여 수명이 짧고 호텔기업의 고정자산비율은 70% 이상이 되기 때문에 세심한 관리가 필요하다. 또한 호텔내의 자산은 대부분 고급품으로 고가의 시설이나 장비로 구성되어 있다. 따라서 객실정비부서에서 철저한 관찰과 주위를 기울임으로써 시설관리를 위한 비용절감의 목표를 실현하여 호텔수익을 올릴 수가 있고, 또한 시설을 최상의 상태로 유지 · 관리함으로써 고객에게 좋은 이미지를 줄 수 있다.

## 3. 객실정비부서의 조직

객실정비부서 부문의 조직은 호텔 규모에 따라서 다르지만 객실이 500실 이상의 호텔은 독립 부서로서 객실관리부장/이사(executive of housekeeping dept.)산하에 객실정비부서 팀장(housekeeping manager)으로 분류한 조직체계를 갖추고 있다.

일반적인 호텔의 객실정비부문 조직은 객실부(rooms division)산하에 객실

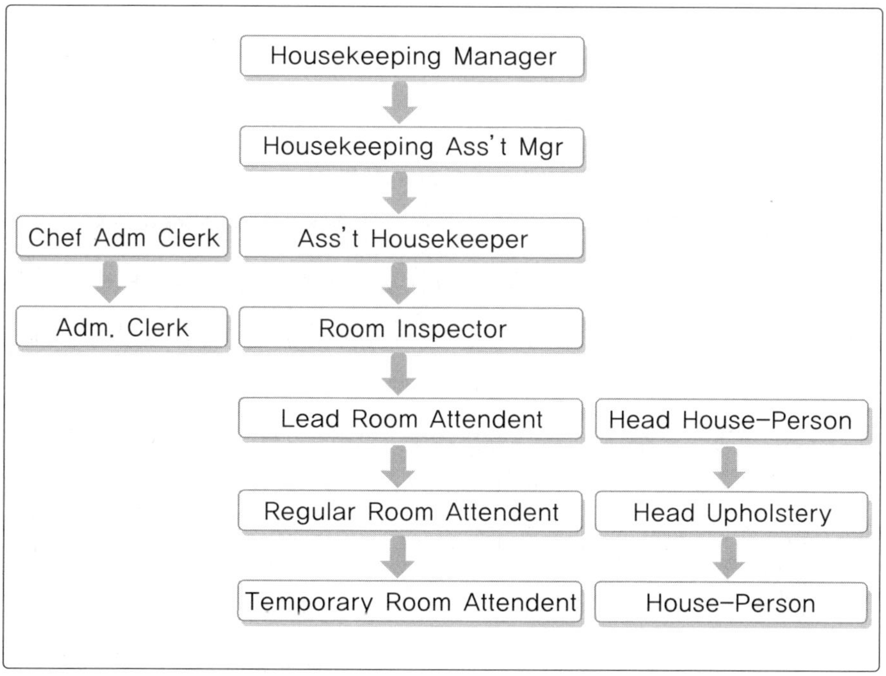


〈그림 51〉 객실정비부서 조직표

정비부서 팀장, 세탁관리 팀장(laundry manager), 린넨관리 팀장(linen manager)을 기준으로 하여 조직을 운영한다. 호텔에 따라서는 각 부서의 팀장을 지배인으로 호칭하기도 한다.

객실정비부서 팀장(house keeping manager)는 호텔에 따라 객실과장, 지배인 등으로 불리고 있으나 실질적인 업무를 지휘 · 감독하는 역할을 한다. 오늘날에는 호텔기업의 수익 극대화를 위한 구조조정(restructuring)으로 인하여 일부 호텔에서는 객실정비의 업무를 외부의 용역회사(outside contracter)에 위탁하여 운영하고 있기 때문에 매니저는 용역회사를 감독하여 서비스의 수준을 유지 및 관리하는 역할을 하게 된다. 객실정비부서 조직은 호텔에 따라서 호텔의 건물관리, 정원관리, 용역회사관리의 업무까지도 객실정비부서 부서의 업무로 조직하여 운영하기도 하기 때문이다. 그러나 호텔용역회사에 위탁하지 않는 경우 호텔에서의 객실정비부서 매니저는 객실청소 작업자, 혹은 시간제 근무자(part-timer)도 채용하여 업무에 투입하고 있기 때문에 그들에 대한 노동관리가 매우 중요한 일로 대두되고 있다.

### (1) 객실정비 지원팀

#### 1) 부팀장(assistant housekeeping manager)

부서의 팀장(부장이나 이사)의 업무를 보좌하거나 팀장이 부재시에 업무대행을 하여 부서 전반의 업무를 지휘 · 감독한다. 보좌하는 일상 업무에는 일반적으로 업무에 관한 인원의 효율성을 극대화시키기 위하여 부문별 캡틴과 협의하여 전부서원의 각종 휴가와 공휴일에 대한 근무자 배정을 결정하고 또한 사무실 종업원 전체의 근무 교육을 비롯한 각종 서류의 일괄적인 정리가 항상 원활히 이루어 질 수 있도록 한다. 특히 객실정비를 담당하는 종업원은 우리나라의 경우 주부사원이 주류를 이루기 때문에 업무배정에 있어서 편견없이 진행되도록 감독해야 한다.

### 2) 오더 테이커(order taker)

객실고객이나 관련 부서로부터 객실정비에 대한 각종 주문 및 불편사항을 전화로 접수하여 전기, 음향, 영선, 목공 등의 시설관계 부서나 객실정비부서의 관계부서에 정비 양식을 이용하여 객실의 고장 상태나 불편사항을 신속 정확하게 처리할 수 있도록 매개역할을 하는 종업원으로서 매우 중요한 업무를 수행하는 직책이다. 또한 객실고객으로부터의 객실정비에 대한 긴급한 연락사항이 있을 경우에는 신속하게 해당 객실층의 담당 책임자에게 연락을 취하여 처리하도록 하는 역할을 한다. 중소규모 호텔에서는 오더 테이커가 객실고객으로부터 세탁이나 기타의 요구사항을 처리하기도 한다. 또한 호텔의 규모에 따라서 오피스 클럭이나 팀장비서가 오더 테이커의 역할을 하는 경우도 있다.(그림52 참조)

### 3) 하우스맨(houseman)

객실정비시 가구의 교체나 수리 및 재배치 등 주로 무거운 물건을 이동하거나 여성종업원이 하기 어려운 일들을 객실층 관계자의 주문에 의하여 절차에 따라 신속히 업무를 처리하는 종업원이다. 경우에 따라서는 고객의 세탁물을 수거하거나 배달을 하고, 룸 어텐던트(room attendant)를 지원하여 침대 꾸미기(bed making)를 지원하기도 한다.

## (2) 객실 층(floor section)

### 1) 객실 층 감독(floor supervisor)

객실층 감독은 해당 객실층의 정비 업무를 책임지는 종업원으로서 객실을 항상 판매 가능한 상태의 수준으로 유지될 수 있도록 해야 하며 전체 객실 정비원(room attendants)들의 근태 현황 및 청소상황을 관리 감독한다. 또한 객실 층의 플로어 스테이션(floor station)에 있는 각종 린넨이나 아메니티를 관리하고 월말에는 물품 재고실사를 실시하여 재고가 효율적으로 관리될 수 있도록 감독하는 책임자이다.

## Housekeeping Order Take Report

200　월　일　요일

| Time | Place | Requester | Contents | Receiver | Action | Remark |
|---|---|---|---|---|---|---|
| : | | | | | | |
| : | | | | | | |
| : | | | | | | |
| : | | | | | | |
| : | | | | | | |
| : | | | | | | |
| : | | | | | | |
| : | | | | | | |
| : | | | | | | |
| : | | | | | | |
| : | | | | | | |
| : | | | | | | |
| : | | | | | | |
| : | | | | | | |
| : | | | | | | |
| : | | | | | | |
| : | | | | | | |
| : | | | | | | |
| : | | | | | | |
| : | | | | | | |
| : | | | | | | |
| : | | | | | | |
| : | | | | | | |
| : | | | | | | |
| : | | | | | | |
| : | | | | | | |
| : | | | | | | |
| : | | | | | | |
| : | | | | | | |
| : | | | | | | |

| 전달 & 특이사항 | |
|---|---|

〈그림 52〉 오더 테이커 일지

### 2) 객실 어텐던트(room attendant)

보통 객실 정비원(room maid)이라고도 하며 실질적으로 객실을 정비하는 종업원으로서 고도의 기능과 지속적인 교육으로 객실정비의 효율적인 정비능력을 연마해야 한다. 특히 객실층은 고객의 출입이 빈번하기 때문에 출입하는 고객이 있거나 객실에서 휴식을 취하고 있을 경우에는 항상 미소짓는 모습과 함께 인사를 하여 고객의 마음을 편안하게 해주어야 하고 재실중인 고객의 프라이버시(privacy)를 철저하게 보장해주어야 한다. 또한 객실은 항상 최고의 청결 상태를 유지하고 매력적인 객실상품을 생산하기 위해 최선을 다해야 한다. 객실 메이드는 대개 국내의 경우 가정주부들이 대부분이나 외국의 경우에는 남자 종업원도 많이 있다.

## (3) 공공장소(public area section)

### 1) 청소감독자(cleaning supervisor)

호텔의 로비나 복도, 화장실 등의 공공장소의 청소를 총괄적으로 책임을 지고 인원의 근무 배정을 비롯하여 카페트(carpet) 담당자와 공공장소 청소원(public cleaner)의 업무 전반을 담당한다. 호텔의 공공장소 역시 호텔의 얼굴이기 때문에 청소업무가 잘 이루어져 항상 청결한 상태를 유지하도록 감독을 해야 한다. 특히 공공화장실의 위생상태는 수시로 점검하여 방문하는 사람들에게 좋은 인상을 주도록 해야 한다.

### 2) 카페트 청소원(carpet cleaner)

호텔은 객실과 영업장소 및 공공장소의 바닥에 카페트가 많이 깔려 있기 때문에 카페트의 청결을 위해서는 매일 청소를 하고 필요할 경우에는 보수를 해야 한다. 따라서 카페트 청소원은 객실의 카페트 및 전 영업장의 카페트 청결을 유지관리하며 정기적인 계획에 의하여 항상 최상의 카페트 상태를 유지한다. 대부분의 호텔에서 호텔의 분위기를 우아하게 꾸미기 위하여 바닥을 융단으로 장식을 하는데 보기는 좋아 보이지만 잘못 관리를 하면 지저분하고 보기가 흉하기 때문에 정기적인 샴푸 및 청소와 함께 철저히 관리하도록 해야 한다.

### 3) 공공장소 청소원(public area cleaner)

호텔내 공공장소의 청소업무를 담당하는 종업원으로서 종업원용 화장실을 비롯하여 고객용 공간의 모든 화장실 및 공공장소를 정기적으로 점검하여 항상 청결이 유지되도록 한다. 또한 월별 왁스와 샴푸 작업 계획을 충실히 실행하며 업무사항은 반드시 점검표나 업무일지에 기록하도록 한다. 과거에는 호텔의 청소담당 종업원이 청소를 실시하였으나 업무의 효율화를 위한 구조조정으로 인하여 청소업무를 외부의 용역에 의하여 실시하는 호텔이 늘어나고 있다.

# 제2절 객실정비부서의 업무

객실관리의 업무는 객실 그 자체가 호텔의 중요한 상품의 하나이기 때문에 품질관리의 측면에서 객실정비를 주요 업무로 한다. 프런트 오피스가 고객에게 객실을 판매하기 위해서는 객실정비부서에서 체크 아웃한 객실을 신속하게 판매 가능한 객실로 전환하는 역할을 하고 고객의 요구에 의하여 세탁 및 린넨에 관한 모든 사항을 처리한다.

객실정비부서의 업무는 효율적인 업무관리를 위하여 조직과 업무에 있어서 적정하고 명확한 업무의 책임과 권한이 부여되어야 하며, 목표에 대한 효과측정 등이 분명하게 관리되어야 한다. 최근에는 서비스의 실명화라는 새로운 개념이 도입되어 자기가 생산한 객실이나 서비스 상품에 대해서 책임을 분명히 하고 있다.

## 1. 객실정비 부서의 주요 업무

일반적으로 객실정비부서 업무는 객실내의 침대 꾸미기(bed making), 재떨이와 쓰레기통 비우기, 욕실 청소, 타올 갈아주기, 카페트 청소 등 단순한 일로 생각하는 경향이 있으나 사실은 린넨류의 취급에서 시작하여 모든 가구와 비품의 선택업무까지 광범위하게 확대된다. 이것은 단순한 청소(clean-up) 뿐만 아니라 시설유지, 수선, 광택 손질, 시설의 대체까지 호텔에서의 활동영역은 매우 다양하다.

일반적인 객실정비부서의 주요업무는 다음과 같다.

### (1) 객실의 청소

객실의 청소는 객실정비부서의 가장 핵심이 되는 업무로서 객실을 정비하여 상품으로서의 가치를 부여하고 객실의 자산 가치를 유지 보전하는 역할을 한다. 요즘의 고객은 현명하고 문화수준이 높기 때문에 고객만족을 위하여 객실의 청소상태가 차지하는 비중이 매우 높다. 호텔의 규모가 작을지라도 객실관리를 철저히 하여 고객의 마음을 감동시키는 경우가 많다. 청소의 종류로는 투숙객의 숙박여부에 따라 다음과 같다.

### 1) 재실(occupied room) 청소

현재 고객이 투숙하고 있는 객실을 청소하는 것으로 고객의 소지품이나 수하물이 있는 상태에서 청소를 해야 하기 때문에 주의를 기울여야 하며 고객의 프라이버시에 관한 사항은 철저하게 비밀을 보장해 주어야 한다. 가끔 일부의 저등급 호텔에서 고객의 프라이버시에 관한 사항을 누설하거나 소지품이 분실되어 문제가 발생되기도 한다. 이러한 경우를 대비하여 평상시에 철저한 교육훈련이 실시되어야 한다. 고객이 계속해서 투숙하고 있는 객실을 청소할 경우에는 보통 30분 정도로 체크아웃한 객실보다 청소시간이 적게 걸린다.

### 2) 빈 객실(vacant room) 청소

일반적인 객실 청소의 형태로서 객실정비부서에서 정하는 청소절차에 따라 실시한다. 청소되어 있는 상태에서 사용하지 않은 객실일지라도 당일 판매하기 위해서는 청소상태의 확인 및 화장실의 점검 등을 실시해야 한다. 특히 객실 책임자의 객실점검이나 현장방문(site inspection) 등으로 인하여 바닥의 카페트에 발자국이 나 있는지 또는 침대의 정돈상태의 변형여부 등을 점검해야 한다.

### 3) 턴다운(turn down) 서비스

고객이 잠자리를 들 때 편리하게 하기 위하여 침대의 베드 스프레드(bed spread)를 제거하고 베개쪽 담요의 끝부분을 삼각형으로 접어놓는 것으로서 굿나잇 서비스(good night service)라고도 한다. 최근에는 턴다운 서비스에 잠자리에 관련된 아메니티나 각종 상품의 안내문을 추가하여 고객 만족을 추구하는 마케팅활동의 수단으로 이용되고 있다.

## (2) 객실의 설비, 가구, 비품류의 정리

객실 내에는 고급스런 가구나 설비 등이 설치되어 있고 비품이 비치되어 있기 때문에 고급스런 분위기를 유지하기 위해서는 신중히 관리해야 한다. 특히 불특정 다수의 고객이 반복하여 사용하기 때문에 수명이 짧다는 특성을 고려하여 객실 정비시에 파손여부를 철저히 점검하고 확인하도록 해야 한다.

### 1) 침대

객실에서 가장 중요한 가구의 하나로 투숙객의 편안한 잠자리를 위하여 파손된 곳이 없는지를 확인하고 매트리스는 객실정비시 주기적으로 위치를 상하 좌우로 바꾸어 스프링의 균형을 유지하도록 한다. 호텔의 침대는 보통 5~7년에 한 번씩 교체해 주어야 한다.

### 2) 램프

객실의 조명은 거의 간접조명 형식으로 이루어지고 있기 때문에 간접조명을 위한 램프의 갓이 더러워지지 않도록 청소를 해야 하며 램프가 정상적으로 작동이 되고 있는지 점검한다.

### 3) 가구류

책상, 화장대, 의자, 옷장 등을 의미하는 것으로 최상의 상태를 유지 보전할 수 있도록 관리를 해야 한다. 특히 책상 위에 유리잔이나 물건의 자국이 남아 있지 않도록 깨끗하게 걸레질을 해야 한다.

### 4) 전화기 및 시계

전화기의 수신상태와 수화기에서 냄새가 나지 않는지를 점검하고 객실내의 시계는 항상 정확한 시간을 가리키고 있는가를 점검한다. 요즘의 특급호텔에서는 대부분 화장실에서도 설치하여 전화를 이용할 수 있도록 하고 있기 때문에 특히 화장실의 전화기 정상 작동여부를 확인한다.

### 5) TV

모니터의 화질이나 채널 상태를 점검하고 유료 TV의 경우는 정상작동 여부를 점검한다. 일부의 호텔에서는 화장실에 소형 TV를 설치하여 고객의 편의를 추가하고 있다.

### 6) 화장실 집기 및 아메니티

호텔에서 규정하고 있는 아메니티류가 정상적으로 비치되어 있는지를 점검한다. 특히 고객이 사용한 흔적이 있는 아메니티가 없는지를 철저히 확인하고 화장실에는 여분의 화장지를 비치한다.

〈그림 53〉 객실내 TV

### 7) 각종 업무용 통신장비

최근 국제수준의 호텔에서는 숙박객이 객실에서 업무를 볼 수 있는 편의시설이나 장비를 비치하는 곳이 점점 늘어나고 있는 추세이다. 즉, 객실에 팩스기나 복사기, 휴대용 전화기, 노트북 등을 일정한 수수료와 함께 사용할 수 있도록 객실내에 비치해 놓고 있는데 객실을 정비할 때에는 이와 같은 장비들이 정상적으로 작동을 하고 있는지 점검해야 한다.

## (3) 각종 문구류 및 판촉물 비치

객실내의 문구류는 객실정비시 확인하여 구겨지거나 더러워진 것은 새것으로 교환을 하고 판촉물은 정상적인 기능을 하고 있는지를 점검한 후 비치하도록 한다. 만약 객실에 비치되어 있는 문구류가 구겨진 채로 비치되어 있다면 투숙객은 호텔에 대한 이미지에 좋지 못한 감정을 가질 것이다. 일반적으로 객실에 비치되는 문구류는 다음과 같다.

① 호텔 안내서(hotel directory)
② 호텔 브로슈어(hotel brochure)
③ 각종 문구류(호텔엽서, 팩스용지, 봉투, 볼펜 등)
④ 전화 안내서(telephone directory)
⑤ 판촉용 팜플렛(promotional pamphlet)

## (4) 린넨(Linen)류, 소모품류의 관리

린넨류는 호텔의 위생이나 청결의 상징이고 형태와 재질이 다양하기 때문에 관리가 철저히 이루어져야 하며, 소모품류 역시 1회용이 대부분이므로 적기 적소에 사용될 수 있도록 관리해야 한다.

① 객실 린넨류
② 식당 및 연회장 린넨류
③ 종업원 유니폼의 수불, 정비, 재고관리
④ 폐품을 활용한 린넨의 재생산
⑤ 소모품의 수불관리
⑥ 사용된 소모품의 재생산

### (5) 세탁 서비스 및 종업원 유니폼 관리

호텔의 세탁 서비스는 크게 고객용과 종업원용으로 구분을 할 수 있으나 종업원용의 세탁은 항상 여분을 보유하고 있기 때문에 일괄처리가 가능하다. 그러나 고객용 세탁은 고객의 요구에 따라 세탁의 세탁물의 형태가 다양하기 때문에 신중히 처리되어야 한다.

① 내외부 고객 세탁영업
② 객실 및 영업장 린넨류 세탁
③ 종업원 유니폼 세탁
④ 기타 린넨류 세탁관리

### (6) 분실물 및 습득물 서비스(lost & found service)

분실물 및 습득물에 관한 내용은 호텔에서 규정하고 있는 절차에 따라 처리한다.

### (7) 공공구역의 청소

호텔의 청결 상태의 수준을 확인하기 위해서는 맨 먼저 공공화장실의 상태를 점검하면 알 수 있듯이 공공지역의 청결 상태는 매우 중요하다고 할 수 있다.

따라서 호텔의 공공지역은 항상 깨끗한 상태를 유지하도록 해야 한다. 공공지역 대개 다음과 같은 지역을 말한다.

① 화장실
② 복도
③ 로비의 바닥 및 가구
④ 계단
⑤ 출입구

### (8) 호텔의 외관 유지 및 건물관리

앞에서 설명을 하였듯이 호텔의 건물이나 시설이 차지하는 비중이 상당히 크기 때문에 최상의 상태를 유지할 수 있도록 최선의 노력을 해야 한다. 특히 공공부문 바닥의 대리석이나 카페트는 얼룩이 지거나 먼지가 쌓이지 않도록 관리해야 한다.

### (9) 미니-바 업무

미니-바도 매출창출센터(revenue center)로서 대개 전체 매출의 2~5%를 차지하고 있기 때문에 과학적이고 효율적인 관리시스템으로 운영을 해야 한다. 왜냐하면 객실의 미니-바는 운영의 특성상 손실이 많기 때문이다. 요즘에는 미니-바의 내용물도 다양화하고 독특하게 디스플레이(display) 하여 고객의 구매력을 증가시키는 호텔이 늘고 있다.

① 점검 및 컴퓨터 입력(재실, 공실, 고객의 요청시)
② 보충업무(고객이 소비한 물품)
③ 재고관리

### (10) VIP 세팅

프런트 데스크의 요구에 의하여 귀빈의 객실에는 다음과 같은 내용물을 세팅한다. 객실관리부문에서도 설명이 되었으나 이와 같은 VIP 세팅은 대부분 호텔 컴퓨터시스템에 코드를 입력하여 등급 또는 종류를 구분하고 있다.

① VIP용 꽃바구니(꽃병, ceramics pot, vase)
② 과일(fruits)
③ 선물/판촉물(gift/give-away)
④ 바(bar)
⑤ 특별히 요청된 장비나 기구

### (11) 업무보고서(report)작성

객실정비의 업무를 효율적으로 관리하고 통제하기 위하여 모든 객실 정비 요원은 자신이 담당한 구역의 업무에 대한 내용을 일정한 보고서에 작성하여 보고하도록 한다.

## 2. 객실정비부서 업무 영역

### (1) 객실정비부서 책임자(housekeeping manager)

호텔의 조직 중에서 어느 부서 하나 중요하지 않은 부서가 없겠으나 객실정비부서의 책임자 역시 주요 핵심적 경영진의 한사람으로서 객실정비 업무를 수행하기 위해서는 탁월한 지도력, 관리능력, 위기관리능력, 인격과 현대적 객실정비부서 업무를 정확히 파악해야 하고 호텔의 영업 전략에 합치되는 전략의

# 하우스키핑 파트 업무 일지

〈익일 휴무자 현황〉

| Office | |
|---|---|
| R/M | |

일 자 : 2005 년 월 일

| 결재 | 파트장 | 팀 장 | 본 부 장 |
|---|---|---|---|
| | | | |

| 금 일 주 요 실 시 업 무 |
|---|
| |

| 익 일 주 요 예 정 업 무 |
|---|
| |

| 업 무 지 시 사 항 |
|---|
| |

| 고객 불편 내용 및 조치 사항 | 제 안 사 항 |
|---|---|
| | |

| Lost & Found | 기 타 사 항 |
|---|---|
| | suit room 어메니티 투입: room<br>suit room 어메니티 누계: room |

〈그림 54〉 housekeeping 업무 일지

수립이 요구된다.

객실정비부서 관리자는 자기 직무개선이 호텔경비 절감에 크게 이바지한다는 점을 인식하고 있어야 하며, 각 부문의 책임자와 부단한 접촉과 객실정비부서의 모든 부분의 작업에 대해 관리자 및 통제자적 위치에 있으므로 남다른 관리자적 자질이 요구된다. 특히 객실정비부서의 책임자는 객실정비가 현장작업이라는 점을 고려하여 다양한 직종의 종업원 관리가 원활하게 이루어지도록 통제하지 않으면 인력손실을 초래할 수도 있다. 따라서 객실정비부서의 팀장은 다음과 같은 사항을 점검해야 한다.

① 인력을 효율적이고 능률적으로 배치한다.
② 인력 수급계획(staffing), 작업진행 예정표(work scheduling)관리
③ 일상 업무의 매뉴얼(manual)을 개발한다.
④ 재고품(inventory)을 관리한다.
⑤ 종업원에게 균등하게 동기를 부여하고 교육 · 훈련을 실시한다.
⑥ 현재 업무의 특성과 추세 분석을 통한 미래의 전망(forecast)
⑦ 객실내 비치용 아메니티나 비품 등의 품질 개선이나 작업절차의 개선 등으로 원가를 절감할 수 있도록 지속적인 관심을 갖는다.

따라서 객실정비부서를 효율적인 시스템의 조직으로 운영하기 위하여 객실정비부서 책임자의 주요 업무내용은 다음과 같다.

### 1) 작업인원관리

① 객실정비인원 배정
② 주간운영(day maid) 및 야간운영(night maid) 활용
③ 근무스케줄(work schedule) 작성 및 조정
④ 각 층 순회(patrol) 및 점검

⑤ 각종 회의 주관
⑥ 면담 및 내용 기록보고

### 2) 재산관리

① 객실비품 파악 및 유지
② 객실소모품, 비품비치 및 적정량 산정
③ 가구, 집기, 비품 수선의뢰, 소요량 산출 및 발주
④ 린넨 재고조사 및 저장수준유지, 관리감독
⑤ 각종 청소보조기 관리

### 3) 고객관리

① VIP 객실 점검
② VIP고객이나 장기투숙객에 대한 정보 제공
③ 고객의 불평 및 요구 사항처리 및 보고대책

### 4) 환경위생관리

① 공공장소 청결 유지 및 감독
② 객실층 복도의 룸서비스 기물수거 감독
③ 객실냉장고 및 글래스류 청결유지 감독
④ 객실소독 의뢰 및 감독
⑤ 사용한 린넨류 수거 및 린넨 슈터(linen shooter)사용 감독
⑥ 개인위생 교육 및 감독
⑦ 객실청결 유지 및 감독

### 5) 안전관리

① 방화 안전교육 훈련 및 점검

② 안전정보 전달

③ 산재예방교육 및 점검

④ 열쇠관리

### 6) 분실물 및 습득물(lost & found)의 보관의뢰품 관리

① 습득물 제출 및 기록 감독

② 분실물 제출 및 기록 감독

③ 보관의뢰품 처리 감독

④ 송달품조치 감독

### 7) 사무관리

① 각종문서 보관유지

② 인사노무사항 기록제출

③ 경비계획, 집행 및 사후조치

④ 근무일지, 재고조사서, 수리발주철, 보급품대장 등 관리

### 8) 미니바 관리

① 상품관리

② 객실냉장고내 비치품목 점검감독

③ 매출계획 및 실적 집계보고

④ 스키퍼(skipper) 방지 및 교육

⑤ 이용품목 컴퓨터처리감독

### (2) 룸 인스펙터(room inspector)

룸 인스펙터는 객실정비부서 책임자의 업무지시에 따라 객실정비원을 지도, 감독하여 정비업무를 수행하는 상하간의 교량적 역할을 담당하는 자로서 호텔 객실을 고객에게 판매 전에 완전한 객실 상태를 점검하는 것이 주 업무이다. 또한 룸 인스펙터는 항상 원가(cost)를 의식하고 업무에 임해야 하며, 고객서비스 개선을 위해 지속적인 노력이 필요하다.

룸 인스펙터의 일상적인 업무내용을 살펴보면 다음과 같다.

① 객실정비부서의 회의내용 업무지시 및 메시지 전달
② 객실 정비원의 작업지시 및 감독
③ 객실점검(room inspection)

- 카페트, 바닥 청소상태 - 침대 정돈상태
- TV, 라디오, 시계, 전화기, 각종 장비의 작동상태
- 서랍속 청결상태 - 가구 비품류, 정리상태
- 휴지통, 재떨이 청결상태 - 창문과 커튼상태
- 옷장, 옷걸이 수 점검 - 전기 및 스위치, 벽지상태
- 냉·온수, 배수상태 - 욕실의 변기, 타일상태
- 복도 청소상태 - 고장객실 수리의뢰 조치
- 키 사용관리 감독 - 가구, 집기, 비품 현황파악 및 보고
- 의자, 소파, 베드 스프레드상의 머리카락 여부
- 문구류 점검 - 린넨류 현황파악
- 분실물보고 및 정리인계 - 고객주문 처리
- 고객불평 불만 처리 및 보고 - 담당 객실층 당직업무보고서 집계 제출

룸 인스펙터는 안전한 객실을 유지하기 위해 매일 전 객실을 점검하고 손질한다. 단, 기타 업무의 발생으로 전 객실을 조사하기 어려운 경우에는 VIP객

실, 장기체류 고객의 객실 및 체크아웃 객실을 우선 순위로 한다.

### (3) 룸 어텐던트(room attendant: room maid)

객실정비부서의 핵심역할을 수행하는 중요한 구성원으로서 객실청소와 정리, 그리고 투숙객의 각종 인적서비스(personal service)를 제공하여 고객의 편의를 최대한 도모하는 역할을 수행한다. 호텔에서 객실을 고객에게 판매하기 위해서는 룸 어텐던트에 의한 객실정비가 전제되어야 한다. 청결함과 편안함을 추구하는 호텔산업의 궁극적인 목표를 가장 앞장서서 실천하며 맡은 바 업무를 말없이 수행하는 룸 어텐던트는 남이 보지 않는 곳에서 호텔 객실의 완전한 상품화를 위해 청소업무를 수행하는 하위 계층의 종업원이다.

호텔에서 룸 어텐던트는 객실의 출입을 가장 빈번하게 하는 종업원으로서 객실구조 및 비품에 대해 상세히 파악하고 있기 때문에 고객의 개인 프라이버시를 철저히 지켜주도록 해야 한다. 또한 객실은 고객의 휴식처이자 침실이기 때문에 가장 안락하고 편안한 객실분위기를 조성하여 고객만족 서비스제공에 앞장서야 하겠다.

그리고 객실 정비원은 고객의 출입이 잦은 객실 층에서 근무하기 때문에 투숙하고 있는 고객을 자주 접하게 된다. 이러한 경우 객실정비원은 상냥한 미소와 함께 모든 고객에게 인사를 해야 한다. 필자의 경험에 의하면 우리나라 호텔의 객실정비원의 인사성은 외국의 종업원과 많은 차이를 보이고 있다. 가까운 일본의 호텔에서 근무하는 객실정비원은 모든 고객에게 친절하게 인사를 하는 모습을 경험할 수 있다. 이와 같은 가벼운 인사는 객실 층을 출입하는 고객에게 상쾌한 인상을 줄 수 있다. 반면에 우리나라 종업원은 복도에서 투숙객을 만났을 경우 정정당당하게 인사를 하지 못하고 수줍어하는 경향이 있으며 심지어는 고객을 회피하는 경우도 있다. 이러한 점을 감안하여 객실정비팀장은 객실정비원이 고객에게 정중한 인사를 자연스럽게 할 수 있도록 교육해야 한다.

### 1) 룸 어텐던트의 기본업무

룸 어텐던트는 객실을 청소하는 것이 기본 업무이기 때문에 가장 빠른 시간 내에 가장 쾌적하고 청결한 객실상품을 생산할 수 있는 자세로 업무에 임해야 한다.

객실의 면적이나 구조에 따라 약간의 차이는 있지만 일반적으로 1명의 룸 어텐던트에 대한 객실청소 할당량은 하루에 10~20개의 객실을 청소하며 고객이 사용중인 객실인 경우 1실의 청소시간은 30분 정도 걸리며 빈 객실(vacant room)객실인 경우의 청소시간은 10~15분 정도 걸린다.

### 2) 룸 어텐던트의 객실정비준비

① 룸 어텐던트용 마스터 키(master key)와 정비계획표를 수령하고 우선 청소객실의 유 · 무 확인

② 린넨 웨건(linen wagon), 진공청소기 등의 청소 비품 및 장비 준비

③ 객실 층의 복도 문을 열고 환기

④ 복도순찰

- 문이 열린 객실의 이상 유 · 무 확인
- 복도에 있는 기물 및 룸서비스 식기 회수
- 객실 문고리(door knob)에 걸린 세탁물 수거
- 꽃병의 물 및 복도 재떨이 정리정돈

⑤ 물통세척 및 얼음물준비

⑥ 종업원 및 중앙비상계단 정리와 청소

# ROOM MAID REPORT

층 성명

| RM NO. | 상태 | | L/P | 청소시간 | SHEET | | | TOWEL | | | | 오리털커버 | | | PAD | | SPREAD | | P/C | | B/R | T/D | 특이사항 |
|---|---|---|---|---|---|---|---|---|---|---|---|---|---|---|---|---|---|---|---|---|---|---|---|
| | | | | | S | D | SU | B | F | W | M | S | D | SU | 규격 | 수량 | 규격 | 수량 | 일반 | 한실 | | | |
| 1 | | | | | | | | | | | | | | | | | | | | | | | |
| 2 | | | | | | | | | | | | | | | | | | | | | | | |
| 3 | | | | | | | | | | | | | | | | | | | | | | | |
| 4 | | | | | | | | | | | | | | | | | | | | | | | |
| 5 | | | | | | | | | | | | | | | | | | | | | | | |
| 6 | | | | | | | | | | | | | | | | | | | | | | | |
| 7 | | | | | | | | | | | | | | | | | | | | | | | |
| 8 | | | | | | | | | | | | | | | | | | | | | | | |
| 9 | | | | | | | | | | | | | | | | | | | | | | | |
| 10 | | | | | | | | | | | | | | | | | | | | | | | |
| 11 | | | | | | | | | | | | | | | | | | | | | | | |
| 12 | | | | | | | | | | | | | | | | | | | | | | | |
| 13 | | | | | | | | | | | | | | | | | | | | | | | |
| 14 | | | | | | | | | | | | | | | | | | | | | | | |
| 15 | | | | | | | | | | | | | | | | | | | | | | | |
| 16 | | | | | | | | | | | | | | | | | | | | | | | |
| 17 | | | | | | | | | | | | | | | | | | | | | | | |
| 18 | | | | | | | | | | | | | | | | | | | | | | | |
| 19 | | | | | | | | | | | | | | | | | | | | | | | |
| 20 | | | | | | | | | | | | | | | | | | | | | | | |
| 21 | | | | | | | | | | | | | | | | | | | | | | | |
| 22 | | | | | | | | | | | | | | | | | | | | | | | |
| 23 | | | | | | | | | | | | | | | | | | | | | | | |
| 24 | | | | | | | | | | | | | | | | | | | | | | | |
| 25 | | | | | | | | | | | | | | | | | | | | | | | |
| 26 | | | | | | | | | | | | | | | | | | | | | | | |
| 27 | | | | | | | | | | | | | | | | | | | | | | | |
| 51 | | | | | | | | | | | | | | | | | | | | | | | |
| 52 | | | | | | | | | | | | | | | | | | | | | | | |
| 53 | | | | | | | | | | | | | | | | | | | | | | | |
| 54 | | | | | | | | | | | | | | | | | | | | | | | |
| 55 | | | | | | | | | | | | | | | | | | | | | | | |
| 56 | | | | | | | | | | | | | | | | | | | | | | | |
| 57 | | | | | | | | | | | | | | | | | | | | | | | |
| 58 | | | | | | | | | | | | | | | | | | | | | | | |
| 59 | | | | | | | | | | | | | | | | | | | | | | | |
| 60 | | | | | | | | | | | | | | | | | | | | | | | |
| 61 | | | | | | | | | | | | | | | | | | | | | | | |
| 62 | | | | | | | | | | | | | | | | | | | | | | | |
| 63 | | | | | | | | | | | | | | | | | | | | | | | |
| 64 | | | | | | | | | | | | | | | | | | | | | | | |
| 65 | | | | | | | | | | | | | | | | | | | | | | | |
| 66 | | | | | | | | | | | | | | | | | | | | | | | |

| 공공장소 청소 | | | 습득물 | | 스테이션시간 | |
|---|---|---|---|---|---|---|
| 오전: | 오후: | | | | | |

〈그림 55〉 룸 어텐던트 작업일지

### 3) 웨건(wagon)적재 준비

룸 어텐던트 웨건은 청소를 위한 기물이나 소모품 및 아메니티 등을 담아 이동할 수 있는 카트로 능률적이고 청결한 청소를 수행하는데 필요한 도구이다. 웨건 적재물품은 대개 다음과 같다.

① 객실정비용 린넨

-towels　　　　　　-bathrobe

-sheet

② 문구류(stationery)

- 볼펜　　　　　　- 팩스/텔렉스 양식
- 봉투　　　　　　- 호텔 엽서
- 고객 의견서

③ 호텔 브로셔(hotel brochure)

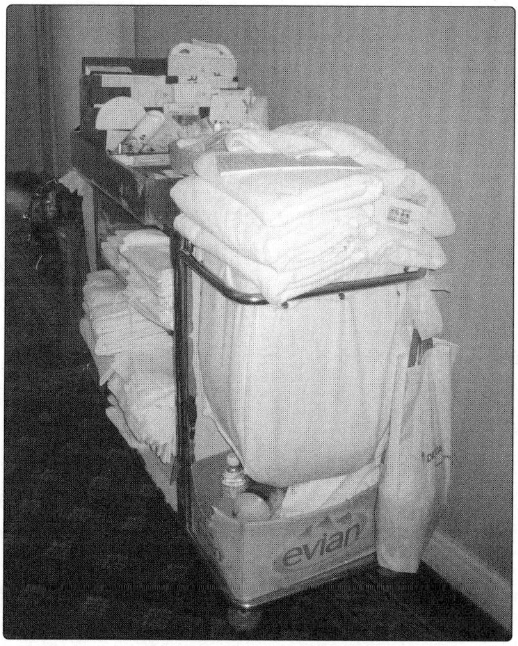


**그림 56〉 룸 어텐던트 웨건**

④ 객실편의 용품(amenities)

- 칫솔
- 치약
- 샴푸/린스
- 비누
- 샤워 캡(shower cap)
- 로션
- 바느질 용구(sewing kit)
- 구두주걱
- 성냥
- 화장지
- 세탁물 주머니
- 옷솔과 구둣솔
- 재떨이

⑤ 세제 및 약품: 객실정비부서의 청소시 세척제를 선택할 때, 안전과 사용의 용이성을 고려해야 한다. 하우스키핑 책임자는 청결과 모든 객실의 소독을 확실하게 하는 것에 대한 엄격한 지침을 가지고 있어야 한다. 호텔의 안전이 단지 객실 문을 잠그는 것뿐만이 아니라, 깨끗한 객실과 세균이 없는 환경을 만드는 것이 청소의 목적이다. 호텔 객실세척제를 선택하는 것은 안전, 비용, 상품의 효과와 사용의 용이성 등의 요소 뿐 아니라, 상품 사용의 실례를 통해 어떻게 인지되는지를 비교 검토하여 도구의 필요를 이해하는 것이다. 세제를 사용하기 위해서는 다음과 같은 사항을 고려해야 한다.

· 표면의 유형 : 바닥 표면을 보존하는 것으로 예를 들어, 대리석은 겉보기엔 아름답지만 청소하기는 매우 어렵다.
· 오염(얼룩, 더러움)의 종류 : 오염의 정도와 내용을 고려해야 한다.
· 물의 상태 : 물의 상태가 거품을 내는데 작용하는 요소이다.
· 청소절차 : 매우 중요한 사항으로서 바닥을 매일 청소한다면, 덜 자극적인 세척제를 사용해야하며 세척제를 사용하는 횟수를 정해 놓으면 룸 어텐던트가 여러 가지 선택을 하는데 혼동을 일으키지 않을 것이다.
· 청소의 기준 : 고객이 어떤 것을 원하는지 알아야 할 필요가 있다.

〈표 6-1〉 세척제의 종류

| 세 제 명 | 성 분 | 사용 용도 |
|---|---|---|
| GLANCE | 알카리 | 유리, 거울 세척제(SPRAY후 마른걸레) |
| LEMON | 향.기름 | 가구광택제(마른걸레 사용) |
| GLADE | 향료 | 악취제거제(SPRAY), 공기청향제 |
| VAPARTEX | 냄새 분해제 | 악취가 심한 곳에 설치하여 사용 |
| FOR-WARD | 다목적세제 | B/R,세척제로 물과 (20-40):1 사용 |
| FRASH | 얼룩제거제 | 마른걸레에 묻혀 카페트 오점 및 쇼파 얼룩에 문지른다. |
| PIKAL | | BRASS광택제 |
| STAT-FREE | 피막제 | 정전기 방지제로 SPRAY식 사용 |
| SHINE-UP | 피막제 | 발코니를 FOR-WARD로 씻은 다음 물기를 완전히 제거후 사용 |
| TRIO | 세척제 | 유리세척제 |
| SWIPE | SPOT제기제 | 쇼피, 의지, 키페트 얼룩제기제. |
| COMPLETE | 왁스 | 아스타일, 암스트롱 위에 입히는 WAX |
| FORTIFY | 피막제 | 대리석 WAX전 피막제 |
| TERA | 왁스 | FORTIFY 피막 후 사용(대리석용) |
| 콩커더스트 | 기름 | 대리석 보호제(밀마포에 SPRAY하여 사용) |
| SHAMPOO | 거품세제 | 카페트 청소(MACHINE 사용) |
| EXTRACTION | 무거품세제 | 클린 마스타에 사용 |

## 4) 객실출입시 유의사항

객실청소를 위하여 출입할 때에는 항상 정숙한 자세로 고객에 대한 예의를 갖추고 고객이 처해 있는 상황을 잘 판단하고 출입해야 한다. 그렇지 않으면 외국인인 경우 문화가 다르기 때문에 사소한 부주의로 인하여 불평불만을 초래할 수 있다. 룸 어텐던트가 주의해야 할 사항은 다음과 같다.

① 객실에 들어갈 경우 반드시 벨을 누르고 룸 어텐던트라는 말을 큰 소리로 복창하여 고객의 객실에 입실한다는 것을 알리고 허가를 받은 다음 입실

하도록 한다. 만약 벨을 누르거나 노크를 2~3번 정도 해도 대답이 없으면 잠시 기다리다가 입실한다.

② 투숙객이 객실 내에 재실 유 · 무 확인

③ DND카드(don't disturb card)가 문고리에 걸려있거나 이중잠금(double lock)이 되어있는 경우는 입실하지 않는다.

〈그림 57〉 DND 카드

④ 객실의 문을 열 때는 두 손으로 살며시 밀어 소리가 나지 않도록 한다.

⑤ 청소요구카드(make-up card)가 문 핸들에 걸려있는 객실을 우선적으로 청소한다.

⑥ 객실에 고객이 있을 경우에는 인사 후 용무를 밝힌다.

⑦ 고객이 부재중인 객실을 청소할 때 걸려온 전화는 응답하지 않는다.

⑧ 고객의 프라이버시에 관한 내용은 비밀을 절대적으로 지킨다.

청소 수행능력은 룸 어텐던트의 체력과 건강상태 그리고 각종 장비, 도구 등에 의하여 산정기준을 작성하고, 언제나 객실청소 생산성 향상을 염두에 두고 청소업무에 임한다.

### 5) 객실정비의 구분

① 빈 객실(vacant room): 전날부터 사용하지 않았던 객실로서 간이청소형식으로 일반적으로 진공청소기는 사용하지 않고 먼지를 제거하는 정도의 수준으로 청소한다.

② 체크아웃 객실(check-out room): 고객이 이용한 객실이기 때문에 객실 전체를 청소하기 때문에 신중하고 주의 깊게 청소를 해야 한다.

③ 재실(occupied room): 고객이 현재 투숙하고 있는 객실로서 고객이 원할 때와 고객이 원하지 않을 때를 구분하여 청소한다.

④ 특별주의 객실(special attention room): VIP 객실이나 특실을 정비할 경우에는 특별히 요청한 내용을 신중하게 살피고 정비를 해야 한다.

### 6) 객실청소의 절차

객실청소 요령은 일반적으로 크게 두 가지로 분류한다. 고객이 퇴숙한 후의 전반적인 정비와 계속 숙박객이 있는 상태의 정비로 구분할 수 있고 재실의 청소는 전반적인 정비의 경우와 달리 각종 아메니티를 일괄적으로 매일 교체해 주지 않고 상황에 따라 부분적으로 교체해 주어도 무방하다.

객실청소 순서는 호텔에 따라 약간의 차이가 있으나 일반적으로 다음과 같은 절차에 의해서 실시한다.

① 입실: 고객이 재실중인 경우에는 고객의 허락을 받은 다음 입실을 하고 객실정비를 마칠 때까지 도어 스토퍼(door stopper)를 이용하여 객실 문을 열어 놓아야 한다.

② 객실점검: 객실의 상태를 청소하기 전에 바닥 카페트의 상태 욕실의 상태 등을 점검하여 필요한 사항을 준비하도록 한다.

③ 청소의 준비: 객실 점검을 마치면 객실의 상태에 따라 청소 준비를 한다.

④ 전등의 점검: 객실 내 전등은 간접조명 시스템과 중앙제어시스템으로 이

루어져 있기 때문에 전등의 작동여부와 전등갓의 상태 등을 점검해야 한다.

⑤ 환기 조절: 도심의 호텔은 환기가 자동시스템으로 작동되기 때문에 공기 정화장치의 제어기(air ventilation controller)를 적당한 위치에 세팅하고, 휴양지 호텔의 경우는 거의 외부의 공기를 환기시키도록 되어 있기 때문에 창문을 열고 환기를 시킨다.

⑥ 고객의 옷가지 정돈 및 실내정돈: 고객이 침대주의나 책상 위에 벗어 놓은 옷가지를 옷장 속에 정리하고 주위에 버려진 각종 쓰레기를 제거한다.

⑦ 먼지 털기: 침대 꾸미기를 하기 전에 창문 주위나 가구 위의 먼지를 털어 낸다.

⑧ 침대 꾸미기(bed making): 침대 꾸미기는 객실 청소 중 가장 중요한 작업이기 때문에 신중하게 해야 한다. 침대 꾸미기에 대한 방법은 별도로 자세히 설명하기로 한다.

⑨ 욕실(bath room)청소: 욕실이나 사워실의 바닥이나 커튼 등에 묻어 있는 이물질이나 물기를 제거하고 변기를 깨끗하게 청소한다.

⑩ 옷장 및 서랍정리: 빈 객실의 경우 서랍과 옷장을 열어 호텔의 규정품 이외에는 모두 버리고 이물질을 제거한다. 사용중인 객실을 고객의 요구가 없는 한 가능하면 서랍이나 옷장 정리를 하지 않도록 한다.

⑪ 바닥 청소: 보통 객실은 카페트가 깔려 있기 때문에 주위의 청소가 완료되면 카페트의 먼지나 이물질을 제거하기 위해서 진공청소기를 이용하여 청소한다. 이때 카페트에 얼룩이 있을 경우에는 하우스맨의 지원을 받아 얼룩을 제거한 후 배큠(vacuum)을 한다.

⑫ 린넨 · 비품류 세팅: 객실의 청소 모두 끝나면 각종 린넨(bath towel, hand towel, face towel, bathrobe 등)과 아메니티를 비치한다. 화장실의 휴지는 반드시 여분을 비치하도록 한다.

⑬ 복도 청소: 객실 주위의 복도를 청소한다.

⑭ 청소 후 체크: 객실청소 완료 후 체크리스트(check list)를 기준으로 최종 점검을 실시한다.

이와 같이 객실을 정비할 경우에는 객실청소전 입실 절차에서부터 청소 후 보고서(room report) 작성에 이르기까지 복잡한 업무수칙을 항상 숙지하고 있어야 하며, 이러한 업무수칙의 일관성 있는 적용을 위하여 정기적인 현장교육(on the job training)이 이루어져야 하겠다.

### 7) 청소작업 기준소요시간

대개 작업경험과 작업능력을 가진 객실정비원이 객실청소 작업에 소요되는 시간은 객실의 규모와 호텔 청소장비 시설에 의해서 다르지만 보통 30-40분 정도이다. 따라서 객실 특성에 알맞은 표준소요시간을 작성하여 그것을 기준으로 종업원 수에 의해서 객실할당을 하는 것이 바람직하다. 〈표 11〉는 특급호텔의 객실을 기준으로 한 평균 소요시간의 예이다.

〈표 11〉 객실 정비 소요시간의 예

| Room Type | Vacant Room | Check-out Room | Staying Room |
|---|---|---|---|
| Single Room | 10 Min. | 30 Min. | 20 Min. |
| Twin Room | 15 Min. | 45 Min. | 30 Min. |
| Double Room | 15 Min. | 45 Min. | 30 Min. |
| Suite Room | 20 Min. | 60 Min. | 40 Min. |

### 8) 객실청소시 유의사항

① 고객물품은 손상되지 않도록 소중하게 취급하고 물기에 젖지 않도록 주의한다.
② 바닥 청소시 카페트(carpet)에 물이 떨어지지 않도록 한다.
③ 청소시에 사용한 세제는 깨끗이 닦아서 미끄럼 방지에 주의를 기울인다.
④ 객실용 타올은 사용한 타올일지라도 절대로 청소용으로 사용하지 않는다.
⑤ 욕실이나 샤워실(shower room)을 물청소할 경우 벽면의 콘센트나 형광

등 콘센트에 물이 들어가지 않도록 한다.

⑥ 황동이나 스텐레스 제품과 같은 금속류는 완전히 물기를 제거한다.

⑦ 사용한 린넨을 수거할 경우에는 반드시 호텔에서 제공된 것인가를 확인해야 한다. 왜냐하면 가끔 고객이 가져온 린넨이 호텔의 것과 비슷할 수 있기 때문이다.

⑧ 욕실 아메니티는 정위치에 정해진 수량이 세팅되어 있는지를 확인한다.

⑨ 변기는 가장자리를 확인하여 이물질에 의한 침식이 일어나지 않도록 한다.

⑩ 거울이나 액자 및 가구는 먼지를 제거하고 깨끗이 닦는다.

⑪ 전구 및 조명 등이 정상적으로 작동하는지를 확인한다.

⑫ 냉 · 난방기는 뚜껑을 열고 솔질한 후 이물질을 제거하여 막히지 않도록 한다.

⑬ 쓰레기통의 내부를 세척한다.

⑭ 커넥팅 객실(connecting room)인 경우 연결문(connection door)이 잠겨 있는지를 확인한다.

### 9) 룸 어텐던트가 객실정비중 보고사항

호텔의 객실은 불특정 고객이 사용하기 때문에 가끔 불미스러운 사건이나 사고가 발생하기도 한다. 따라서 이러한 사고나 사건을 사전에 방지하기 위하여 객실 정비원은 다음과 같은 사항이 발생하였을 경우에는 즉시 상급자에게 보고해야 한다.

① 투숙객이 전일에 숙박한 흔적이 없을 경우

② 퇴숙예정일 이전에 고객의 수하물이 정리되어 있는 경우

③ 투숙객을 찾아오는 외부 방문객이 많은 경우

④ 한 사람이 등록된 객실에 여러 사람이 사용하고 있는 경우

⑤ 객실에 비치된 린넨이 없어졌을 경우

⑥ 고객의 분실물이 발견되었을 경우
⑦ 객실에 설치된 액자나 가구가 파손된 경우
⑧ 고객 개인의 전열기가 발견된 경우
⑨ 가구나 비품 등이 사전 통보없이 이동된 경우
⑩ 숙박객의 전염병이나 질병환자라고 생각할 경우
⑪ 가다 객실의 보수가 필요하다고 편단되는 경우

### 10) 룸 어텐던트의 직업관

룸 어텐던트의 업무가 겉보기에는 쉬운 것처럼 느껴질지는 모르지만 사실상 호텔이 정하는 표준업무수칙을 준수하면서 하루에 10실 이상의 객실정비 작업을 진행하기에는 상당한 에너지가 소모되는 업무이기 때문에 과거에는 이러한 직종을 회피하는 경향이 있어 거의 40~50대의 여성들이 주류를 이루었다. 그러나 최근에는 합리적이고 과학적인 시스템이 개발되었기 때문에 20~40대의 여성들의 참여도가 점점 증가하여 연령대의 폭이 넓어지고 있다.

또한 성수기와 비수기가 타 산업 보다 뚜렷하여 운영상 어려움을 겪고 있는 호텔의 특성상 파트타임, 또는 일용직, 아르바이트를 고용하는 제도가 확산되고 있기 때문에 룸 어텐던트의 초과 노동으로 인한 과다한 업무는 객실상품의 질을 떨어뜨리는 결과를 초래하기도 한다.

호텔의 경영자가 객실의 안락성, 청결성, 정중한 서비스를 상품으로 판매하여 고객의 유치와 높은 객실점유율을 도모하는 이상 객실상품 생산에 전적으로 책임이 있는 룸 어텐던트의 중요성은 아무리 강조해도 지나치지 않다. 깨끗한 객실을 유지하고 객실판매를 위한 생산적 기능의 서비스를 적정시간에 맞추어 해낼 수 있다는 것은 이 업무를 담당하는 객실정비원이 호텔경영에 최대한으로 이바지한다는 사실을 인식해야 한다. 더 나아가 룸 어텐던트 스스로도 호텔의 성공적인 운영에 중대한 업무를 수행하고 있다는 자부심과 투철한 직업의식으로 진정한 서비스제공에 힘을 기울여야한다.

따라서 최고 경영진은 작업환경을 면밀히 살피고 분석하여 종업원의 고통을 희석시킬 수 있는 방안을 마련하도록 해야 한다. 특히, 룸 어텐던트의 공통적이고 근본적인 애로사항은 객실 정비원을 바라보는 부정적인 시각에 있으며 이로 인해 그들 스스로가 위축되고 있다는 사실을 간과해서는 안된다.

### 11) 침대를 정비하는 방법

침대 꾸미기는 호텔이 정하고 있는 표준매뉴얼이 작성되어있으나 대부분 침대를 구성하는 내용은 비슷하다고 할 수 있다. 침대정비는 고객이 가장 민감하게 반응할 수 있는 것이기 때문에 객실 정비에 있어서 룸 어텐던트의 업무 중에서 가장 중요한 업무이다. 요즘의 침대 꾸미기 작업은 고객에게 보다 시각적인 서비스를 제공하기 위해 각종 데코레이션을 포함하고 있다.

침대 꾸미기는 평상시에는 매트리스의 정리와 시트를 매트리스 위에 깔고 담요와 베게 등의 정리에 국한하지만 정기적으로 매트리스의 위치를 변경하거나 침대에서 소리가 나는지를 점검하는 작업도 겸해야 한다. 또한 침대밑 바닥에 휴지나 오물 등의 유 · 무를 확인해야 한다.

일반적인 침대꾸미기에 대한 작업은 다음과 같이 실시한다.

〈표 12〉 침대용품

| 번 호 | 항 목 | 수 량 |
|---|---|---|
| 1 | 베게(Pillow) | 싱글: 2개, 더블: 4개 |
| 2 | 하부 베드 시트(Underneath Bed Sheet) | 1 |
| 3 | 담요(Blanket) | 여름: 1개, 겨울: 2개 |
| 4 | 상부 베드 시트(Top Sheet) | 1 |
| 5 | 베드 패드(Bed Pad) | 1 |
| 6 | 매트리스(Mattress) | 1 |
| 7 | 베드 보드(Bed Board) | 1 |
| 8 | 베드(Bed) | 1 |

① 침대 정비에 필요한 물품 준비

② 침대정비: 침대정비는 맨 먼저 매트리스의 방향을 바꾸어 매트리스 한쪽이 찌그러지는 것을 방지해야 한다. 보통 객실정비부서에서는 침대의 균형을 유지하기 위해 정기적으로 좌 · 우 또는 앞 · 뒤로 매트리스방향을 바꾸어 준다. 기본적인 침대정비는 고객이 사용한 베드의 시트를 새로운 것으로 교체하여 신선하고 포근한 상태로 만드는 작업이다. 따라서 침대를 정비하기 전에 사용한 린넨류(시트, 베게포 등)를 벗겨서 수거하는 작업부터 시작이 되는데 사용한 린넨 처리의 순서는 다음과 같다.

첫째, 침대를 정비할 때 사용한 린넨을 수거하기 전에 베드에 고객의 소지품이 있는지를 확인한다.

둘째, 수거된 린넨은 반드시 객실정비용 웨건의 론드리 백(laundry bag)에 모아 둔다.

셋째, 시트를 벗긴 베개 및 담요는 소파 또는 의자 위에 놓는다. 단 고객이 재실일 경우는 고객의 수하물이나 가방 위에 놓아서는 안된다.

위와 같이 침대 위의 사용된 린넨이 수거된 다음에는 다음과 같은 순서로 침대 꾸미기를 실시한다.

① 침대 위에 적당히 매트리스와 베드 패드를 똑바로 놓는다.

② 베드패드 위에 속시트(underneath sheet)를 덮고 정리한다.

③ 매트리스에 시트를 밑으로 집어넣고 포장하는 것처럼 주름이 생기지 않도록 반듯하게 싼다.

④ 탑 시트(top sheet)를 편다.

⑤ 탑 시트 위에 담요(blanket)를 머리 쪽의 베드 보드(bed board)로부터 30cm 정도 여유를 두고 편다.

⑥ 겉 시트를 담요 위로 25cm 정도 머리부분을 뒤집어 놓는다.

⑦ 아래로 처진 시트와 담요 모서리를 접어 넣어둔다.

⑧ 속 시트(underneath sheet) 오른쪽 모서리를 접어 넣는다.

⑨ 시트를 오른쪽으로 돌면서 집어넣는다.

⑩ 침대 머리 부문에서 시트를 접어 넣는다.

⑪ 탑 시트를 담요 위에 포개서 접고 탄력이 있도록 당겨서 접어 넣는다.

⑫ 베개를 베갯잇(pillow case)에 넣는다.

⑬ 침대 머리맡에 베개를 가지런히 놓는다.(single 2개, double 4개)

⑭ 베드 스프레드(bed spread)를 베개의 위부터 전체로 하고 끝이 바닥에 붙지 않도록 덮는다.

⑮ 턴다운 서비스(turndown service)를 한다.

### 12) 객실편의 용품 세팅

객실 및 욕실(bath room)의 청소가 완료되면 호텔이 제공하는 객실 비품류를 세팅한다. 이때 체크아웃한 객실일 경우 고객이 사용한 각종 문구류나 아메니티를 제거하고 새로운 것으로 교체하여 규정된 수량만큼 보충해야 한다. 만약 철저한 점검을 하지 않아 고객이 사용했던 팩스용지나 편지지 등이 그대로 비치되었을 경우 새로 투숙하는 고객은 매우 불쾌하게 느낄 것이다.

① 객실내의 비품 세팅

- 문구류(봉투, 편지지, 우편엽서, 볼펜, 호텔 팜플렛, 호텔 안내서, 숙박안내서, 양식 등)
- 룸서비스 메뉴
- 호텔판촉 팜플렛
- 재떨이, 성냥, 쓰레기통
- 스탠드 램프(stand lamp)

② 나이트 테이블 세팅 비품

- 전화기
- 스탠드
- 메모용지와 볼펜
- 전화번호안내
- 성서/불경

③ 옷걸이장(ward-robe) 세팅 비품

- 코트걸이
- 옷 털이게
- 구두 숟가락
- 구두 광택 종이 및 천
- 세탁물 수거용 비닐백(laundry bag)
- 슬리퍼

〈그림 58〉 옷걸이장 비품 세팅

④ 기타 비품류 세팅

- DND 카드(don't disturb card), 메이크업카드(make-up card)를 문고리에 걸어 놓는다.
- T.V채널 안내서
- 티(tea) 테이블 위에 재떨이 및 성냥(금연 층인 경우 제외)

⑤ 욕실(bath room)에 세팅하는 비품류

- 바스 매트(bath mat)
- 목욕 타올
- 핸드 타올
- 얼굴 타올
- 화장지
- 재떨이(금연 층인 경우 제외)
- 물컵(tumbler)
- 비누
- 위생대(sanitary bag)
- 샤워 캡(shower cap)
- 고무 매트(rubber mat)
- 칫솔
- 치약
- 면도기
- 쓰레기통

객실편의용품은 호텔의 객실 타입(싱글, 트윈, 스위트), 고객의 타입(일반고객, 신혼부부, VIP, MIP 등) 및 호텔의 서비스 형태에 따라 꽃, 과일 바구니, 바 설치 등 고객 취향과 서비스 차원에서 호텔에 머무는 동안 쾌적한 서비스를 제공하기 위한 주요 업무이다.

### 13) 턴다운 서비스(turndown service)

객실정비시 베드의 내용물이 외부로 노출되는 것을 방지하고 깨끗한 인상을 주기 위하여 침대 꾸미기가 완료되면 침대 맨 위에 베드 스프레드를 깔아 놓는데, 이러한 상태의 베드를 투숙한 고객이 더욱 아늑하고 편안히 잠자리에 들 수 있도록 베드스프레드를 제거하고 침대의 담요를 접어 넘겨 잠자리에 들기

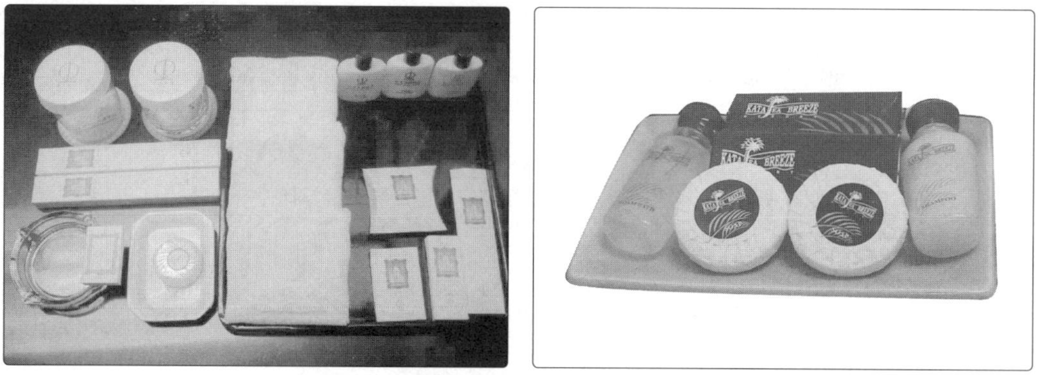

〈그림 59〉 욕실 세팅(비누 용품)

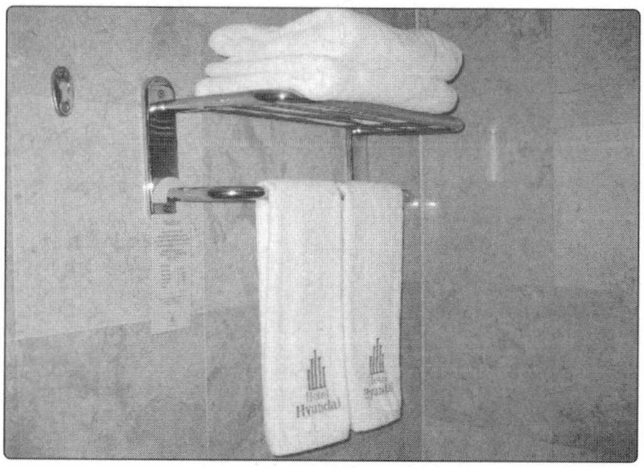

〈그림 60〉 타올 세팅

쉽도록 개발된 것이 턴다운 서비스이다. 요즘에는 턴다운 서비스를 할 경우 단순히 담요를 접는 정도로 그치는 것이 아니고 고객의 투숙에 대한 환영의 표시로 총지배인 명의의 굿나잇(good night) 서비스나 룸서비스 및 아침식사의 내용을 담은 카드를 남기기도 한다. 즉 턴다운 서비스는 고객만족을 추구하면서 효과적인 마케팅 도구로 이용되어 많은 반응을 얻고 있다.

호텔에 따라 다르지만 일부의 호텔에서는 턴다운 서비스를 일정한 시간에 추가로 실시하지 않고 침대 꾸미기를 할 때 베드 스프레드를 사용하지 않은 상태에서 오픈 베드하는 경우도 있다. 또한 전혀 오픈베드를 하지 않고 고객이 셀프서비스 하는 곳도 있다. 일반적으로 턴다운 서비스는 오후 6시에서 8시 사이에 실시하고 고객이 부재 시에는 나이트 테이블(night table)에 들어있는 램프(lamp)를 미리 켜놓아 나이트 세팅(night setting)을 겸한다.

〈표 13〉 객실시설 관련용어

| 구 분 | 준 수 사 항 |
|---|---|
| DOOR | 객실 입구문 |
| DOOR FRAME | 객실 입구문 틀 |
| LOCK SET | 문을 잠그는 자물쇠 장치 |
| DOOR HOLDER | 문이 떨어지지 않도록 고정시키는 장치 |
| CLOSET(WARDROBE) | 벽에 부착된 옷장(가구옷장) |
| WARDROBE DOOR | 옷장문 |
| WARDROBE SHELF | 옷장 선반 |
| HANGER ROD | 옷걸이대 |
| WALL PAPER | 벽지 |
| WINDOW SEAL | 창문턱 |
| WINDOW FRAME | 창문틀 |
| WINDOW GLASS | 창문유리 |
| DOOR STOPPER | 문이 벽과 부딪치는 것을 방지하는 장치 |
| SMOKE DETECTOR | 화재 탐지기 |
| CURTAIN RAIL | 커텐을 열기 위하여 위에 설치된 장치 |
| CURTAIN PIN | 커텐을 퍼니에 걸기 위해 커텐에 꽂는 핀 |
| BATH ROOM DOOR | 욕실 문 |
| BATH ROOM DOOR FRAME | 욕실문 틀 |
| ARMSTRONG | 욕실 바닥 |
| BATH ROOM TILE | 욕실 타일 |
| SHOWER CURTAIN ROD | 샤워 커텐대 |
| SHOWER CURTAIN RING | 샤워 커텐고리 |
| GRIP BAR | 욕실에서 미끄러지는 것을 방지하기 위한 손잡이 |
| SOAP HOLDER | 비누를 놓기 위하여 욕실벽에 설치한 비누접시 |
| BATH TUB | 욕조 |
| FAUCET | 수도꼭지 |
| PLUG | 물이 못 내려가도록 막아주는 마개 |
| SHOWER | 벽에 부착된 분무기 |
| HAND SHOWER | 핸드 샤워줄 |
| SHOWER HANGER | 손을 들고 샤워할 수 있는 분무기 |
| SHOWER ZEBRA | 분무기를 걸어 놓는 것 |
| WASHING BASIN | 세면대 |
| BASIN TABLE | 세면대 테이블 |
| TOWEL HANGER | 타올걸이 |
| SOFA | 쇼파 |
| EASY CHAIR | 안락의자 |
| CENTER TABLE | 쇼파와 안락의자 중간에 놓는 테이블 |
| BED SIDE TABLE | 침대 옆에 위치한 테이블 |
| HEAD BOARD | 침대 머리판 |
| MATTRESS | 베드 위에 놓는 쿠션 |
| PICTURE | 그림 |
| EXTRA BED | 이동 침대(손님이 원할 경우 넣어줌) |
| BABY CRIB | 애기 침대 |
| CEILING | 천장 |
| FLOOR | 바닥 |
| KEY | 열쇠 |
| RUBBER MAT | 고무매트 |

〈표 14〉 객실 전기관련 용어

| 구 분 | 준 수 사 항 |
|---|---|
| REFRIGERATOR | 냉장고 |
| ENTRANCE SWITCH | 입구등 스위치 |
| CONCENT | 전기제품의 플러그를 꽂을 수 있는 곳 |
| LAMP | 전구 |
| STAND LAMP | 나이트 테이블 위에 놓는 전구 스탠드 |
| EMERGENCY LIGHT | 비상등 (평상시에 전구가 들어오지 않음) |
| SHADE | 전기 스탠드에 씌우는 갓 |
| TELEPHONE | 전화기 |

〈표 15〉 객실 린넨 관련 용어

| 구 분 | 준 수 사 항 |
|---|---|
| BED PAD(싱글,더블) | 메트리스를 보호하기 위하여 갈아주는 패드 |
| SHEET | 메트리스를 싸서 접어주는 하얀 시트 |
| BLANKET | 담요 |
| PILLOW | 베개 |
| PILLOW CASE | 베갯잇 |
| BATH TOWEL | 목욕타올 |
| FACE TOWEL | 세수타올 |
| WASH CLOTH | 손닦는 타올 |
| DRAPERY | 창문이 달려 있으며 빛이 통과할 수 있는 두꺼운 커텐 |
| LACE CURTAIN | 망사로 된 안쪽 커텐 |
| SHOWER CURTAIN | 욕조 위에 설치된 커텐 |

〈표 14〉 객실 전기관련 용어

| 구 분 | 준 수 사 항 |
|---|---|
| ENVELOPE(AIR MAIL) | 편지봉투 (국외용) |
| WRITING PAPER | 편지지 |
| MEMO PAPER | 메모지 |
| TELEX & FAX | 텔렉스 및 팩시밀리 용지 |

〈표 17〉 장비 및 객/욕실 소모품, 용품관련 용어

| 구 분 | 준 수 사 항 |
|---|---|
| MAID CART | 객실청소에 필요한 모든 비품을 담아가지고 다니는 카 |
| SOLINGEN | 특수마포로 먼지제거 및 걸레 겸용 |
| CANVAS TROLLEY | 세탁물 운반용 카 |
| SLIPPER | 슬리퍼 |
| MEMO PAD | 메모 받침대 |
| BALLPOINT PEN | 볼펜 |
| BIBLE | 성경책 |
| TELEPHONE DIRECTORY | 전화번호부 |
| POST CARD | 우편엽서 |
| SEWING KIT | 바늘 쌈지 |
| SHAMPOO | 샴푸 |
| SOAP | 비누 (LARGE SIZE) |
| SOAP | 비누 (SMALL SIZE) |
| SHOWER CAP | 샤워할 때 머리에 쓰는 모자 |
| SANITARY BAG | 위생 봉지 |
| SERVICE DIRECTORY | 이용규칙 안내문 |
| FLASH | 후레쉬 (손전등) |
| ASHTRAY | 재떨이 (대. 중. 소) |
| TUMBLER | 물컵 |
| HOLDER | 홀더 |
| CLOTH HANGER | 옷걸이 |
| CLOTH BRUSH | 옷솔 |
| SHOES BRUSH | 구두솔 |
| SHOES HORN | 구두주걱 |
| SOAP CASE | 비누곽 |
| COSMETIC TRAY | 화장품 그릇 |
| TUMBLER TRAY | 물컵쟁반 |
| WASTE BASKET | 휴지통 |
| HAIR DRYER | 머리카락 말리는 헤어드라이어 |
| FLOWER VASE | 꽃병 |
| EXTENTION CORD | 전선 연결 코드 |
| DO NOT DISTURB CARD | D.N.D카드로 고객이 객실출입을 하지 말라는 표시카드 |
| OPENER | 병따개 |
| MINERAL WATER | 냉장고 속에 투입되는 생수 |
| KLEENEX | 크리넥스 |
| TOILET PAPER | 화장지 |

〈표 18〉 CLEANING SUPPLY 관련 용어

| 구 분 | 준 수 사 항 |
|---|---|
| SCRUBBER | 수세미 |
| DUST BAG | 쓰레기 담는 비닐 주머니 |
| AIR WICK | 공기 청량제 (AIR SPRAYER) |
| WINDEX | 유리 세척제 |
| BROOM | 방비 |
| DUST PAN | 쓰레받이 |
| RUBBER GLOBE | 고무장갑 |
| SPONGE | 스폰지 |
| GLASS TOWEL | 컵 닦는 타올 |
| TRIO | 컵 닦는 세제 |
| F-KILLER | 모기약 |
| TOILET PRESSOR | 변기 압축기 |
| TILE BRUSH | 바닥 및 타일 닦는 솔 |
| JONSON FORWARD | 청소용 비누물 |

### 14) 플로어 스테이션 관리(floor station)

객실정비부서의 효율적인 관리를 위해 객실 층에는 각층에 플로어 스테이션을 운영하는데 여기에는 객실정비에 필요한 각종 비품류, 집기류, 린넨류 등를 저장해 놓고 필요할 경우 신속하게 불출하여 사용하는 장소이다. 각층의 플로어 스테이션은 객실층 담당 책임자(floor station manager)가 저장되어 있는 물품을 관리하고 객실정비원의 요구에 의해 불출한다. 물품을 저장해 놓을 때에는 품목별 및 종류별로 분류를 하여 보관하고 정기적으로 실사를 실시한다. 이때 린넨류는 고객의 피부와 접촉하는 물품이기 때문에 매우 청결하게 관리해야 한다. 플로어 스테이션을 소홀히 관리하면 객실정비원이나 관련자들의 잡담장소가 될 수 있으므로 객실정비를 위한 물품이나 미니-바 등에 보충하는 물품을 저장하고 불출하는 이외의 기능이 이루어지지 않도록 철저히 관리해야 한다.

## 3. 객실정비부서의 기타 서비스

### (1) 론드리 서비스(laundry service)

투숙하고 있는 고객이나 외부 고객의 세탁물을 일정한 절차에 따라 세탁 해주는 업무를 지칭하는 것으로 특히 투숙중인 고객이 세탁을 의뢰하였을 경우에는 신속하고 정확하게 접수하도록 해야 한다. 그러나 요즘에는 일부 호텔에서 경비절감의 이유로 외부용역에 의해서 운영되는 경우가 있지만, 진정한 서비스를 제공하기 위해서는 반드시 고객용은 호텔 내 세탁실의 전문가에 의해서 세탁서비스가 제공되어야 한다는 것이 필자의 확고한 주장이다. 왜냐하면 고객용 세탁물을 외부용역에 의뢰할 경우 아무리 철저하게 관리를 할지라도 고객이 요구하는 수준의 세탁을 실시하기란 곤란하기 때문이다.

세탁물은 고객이 객실 내에 비치되어 있는 론드리 리스트(laundry list)에 수량을 기입하고 론드리 백(laundry bag)에 담아서 객실정비부서에 연락하거나 객실 문고리에 걸어놓으면 일정한 시간에 론드리 담당 종업원이 수거를 한

〈그림 61〉 Laundry bag

다. 호텔에 따라서는 론드리 백 수거를 유니폼서비스 부서인 벨맨이나, 룸 어텐던트가 취급하기도 한다.

세탁물이 세탁소에 수거되면 론드리 리스트와 세탁물을 확인하고, 만약 세탁 목록과 세탁물이 상이한 경우에는 분쟁의 소지를 없애기 위해 반드시 고객에게 확인시켜야 한다. 세탁이 완료된 것은 객실과나 객실정비부서에 의해서 객실에 배달(delivery)된다. 이때 세탁물에 첨부되어 있는 론드리 리스트의 객실번호, 성명, 수량 등을 재확인하여 객실에 배달한다.

## (2) 미니바 서비스(mini bar service)

미니바는 객실 내의 소형 냉장고에 간단한 음료 및 주류, 스낵 등을 갖추어 전시하고 고객이 셀프서비스로 이용하는 일종의 음료서비스이다. 호텔의 영업장과 달리 객실에 비치되어 있기 때문에 종업원의 확인이 용이하지 않으므로 신중한 관리가 요구되는 서비스이다. 미니바 서비스는 호텔에 따라 룸서비스 부서에서 담당하기도 하지만 냉장고 내에 부족한 상품을 보충하는 것(refill)은 대개 객실 정비부서에서 담당한다. 미니바 영업의 특성상 셀프서비스이고 이용한 상품의 확인도 고객 스스로 하기 때문에 손실률(loss rate)이 매우 높다. 특히 아침 일찍 체크아웃 하는 고객의 객실을 모두 확인하기란 쉽지 않기 때문이다.

따라서 호텔 객실의 미니바 영업의 효율적인 관리와 이와 관련하여 고객의 편의를 극대화하기 위한 지속적인 연구가 이루어져야 하겠다.

또한 투숙객들의 주류 선호도는 룸서비스보다 미니바를 많이 이용하고 있으므로 주류의 선택과 영업 전략에 많은 관심을 가져야 될 것이다.

최근에는 미니바뿐만 아니라 투숙객이 필요로 하는 치솔, 치약, 면도기, 양말/스타킹, 필름 등도 판매용으로 디스플레이(display)하여 고객의 욕구를 충족시켜주면서 매출을 올리는 경우도 있다.

〈그림 62〉 미니바

# Mini Bar

(Please complete this column) ▼

| No. | ITEM | | STOCK | PRICE | CONSUMED | TOTAL |
|---|---|---|---|---|---|---|
| 1 | LANCELOT | 랜슬럿 | 1 | 60,000 | | |
| 2 | WINSOR17 | 윈저 17 | 1 | 60,000 | | |
| 3 | COGNAC | 꼬냑 | 1 | 65,000 | | |
| 4 | MAJUANG WHITE | 마주앙 | 1 | 10,000 | | |
| 5 | ASAHI BEER | 아사히 | 2 | 7,000 | | |
| 6 | SAPPORO | 삿포르 | 2 | 10,000 | | |
| 7 | BUDWEISER | 버드와이저 | 2 | 6,000 | | |
| 8 | HITE BEER | 하이트 | 2 | 6,000 | | |
| 9 | MIXED NUTS | 믹스너트 | 1 | 6,000 | | |
| 10 | HONEY PEANUTS | 꿀땅콩 | 1 | 6,000 | | |
| 11 | BEEF JERKY | 육포 | 1 | 6,000 | | |
| 12 | CALMOND | 칼몬드 | 1 | 8,000 | | |
| 13 | VITA 500 | 비타 – 500 | 1 | 3,500 | | |
| 14 | CONDITION | 컨디션 | 1 | 5,500 | | |
| 15 | COKE | 콜라 | 2 | 3,000 | | |
| 16 | CIDER | 사이다 | 2 | 3,000 | | |
| 17 | POCARI SWEAT | 포카리스웨트 | 2 | 3,000 | | |
| 18 | SHIKHYE | 식혜 | 1 | 3,500 | | |
| 19 | MANGO | 망고 | 1 | 3,000 | | |
| 20 | WELCHS | 웰치포도 | 1 | 4,000 | | |
| 21 | EVIAN WATER | 에비앙 | 2 | 4,000 | | |
| 22 | NATURAL WATER | 생수 | 2 | 2,500 | | |
| 23 | SOCKS | 양말 | 2 | 5,000 | | |
| 24 | STOCKING | 스타킹 | 2 | 4,000 | | |
| 25 | TOOTH BRUSH | 치솔 | 2 | 3,000 | | |
| 26 | TOOTH PASTE | 치약 | 1 | 700 | | |
| 27 | RAZOR | 면도기 | 1 | 4,000 | | |
| 28 | | | | | | |
| 29 | | | | | | |
| 30 | | | | | | |
| 31 | | | | | | |
| 32 | | | | | | |

※ 상기 표기된 STOCK의 수량은 냉장고의 보유수량이며, PRICE란에 표시된 금액은 1개당 가격입니다.

※ 부가세 10%는 별도 가산됩니다.

| Date | Room No. | Sub Total No. | |
|---|---|---|---|
| | | 10% Tax | |
| | | Grand Total | |
| Checker | Signature | | |

* 상기 품목란에 사용하신 만큼 숫자로 표기하여 퇴숙시 회계원에게 제출해 주시면 감사하겠습니다.
* この度はミニバーをご利用頂きましてありがとうございます。ご滞在中は，係りがご利用数を集計させて頂きますが，ご出發日及びその前日のご利用分はこの傳票にご記入の上，ご出發の際 フロント會計までご持參お願い申しあげます。
* Kindly indicate on this sheet what you have consumed on the day and on the previous day of your departure and hand it in to the Front Office Cashier at check out time.

〈그림 6-6〉 미니바 목록표

### (3) 분실물 관리 서비스(lost & founds service)

분실물 관리업무는 호텔의 이미지와 직결되어 있기 때문에 종업원들의 철저한 교육이 선행되어야 한다. 분실물 관리 서비스는 고객의 손실을 방지하는 매우 중요한 업무로서 객실정비부서에서 매우 신중하게 처리되어야 한다. 일반적으로 투숙객들의 분실물 중 가장 많은 것이 손목시계, 카메라, 팔지, 반지, 목걸이, 헤어드라이기, 면도기 등으로 나타나고 있다.

객실정비시 객실에서 고객의 잔류품을 발견하면 객실정비부서 관리자에게 연락을 취한다. 또한 고객 물품이 버려진 물품으로 판단되지 않을 경우에는 독단적으로 처리하지 않고 반드시 보고체계를 갖추어 처리해야 한다.

분실물처리 요령은 최초발견자가 객실정비부서에 통보하여 고객이 호텔을 떠나기 전에 분실물이 전달될 수 있도록 하는 것이 가장 적절한 처리이며, 당일 반환되지 않는 습득물은 상사에게 보고하고 분실물 및 습득물 보고서(lost & found report)에 기록하여 보관함으로써 사후처리에 지장이 없도록 한다.

물품의 변질, 파손, 음식, 냄새 등 기타 관리하기에 적절하지 못할 경우에는 폐기 처분하고 개인서류, 신분증, 증명서 등은 고객의 연락처를 신속하게 확인하여 고객요구대로 처리한다.

## 4. 세탁업무(laundry)의 개요

론드리의 업무는 호텔 내에서 투숙중인 고객들의 주문에 의한 세탁서비스와 호텔종업원의 유니폼 및 린넨류의 세탁물을 총괄하는 부서이다.

과거에는 론드리의 업무는 반드시 호텔 내 조직으로 하여 호텔자체에서 관리를 하였으나 최근에 일부 호텔에서는 비용절감을 위해 세탁물을 외부용역업체에 맏기는 경우도 있다. 이러한 호텔조직의 경우 세탁업무의 외부용역은 품질보장이 어렵고 고객이 긴급으로 서비스를 요구할 경우에 신속하게 대처할 수 없으므로 고객용 세탁은 호텔자체에서 서비스를 제공하고 종업원의 유니폼이나 객실 및 업장의 린넨 등을 외부용역에 맡기는 것이 바람직하다.

### (1) 세탁부서의 조직

고객 의류를 세탁할 경우에는 의류의 종류나 색상에 따라 작업 방법도 달라져야 하므로 매우 민감하다고 할 수 있다. 따라서 세탁소에서 근무하는 종업원은 세탁물의 수거에서부터 배달까지 고객의 요구사항을 정확히 파악하여 정확한 서비스로 원하는 시간 내에 배달이 될 수 있도록 관리되어야 한다.

#### 1) 세탁부서 책임자(laundry manager)

론드리 책임자는 고객용 세탁과 호텔 린넨류, 종업원 유니폼 등의 세탁 업무를 원활하게 수행시키는 중간 관리자로서 모든 세탁물관리와 각종 세탁을 위한 시설의 유지 · 보수 관리는 물론 세탁물의 종류 및 형태에 의한 분류와, 물세탁(washing), 드라이 클리닝(dry cleaning), 프레싱(pressing), 롤러(roller) 등을 담당하는 종업원들을 지휘 및 감독한다. 또한 외부고객들의 세탁 업무를 취급하는 호텔에서는 외부세탁 관련업무도 감독한다.

외부 세탁 업무는 사전에 반드시 경영진과 협의하여 호텔내의 세탁업무를 우선적으로 처리하고 여력이 있을 경우에 고려하도록 한다.

#### 2) 린넨 클럭(linen clerk)

린넨 클럭은 린넨이나 섬유에 대한 풍부한 지식을 가지고 있어야 한다. 세탁과정에서 가장 중요한 것이 분류작업이므로 분류가 잘못되어 세탁물의 파손이나 탈색이 되었을 경우 고객으로부터 불평의 원인이 되기 때문에 철저한 관리로 고객이 맡길 당시 린넨의 원상태를 유지하도록 해야 한다. 분류작업은 다음과 같다.

① 사용소재에 의한 분류
② 가공에 의한 분류
③ 염색에 의한 분류
④ 드라이클리닝과 물세탁

### 3) 세탁담당자(washer)

고객이나 종업원이 맡긴 린넨을 분류하고 물세탁용 린넨을 접수하여 물세탁을 담당하는 세탁실의 종업원으로서 세탁실의 환경위생과 청결유지의 책임을 진다.

### 4) 드라이클리닝(dry cleaning)

분류한 세탁물중 주로 고객용 의류의 드라이 클리닝할 세탁물을 정리하여 클리닝 작업을 수행하는 종업원으로서 고객의 의류는 값이 비싸고 고급품이 많기 때문에 작업을 신중하게 처리해야 한다.

### 5) 롤러(roller)

롤러는 대형세탁물을 취급하는 설비로써 시트(sheet), 침대패드(bed pad), 스프레드 시트(spread sheet), 담요(blanket) 등을 다림질하여 보관이 용이하도록 일정한 규격으로 접는 기능의 기계이다. 따라서 담당자는 설비의 구동시 안전에 각별히 주의해야 한다.

### 6) 프레싱(pressing)

프레싱은 특수 장치의 다리미로서 옷의 주름을 펴는 기계이다. 양복, 화이트 셔츠(white shirt) 등 일반 세탁 업무보다도 많은 수량의 작업을 요하는 업무이다. 그러나 요즘에는 일부의 호텔에서 프레싱 보드(pressing board)를 객실에 비치하여 고객의 바지나 스커트의 주름을 유지할 수 있도록 하여 프레싱의 업무가 줄어들었으며 또한 특수섬유가 개발되어 다림질이 필요가 없는 소재도 있다.

### (2) 세탁물 접수방법 및 운영

고객의 요청에 따라 오더 테이커(order taker), 벨맨(bellman), 룸 어텐던트(room attendant) 등에 의해서 접수가 되면 세탁물을 수거한 후 수량과 종류를 확인하여 기록하고 세탁실로 보낸다. 세탁실에서는 분류품목에 따라 처리하여 세탁을 한다. 세탁물을 접수할 경우에는 자세히 살펴보아 고객의 불평을 예상하여 천의 색깔이나 상태를 점검해야 한다. 만약 세탁물의 흠집이나 탈색을 발견하였을 경우에는 즉시 고객에게 확인시켜야 한다. 고객의 세탁물에 대한 불평은 보통 탈색이나 천의 흠집에서 발생되기 때문에 세탁과정에서도 세심한 주의를 해야 한다. 세탁을 마친 후에는 확인점검을 철저히 실시하여 즉시 배달이 필요 없는 경우는 세탁물 보관소에 보관하거나 그렇지 않은 경우에는 고객에게 곧바로 배달한다.

### (3) 고객세탁물 취급요령

일반적으로 고객세탁물은 일반 서비스(regular service)와 익스프레스 서비스(special service/express service)와 같이 크게 두 종류로 구분된다. 일반 서비스는 오전시간(8시~9시) 이전에 맡긴 세탁물은 당일 오후 5~6시 정도에 배달되고 오전 9시 이후에 맡긴 세탁물은 저녁시간이나 익일 아침에 배달되는 서비스이다. 한편, 익스프레스 서비스는 고객의 사정으로 인하여 지급으로 세탁물을 처리하는 서비스로서 고객이 요구하는 배달 시간에 따라 요금이 차등되어 징수된다. 즉 요구하는 시간이 짧을수록 요금이 비싸게 부과된다.

또한 익스프레스 서비스 중 호텔 내에서 처리하기 어려운 밍크코트 등 특수한 세탁서비스 및 수선을 호텔고객이 요구할 경우 외부전문 세탁업체에 맡겨지는 경우도 있다.

### (4) 세탁물 서비스 배달(delivery)

#### 1) 세탁물의 분류

세탁작업이 완료된 세탁물을 세탁실의 마무리 테이블로 운반하여 고객별 및 종류별로 분류를 한다.

#### 2) 점검 및 포장

세탁물을 마무리 테이블로 운반 후 품목 및 수량을 확인하고 객실 번호별 목록과 확인작업을 하여 호텔에서 규정하고 있는 표준규격으로 포장을 한다. 세탁물의 포장도 세탁물의 가치를 높이는데 중요한 역할을 하기 때문에 신중하게 다루어야 한다. 포장을 할 때에는 건조 상태, 다리미질 상태, 손상 여부 등을 철저히 확인한다.

#### 3) 배달 우선순위 결정

고객 세탁물은 주문의 등급에 따라 서비스의 완급을 고려하여 우선순위를 결정하고 시간을 엄수하여 약속된 시간 내에 정확하게 배달하도록 해야 한다. 왜냐하면 고객은 파티나 업무시간에 착용할 것을 고려하여 세탁서비스를 의뢰하기 때문이다.

#### 4) 배달

특별서비스의 세탁물은 개별적으로 시간을 엄수하여 배달을 하지만 화이트 셔츠(white shirt)나 브라우스 등의 일반 세탁물은 포장과 옷걸이로 구분하여 종류별로 카트(cart)에 정리한 후 객실로 배달한다.

#### 5) 배달내용의 기록

세탁물 목록을 기록한 복사본 중 한 장은 세탁물과 함께 고객에게 배달하고 다른 한 장은 회수하여 배달시간 및 특기사항을 기록한다.

### 6) 컴퓨터 입력

회수된 리스트에 따라 기록을 하고 수량과 금액에 의해 전표가 작성되면 호텔 컴퓨터 시스템을 이용하여 고객별 세탁물의 수량과 가격을 입력한다.

## (6) 세탁 장비의 종류 및 특성

세탁 장비는 호텔재무관리 측면에 있어서 고정비용 및 변동비용이 발생되기 때문에 필요한 단위 수량은 객실 수, 객실점유율, 외부수주의 물량, 린넨 재고조사, 종업원의 수에 따라 비교 검토하여 철저히 조사되어야 한다.

① 세탁기(washing machine): 물세탁
② 접는 기계(folding machine): 타올이나 시트를 접는다.
③ 기름 오염 제거기(dry cleaning machine)
④ 세제 이용 세탁(guest laundry)
⑤ 바지 토퍼(pants topper): 바지, 허리춤을 다림질.
- 울 프레싱(wool pressing): 정강이 부분을 다림질.
- 폼 핀저(form finser): 상의, 코트 등을 다림질.

⑥ 스포팅기(spoting machine/stain removing): 천의 얼룩을 제거한다.
- 스포팅 건(spoting gun): 초음파 오점 제거
- 수용성 오점 제거
- 유용성 오점 제거

⑦ 펍 아이언(puff iron): 스팀을 공급해서 다림질한다.
⑧ 셔츠 폴딩기(shirts folding machine): 와이셔츠를 차곡차곡 개어준다.
⑨ 커튼 프레스(cotton press)
- 구성: mush-room press, pants press, linen supply press가 1세트로 되어 있다.
- 용도: 주로 주방 복 다림질

⑩ 마킹기(marking machine)

예)

–3511: 객실번호

–L: laundry

–X: 풀 먹이지 않은 것을 나타낸다.

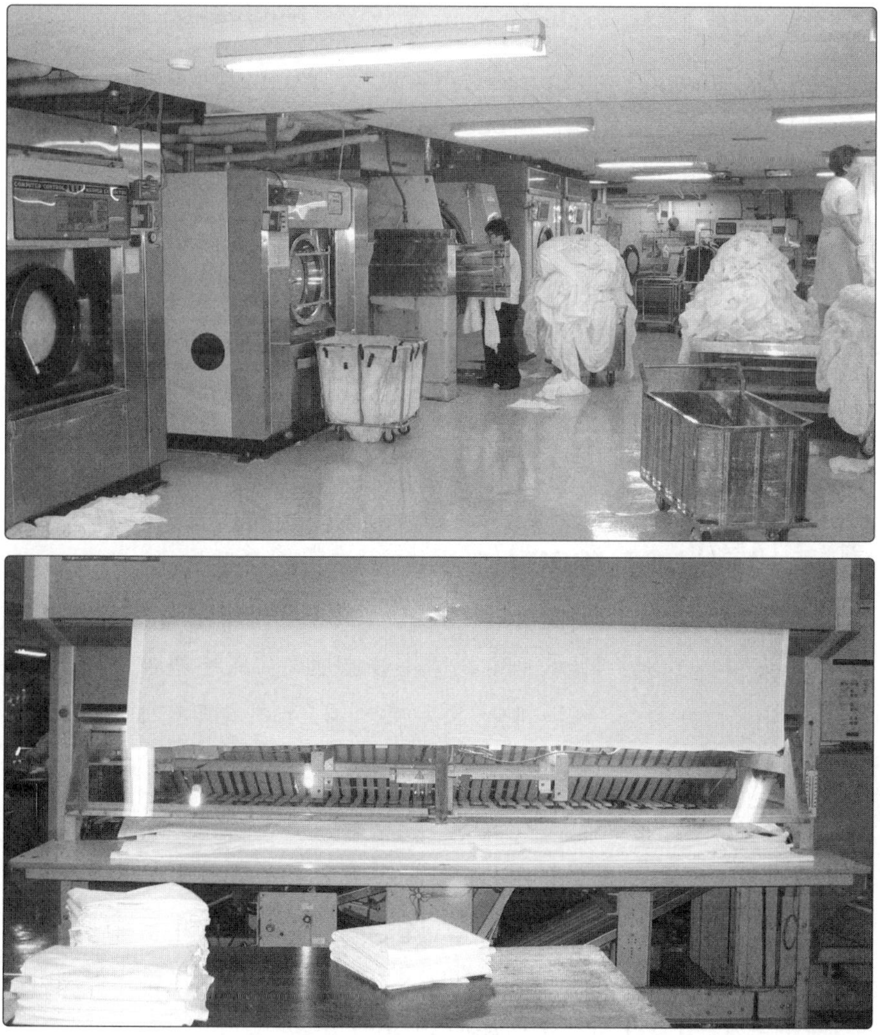

〈그림 63〉 세탁실 전경

⑪ 셔츠 단추 수선기(Y-shirts button repair machine): 와이셔츠 버튼을 달아주는 기계
⑫ 약품공급기(chemical supply): 화학약품 자동 공급기(활성제, 연화제, 경화제, 표백제 등)
⑬ 피더(feeder/folder): 넓은 옷 종류를 펴서 접게 해주는 기계.
⑭ 추출기(extractor)
⑮ 세탁물 카드(laundry card)
⑯ 기타: 작업테이블(table), 회전기(tumbler), 운반바구니(basket cart), 온수기 (hotwater pump), 재봉기(sewing machine), 펌프(pump), 세탁싱크대 (wash sink), 세탁물 트럭(basket truck), 코트걸이(coat hanger), 린넨 행거 트로키(linen hanger trokey), 환풍기(fan)

세탁실의 장비는 고가이면서 안전에 민감하기 때문에 효율적인 관리시스템으로 운영하여 비용을 절감하고 안전관리에 만전을 기해야 한다. 안전관리를 소홀히 하면 세탁장비가 파손되거나 화재의 위험이 매우 높다.

## 5. 린넨룸(linen room)

린넨룸의 업무는 일반적으로 침대 및 욕실용 린넨과 테이블 린넨, 내프킨, 커튼, 종업원 유니폼 등을 구입, 저장, 불출 또는 재고관리 업무로 분류할 수 있다. 따라서 린넨실은 린넨을 보관 및 배급하는 장소 등의 업무를 총괄적으로 관리하는 부서이다.

대부분의 호텔조직은 객실정비와 밀접한 관계가 있는 린넨의 공급업무를 담당하고 있기 때문에 객실정비부서에 린넨실을 포함하고 있으며 문제가 발생하였을 경우 가장 먼저 부서 간에 신속하고 유기적인 지원을 해야 하는 부서이기 때문에 객실정비부서의 팀장이 통제하도록 하고 있다.

## (1) 린넨룸의 조직 및 업무

### 1) 린넨 관리자

객실팀장을 보좌하여 린넨류의 공급업무와 유지관리에 책임을 지며 린넨실의 종업원을 지휘 · 감독한다.

고객들은 식당의 식기나 객실 비품의 위생 상태에 관해서 민감한 반응을 보이기 때문에 호텔 관리자들이 많은 관심을 갖고 있으나 린넨 관리에는 그 중요성을 무시하는 경향이 있다. 고객이 호텔에 투숙하거나 식당을 이용할 경우 린넨류의 접촉이 필수적이므로 린넨류도 상당히 중요하다고 할 수 있다. 따라서 고객의 취향에 따라 린넨의 품질이나 색깔, 형태 등을 적절히 조합한다면 고객만족에 기여하는 바가 크다고 할 수 있다. 고객들에 대한 접객수준이 각 호텔마다 다양하고 여기에 필요한 린넨 수요도 달라지므로 필요한 린넨 관리 정도와 린넨 관리자의 고정배치에 대한 필요성이 대두된다. 린넨 관리자의 업무 내용은 다음과 같다.

① 린넨제품 손실량 측정: 회계기간 동안 구매된 린넨을 재점검하고, 이 기간 동안 대체된 린넨을 각 품목별로 총수량을 집계한다. 총수량을 집계한 후 관리측면에서 데이터를 분석한다.

예)

* 총 린넨 수량/객실 총수 = 객실 당 린넨 사용량
* 식음료 린넨 품목별로 대체된 총 수량/사용한 고객 수 = 고객 당 품목별 린넨 사용량

② 린넨룸의 효율적 운영: 크기와 규모에 관계없이 모든 호텔은 적어도 2~3일 정도의 린넨을 차질없이 공급할 수 있는 양을 보관하고 중앙통제 역할을 하는 적절한 크기의 린넨룸이 운영되어야 한다.

린넨룸의 선반 등에 보관된 린넨의 품질과 수량을 한눈에 볼 수 있도록 체계적으로 정리하고 관련 종업원이 린넨 수량을 쉽게 파악할 수 있도록 한다. 이와 같은 종합 관리체계를 통하여 다음과 같은 효과를 얻을 수 있다.

- 린넨룸의 물품제공 역할
- 합리적인 업무수행
- 경비절감

③ 린넨룸의 안전관리: 린넨룸에는 린넨 관리자와 호텔책임자 등을 제외하고는 출입을 금지함으로써 린넨의 분실을 최소화 할 수 있다.

린넨의 적정재고 수량은 객실 수, 형태, 침대의 수, 부대시설의 종류 및 개수, 세탁시간, 및 교환 횟수 등을 고려하여 파악한다. 예를 들어 객실에 투입되는 린넨의 수량은 객실 수의 400%를 보유하는 것을 원칙으로 하고 린넨 수량의 내용은 100%는 사용중인 린넨, 100%는 대기 중, 100%는 세탁대기 또는 세탁중, 100%는 비상용으로 구분하고 있다. 린넨의 장기간의 사용으로 인하여 탈색이나 손상된 것은 폐기처리 하는 것을 원칙으로 하고 있다. 린넨의 구입은 매월 재고 조사를 통해 부족 분량만큼을 구매부에 요청하면 구매부에서는 검토를 한 후 합리적으로 가격과 수량을 정해서 구입한다.

### 2) 수선작업의 재봉사

재봉사의 업무는 종업원용 유니폼의 수선, 고객의 옷수선, 테이블 린넨의 수선, 커튼, 침대, 베드 스프레드, 베게 등 값비싼 품목의 수선과 정돈을 위해 최소한의 수선을 요하는 것을 보수작업을 하는 업무이다. 요즘에는 비용절감의 하나로 훼손된 린넨(condemned linen)을 수선을 하여 종업원 사워용 린넨으로 사용하기도 한다.

### 3) 린넨 창고

호텔 객실의 각 층마다 린넨을 보관할 수 있는 소형 창고로 층 객실의 린넨을 공급해 주는 장소이다.

룸 어텐던트가 린넨 저장창고를 통하여 린넨을 운반해 가도록 하며 객실 정비 후 린넨 카트에 남은 린넨을 다시 린넨 창고에 반납하여 보관한다.

각층의 린넨 창고는 객실층 감독자(floor supervisor)나 객실 정비원들이 린넨을 지급 받을 경우를 제외하고는 항상 출입을 통제해야 한다. 특급 호텔이나 휴양지 호텔에서는 고객의 편의를 위해 린넨 저장창고를 개방하는 경우가 있으나 이럴 경우 많은 린넨이 분실될 가능성이 있기 때문에 적절한 통제가 필요하다.

린넨 저장창고의 적정재고 수량을 결정할 경우에는 다음과 같은 사항을 고려해야 한다.

① 객실수(침대의 형태별)
② 평균 객실 점유율
③ 린넨류의 교환횟수
④ 세탁 소요시간
⑤ 긴급사태 예측

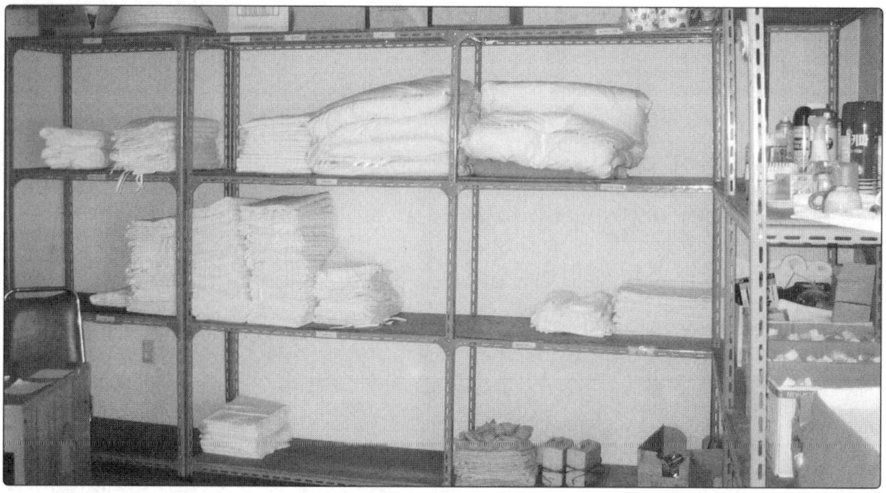

〈그림 64〉 린넨 창고

린넨의 적정재고 수준에 대한 정확한 기준은 없으나 일반적으로 효율적인 경영을 위하여 4~5회전 정도의 수량이 필요하다. 더욱이 최근에는 일부 호텔에서 린넨의 세탁업무를 외부용역에 맡기는 경우가 있기 때문에 충분한 수량이 확보되어야 한다. 4~5회전의 산출근거는 다음과 같다.

① 1회전: 현재 사용
② 2회전: 린넨창고 보관용
③ 3회전: 세탁용
④ 4회전: 긴급사태 예비용

### (2) 유니폼 관리(uniform control)

호텔에서의 유니폼은 고객에게 서비스를 준비할 종업원들의 신원을 확인해 주고 나아가 그들의 위신을 높여 주거나 소속감을 높여 주는 역할을 한다. 특히 서비스 종류나 지위에 따라 서로 다른 종업원들에게 상이한 이미지를 주기 때문에 대부분의 호텔종업원은 유니폼을 착용하고 서비스를 제공한다. 따라서 고객을 접대하는 대부분의 종업원이 유니폼을 착용하고 근무하기 때문에 유니폼의 관리도 효율적으로 하여 최소한의 비용으로 최대의 효과를 볼 수 있도록 해야 한다.

#### 1) 유니폼 관리의 중요성

유니폼은 호텔의 명성이나 이미지에 매우 중요한 역할을 하는 것이기 때문에 유니폼을 착용하는 호텔 종업원들은 항상 청결한 상태의 유니폼을 착용하고 서비스를 제공하도록 해야 한다. 유니폼 착용은 호텔을 방문하는 고객들에게 서비스를 기꺼이 제공할 준비가 되어 있다는 묵시적인 표시이기 때문에 고객에게 신선감을 줄 수 있도록 해야 한다.

유니폼은 서비스를 제공하는 종업원이 근무시간에 항상 착용해야 하므로 최소한 1인당 3벌은 준비되어야 하기 때문에 많은 예산이 투입된다. 더욱이 최근에는 고객들에게 가시적인 만족을 제공하기 위해 최신형 패션(fashionable)의 유니폼을 선택하고 서비스의 성격이나 분야에 따라 상이한 형태의 디자인으로 유니폼을 제작하기 때문에 생각보다 막대한 비용이 투자된다.

또한 유니폼은 고객에게 신선감을 줄뿐만 아니라 종업원들이 서비스를 제공할 경우 업무를 보다 효율적으로 수행할 수 있게 제작이 되어야 한다. 즉 호텔에서는 편안하고, 기능성을 고려하여 매력적인 유니폼을 선정하고, 구매 및 제작을 위해서는 호텔의 전반적인 재정상태와 유지 및 대체부담을 고려해야 한다. 특히 유니폼 선정시 각 부서의 특성을 고려한 유니폼의 직물 선택이 매우 중요하다. 예를 들어 벨맨 유니폼은 기동성이 요구되고 빠른 회전의 유니폼인 경우는 다림질이 필요 없는 직물선택을 하며 시간을 절약하고 내구성을 유지할 수 있는 것이어야 하고 조리부서의 유니폼은 통풍이 잘되고 흡수성이 강한 면제품을 선택함으로써 제한된 구역 내에서 고열의 기물 작업을 수행할 수 있다.

또한 주방(kitchen)에서 요리를 하는 종업원들은 땀을 많이 흘리기 때문에 혼합된 직물보다는 면제품이 더욱 효과적일 것이다. 추운 지방에서는 울(wool)이 적합하나 울은 드라이클리닝을 해야 하기 때문에 관리비용이 많이 들고, 레이온은 다른 합성물질과 결합하면 항구적인 견직물이 되지만 반드시 다리미질을 해야 하기 때문에 경비가 추가된다.

따라서 호텔에서 광범위하게 채택되고 있는 유니폼의 직물은 폴리에스텔로 이 직물은 상쾌하고, 매끄러우면서 착용하기 편안하고, 보관유지가 쉽고 영구적인 면에서 가장 선호하는 직물이다.

### 2) 유니폼 관리

일반적으로 호텔에서는 린넨룸 관리자와 유니폼관리를 동일지역에서 관리하는 곳이 대부분이나 효율적인 관리를 위해서는 린넨실과 유니폼 관리를 분리하여 업무권한을 분산시켜 집중관리하는 것이 효과적이다.

또한 종업원이 유니폼을 개인적으로 보관해 두는 것을 방지하고 유니폼 손상을 방지하여 비용을 절감하기 위해서는 더러워진 유니폼을 깨끗한 유니폼으로 교환할 때는 반드시 더러워진 유니폼을 접수한 다음 새것으로 교환해 주어야 한다. 이러한 방법은 일반적으로 종업원 개개인에게 필요한 유니폼 보유량은 호텔예산이나 업무직종에 따라 정해지지만 특별한 경우를 제외하고 1인당 4벌을 초과해서는 안된다. 주방이나 객실정비부서, 접객부서(front of the house) 종업원들에게는 고객접촉과 이동이 많으므로 유니폼 수량이나 질, 사이즈(size)에 맞추어 제작, 구입하고 지급해야 한다.

유니폼의 순환 사용중인 것과 예비 유니폼에 대한 수량 파악은 적어도 연간 3~4회 정도는 실시되어야 한다. 각 종업원에게 지급된 유니폼 수와 사용할 수 있는 유니폼 수를 점검하는 것도 사용중인 유니폼과 예비량에 대한 통제수단이 된다. 유니폼이 손상되어 더 이상 사용할 수 없는 유니폼은 종업원에 의해 작성된 사유서를 첨부하는 것도 중요한 요소이다.

또한 종업원의 이직과 신입사원의 유니폼에 대한 사항을 지속적으로 파악하

〈그림 65〉 유니폼 불출 사무실 전경

여 유니폼의 관리비용 지출을 줄여야 한다.

대규모 호텔에서는 종업원들의 유니폼 문제가 매우 복잡하여 관리하기가 쉬운 일이 아니다. 유니폼을 배부하고 사이즈와 형태의 결정과, 재고정리 및 수선에 많은 시간과 경비가 투입되고 있다.

유니폼 관리실에서는 유니폼을 옷걸이에 걸어두거나, 특성을 고려하여 유니폼을 접은 다음 부문별, 사이즈별, 성별 등으로 보관한다.

### (3) 린넨(linen) 업무

호텔에서의 린넨이라 함은 면류(cotton)나 화학섬유로 만들어진 타올(towel), 냅킨(napkin), 시트(sheet), 담요(blanket), 유니폼(uniform), 커튼(curtain), 식탁보(table cloth) 등을 말하는데, 본래의 의미는 마직류를 일컫는다. 린넨은 1회 사용 후 교환해야 하기 때문에 이를 보관하고 불출하는 장소와 관리과정이 매우 중요하다.

〈표 19〉 린넨세탁 회전수

| 품 목 | 폐기 회전수 |
|---|---|
| sheet | 380회 |
| bath mat | 190회 |
| face cloth | 190회 |
| face towel | 240회 |
| bath towel | 340회 |
| pillow case | 350회 |

린넨 관리 기능을 살펴보면 다음과 같다.

① 접수자: 고객이 요구한 세탁과 룸 메이드가 객실로부터 수거해 온 세탁물 인수인계서를 작성하여 세탁장으로 보내는 업무와 세탁장으로부터 세탁

완료된 세탁물을 인수한다.

② 운반자: 접수자를 지원하여 세탁물을 세탁장으로 옮기는 것이 주 업무이다.

③ 재봉사: 린넨류의 파손품 수리와 고객용 세탁의 파손부분 수선 및 유니폼 수선이 주요 업무이다. 특히 종업원용 유니폼의 수선이 대부분을 차지한다.

### 1) 린넨 관리 업무

① 소모품 및 비품의 사용통제

② 구매, 출고, 소모품의 인수와 공급

③ 청소용품과 사무용품의 공급

④ 객실 린넨류 공급

⑤ 객실비품 관리

⑥ 종업원 유니폼 발주 및 지급

### 2) 린넨의 흐름

① 사용한 린넨(solid linen)의 수거

② 사용한 린넨을 세탁장으로 이동

③ 분류: 오염정도, 린넨 형태

④ 세탁: 시간, 온도, 강도, 세제선택

⑤ 탈수

⑥ 다림질

⑦ 접기

⑧ 보관

⑨ 사용처로 이동

### 3) 린넨의 분배

하루 업무 후 린넨 창고에 남아있는 현재 재고량을 파악해야 한다. 각 린넨 창고의 적정재고 수량과 남아 있는 린넨 양의 차이가 익일의 린넨 보충수량이 되기 때문에 정확한 소요에 의한 정확한 계산이 요구된다.

각층의 린넨 보관창고에 린넨을 분배할 때는 야간에 실시하는 것이 능률적이다. 야간에 운반하게 되면 배달자의 행동도 제약을 받지 않고 린넨 창고의 필요량을 분배할 수 있다.

익일 아침 룸 어텐던트가 업무를 시작할 경우 층별로 전량의 린넨이 준비되어 있으면 효율적으로 객실정비 작업이 이루어 질 수 있다.

### 4) 식음료 부문의 린넨

식음료 부분의 린넨을 반드시 필요한 재고의 종류나 수량을  파악해야 한다. 식음료 부문의 린넨관리도 객실정비부서 책임자나 린넨 책임자가 관리한다. 연회용 린넨은 연회의 계절과 연회 형태에 따라 다양하게 사용되기 때문에 필요한 린넨 각각의 색깔과 크기를 기준량대로 관리해야 한다. 연회용은 규격, 형태, 색깔 등이 보통 레스토랑 린넨과 다르기 때문에 별도로 보관하여 관리한다.

일반적으로 가장 많이 이용하는 테이블 린넨은 2가지 형태가 있는데 그 중 제카라드(Jacqrard)라고 불리는 다마스크(Damask)는 우아하고 양면으로 사용할 수 있어, 색깔이 한결같은 직물이며 광택이 있는 직물이다. 또한 모미(Momie)는 잘 닳아 떨어지는 일반적인 것으로 조직이 느슨하게 짜여져 가격이 저렴하다. 전통적으로 식음료용 린넨은 면제품을 사용해 왔지만 요즘은 거의 다리미질을 하지 않는 면과 폴리에스텔의 혼방이 사용되고 있다.

### 5) 객실 린넨

객실 린넨은 객실에 투숙한 고객이 편안하고 안락한 휴식을 취할 수 있는 각종 린넨류를 말하는 것으로 객실 정비를 담당하는 룸 어텐던트와 가장 밀접하게 연관되어 있다. 침대시트의 정비, 타올 교환 등의 객실정비를 위해 필요한 린넨이나 턴다운 서비스(turndown service)를 하는데 필요한 린넨은 항상 순환되어 교환되기 때문에 호텔사정에 알맞게 관리되어야 한다. 따라서 객실 린넨은 하루에 판매되는 객실 수에 따라 지급을 위한 기준 수량을 설정하여 운영하는 것이 바람직하다.

객실린넨 중에서 모든 시트와 베개시트는 혼방제품인 폴리에스텔을 사용하여 만든다. 담요(blanket)도 마찬가지로 자연섬유가 없어지고 순 나일론 제품의 담요가 이용되고 있다. 그러나 이 제품은 가벼우며 세탁이 우수하고 드라이클리닝도 가능한 비알레르기성 모의 제품은 우수하고 따뜻하지만 습기에 약하고 줄어드는 경향이 있어서 세탁에 주의를 요한다.

객실에는 침대가 가장 중요한 역할을 하므로 소중하게 취급이 되어야 한다. 침대의 린넨은 고객에게 시각적인 효과는 물론 위생적인 기능을 하기 때문에 청결상태를 철저히 점검하고 정비해야 한다.

베개(pillow)는 고객에 따라 민감한 것이기 때문에 모든 고객에게 만족을 주는 것으로 선택하기란 불가능하다. 일반적으로 고급호텔에서는 값비싼 새의 솜털이나 오리털 등을 사용하고 있으나 사후관리가 매우 어렵다는 단점이 있다.

요즘에는 합성섬유의 일종인 순 레크론 제품의 베개는 가격이 비싸지 않고 반복해서 세탁을 해도 그 모양을 유지하며 피부 알레르기(allergy) 반응이 있는 고객도 쉽게 사용할 수 있다.

객실린넨 부문에서 침대의 품질을 결정하고 고객에게 안락한 수면을 취하게 해주는 것이 매트리스(mattresses)이다. 매트리스는 일반적으로 내부구조가 스프링으로 되어있으면서 겉에는 특수한 천이나 합성섬유로서 쌓여있다. 룸어텐던트는 매트리스의 관리는 회전(rotation)을 정기적으로 해주어 수명을 연장시키고 안락한 침대의 상태를 유지해야 한다. 즉 매트리스를 회전시키고 교체시키는 것은 매트리스 높이의 균형을 유지하고 수명을 연장하는 침대관리 방법이다.

### 6) 린넨 취급 방법

린넨의 관리 중 파손 여부와 지속적으로 재사용 할 수 있는 것을 판단하는 것이 매우 중요하다. 린넨의 철저한 관리는 호텔의 비용에 정(+)의 영향을 미칠 것이며, 고객들에게 깨끗하고 청결한 린넨을 공급함으로써 서비스 극대화가 이루어진다.

사용중인 린넨류나 사용전인 린넨류의 분류작업이 매우 중요하다. 린넨 분류자는 여러 가지 유형의 린넨을 분류하여 최소한 천의 훼손을 미리 방지하여 가장 효율적인 린넨세탁 작업을 단계적으로 수립해야 한다. 린넨이 음식찌꺼기, 휴지, 쓰레기, 접시 등과 함께 섞여지지 않도록 해야 하며, 파손된 경우는 재활용 가능한 것과 불가능한 것으로 구분하여 재활용이 불가능한 경우는 원인규명과 함께 폐기한다.

# 제3절 Lost & Found의 업무

## 1. 유실물(lost & found)의 정의

호텔에서 사용되고 있는 'lost & found' 라는 서비스 용어는 일반적인 '유실물 취급' 보다 더 체계적이고 봉사적인 의미를 포함하고 있는 것으로 일정한 절차를 갖춘 관리적 업무를 말한다. 즉, 객실 및 호텔 부대시설을 포함하는 호텔 건축 내에서 호텔 고객의 소지품이나 수하물 등을 호텔 고객이 분실하였거나 호텔의 종업원이나 방문객이 습득했을 때 이의 신고를 받고 습득물을 보관하고 정당한 소유주가 나타났을 때에 이를 확인하여 반환하여 주는 업무를 의미한다.

대개의 호텔에 있어서는 이 분실 또는 습득물을 관리하는 규정이 정해져 있으며 이 업무를 담당하는 부서가 정해져 있다. 이는 고객에 대한 중요한 서비스이기도 하며, 호텔의 이미지를 좋게 하기도 하는 중요 요인이 된다. 다시 말하면 lost & found란 고객 분실물 습득 및 신고센터를 말한다.

## 2. 호텔 유실물 관리의 목적

호텔의 고객이 개인적인 사정으로 인하여 소지품을 간수하지 못하고 잃어버리는 경우가 있다. 만약 투숙한 객실이나 호텔의 식당 등 호텔구내에서 비자발적, 비의도적으로 소지품, 수하물 및 귀중품 등을 분실했을 때, 또한 이와 관련해서 타인의 소구력에서 벗어난 물건을 호텔구내에서 습득했을 때 이를 가장 합리적으로 처리하여 고객의 불편을 최소화하고자 하는 것이 근본적인 목적이다.

호텔의 "lost & found" 서비스의 의의는 다음과 같은 점에서 중요한 의미를 갖는다.

첫째, 고객에게 호텔의 공신력과 신뢰성을 심어 줄 수 있다.

둘째, 호텔에 대한 고객의 이미지를 좋게 부각시킬 수 있고 감사한 마음으로 호텔의 이용도를 높일 수 있다.

셋째, 호텔 종사원의 양심과 정직성을 바탕으로 둔 대고객 서비스는 고객유인책이 될 수 있다.

넷째, 유실물에 대한 업무를 조직적으로 관리함으로써 사회적 공정성을 기할 수 있다.

다섯째, 습득물이 사소한 것이라도 고객에게는 중요한 물건일 수도 있으며 고객이 안심하고 다시 호텔을 이용하게 만들 수 있다. 분실한 물건을 찾았을 때 그 호텔에 애착과 감사한 마음으로 다시 그 호텔을 찾아 올 것이다.

## 3. 호텔의 유실물 관리 업무

### (1) 분실신고

호텔 고객은 자신의 분실물에 대해서 호텔측에 구체적인 내용과 함께 분실신고를 한다. 일반적으로 분실신고의 방법은 분실자가 호텔의 관련종업원이나 책임자에게 구두로 신고를 하면 일정한 절차에 따라 처리한다.

### (2) 습득신고

호텔 객실, 식당, 레저시설 또는 모든 공공장소(public area)를 포함하는 호텔 구내에서 발견된 습득물은 사소한 물건이라 할지라도 유실물을 담당하는 부서인 객실정비부서에 신고하고 습득물을 인도해야 한다. 이때 어떠한 상황에서도 습득물을 발견자가 보관하고 있어서는 안된다. 모든 습득물은 담당 부서에 맡겨져 일정한 절차에 따라 처리하도록 해야 한다.

### 1) 객실에서 발견된 습득물

객실에서 발견된 습득물은 자동적으로 객실 관리부로 보내져 습득물 관리실에 보관한다. 습득물 발견시 종업원은 로그북상의 기록을 위해서 객실 관리부 사무실에 전화로 통보해야 하며 룸어텐던트나 층 감독자가 사무실로 이동하여 보관절차에 따라 처리한다.

### 2) 식음료 업장에서 발견된 습득물

식음료업장에서 습득물이 발견되었을 경우에는 업장내 안전한 곳에 4시간 정도 보관하여 둠으로써 필요없는 행정절차로 인한 시간낭비를 배제할 수 있다. 4시간이 지나도 찾아가지 않는 습득물은 일정한 절차에 따라 처리하기 위해 객실 관리부로 보내진다.

습득물은 레이블을 부착하고, 일련번호를 기입하여 날짜순으로 보관되어야 하며, 귀중품은 당직지배인에 의해 안전금고에 보관될 수 있도록 봉투에 넣어져 봉인되어야 한다.

귀중품의 보관에 대한 재고조사는 일반적으로 3개월마다 한 번씩 실시되어야 하고 만약 실제 재고와 기록대장의 기록과 일치하지 않으면 객실부장과 객실 관리부장에게 보고되어 조사를 해야 한다.

### 3) 추후 처리 절차

습득물을 접수했을 때 해당 고객이 호텔에 머물고 있는 경우에는 해당 고객을 찾아내어 그 사항을 통보할 수 있도록 최선을 다해야 한다. 만약, 고객이 호텔을 떠났을 경우에는 그 고객에게 연락을 할 것인가에 대하여 신중히 고려해야 하며, 주어진 사정에 따라 경영진의 동의를 얻어야 하지만 고객을 당황하게 해서는 안된다.

AMIGA

# LOST AND FOUND RECORD

REPORTED BY :

| SERIAL NO. | DATE | TIME FOUND | PLACE | NAME | ARTICLE | Q'TY | FOUNDER | RECEIVER | REMARKS |
|---|---|---|---|---|---|---|---|---|---|
| | | | | | | | | | |
| | | | | | | | | | |
| | | | | | | | | | |
| | | | | | | | | | |
| | | | | | | | | | |
| | | | | | | | | | |
| | | | | | | | | | |
| | | | | | | | | | |
| | | | | | | | | | |
| | | | | | | | | | |
| | | | | | | | | | |
| | | | | | | | | | |
| | | | | | | | | | |
| | | | | | | | | | |
| | | | | | | | | | |
| | | | | | | | | | |
| | | | | | | | | | |
| | | | | | | | | | |

〈그림 66〉 습득물 기록대장

### (3) 접수

유실물을 접수할 경우에는 일반적으로 다음과 같은 사항을 기록으로 남겨야 한다.

① 분실물의 분실장소 및 시간
② 분실물의 내용
③ 분실자의 성명 및 연락처
④ 분실자가 외국인인 경우 우송해 주어야 할 행선지 주소 등
⑤ 습득물의 발견장소 및 시간
⑥ 습득물의 내용(품명, 수량, 형태 등)
⑦ 습득자의 성명을 정확하게 기록해 두어야 된다.

### (4) 보관 및 관리대장

습득물이 접수되면 대개의 경우 습득물 보관대장에 기재하고 보관창고, 금고에 보관하게 된다. 대개 습득물 관리대장에 기재하는 사항은 다음과 같다.

① 접수번호
② 습득일자
③ 습득자
④ 품명
⑤ 습득 장소
⑥ 분실자 연락처(구체적으로)
⑦ 분실자 성명
⑧ 확인자
⑨ 찾아간 사람의 인적사항

⑩ 찾아간 사람의 연락처
⑪ 찾아간 일자

### (5) 반환요청 및 반환

분실자가 분실물 신고를 했을 경우 그 분실물이 습득된 내용물이 유실물 보관소에 보관되어 있을 때에는 그 유실물 담당자는 분실자가 진술하는 분실물명, 분실장소, 분실일자 및 시간 등이 일치한다고 판명되었을 때 그 내용을 확인하고 분실자의 성명, 주소, 서명 등 대장에 기록하고 반환하게 된다.

### (6) 무주물 처리

무주물이라는 의미는 습득물의 주인이 일정기간이 경과해도 나타나지 않는 물건을 말하는 것으로 이러한 경우에는 일정한 관례와 호텔이 정하는 규정대로 처리하도록 한다. 보관기간으로는 호텔별 내규에 따라 다르기는 하나 대부분의 호텔이 3~12개월이다.

처리방법으로는 호텔규정에 따라 보관기간이 경과 후 자동적으로 처리하는 경우, 내부 결제를 받아 처리하는 경우, 발견자에게 돌려주는 경우, 경찰관 입회하에 처리하는 경우, 자선단체에 기증하는 경우 등 다양하다.

# 6

# 제6장 호텔 안전관리

제 1 절 안전관리

제 2 절 방화관리

제 3 절 호텔 시설관리

# 제6장 호텔 안전관리

## 제1절 안전관리

안전관리는 호텔경영에 있어서 고객과 종업원을 위한 기본적인 업무이다. 최고 경영자는 자산을 유지하고 종업원과 고객의 안전을 위해 끊임없는 관심과 안전관리 시스템 및 종업원의 교육프로그램으로 호텔의 안전에 만전을 기해야 할 것이다.

안전관리 책임자는 고객의 안전과 자산의 보호 그리고 호텔의 효율적 운영으로 수지개선에 앞장서야 한다. 따라서 안전관리 담당자는 호텔설비의 배치, 구조 등을 완벽하게 파악하고 있어야 하며 관련 법규에 대해서도 정확하게 숙지하여 만일의 사태에 효과적으로 대처해야 하지만 무엇보다도 사고를 미연에 방지할 수 있는 예방조치가 중요하다. 호텔에서의 안전규정과 그 절차는 다음과 같다.

① 익사 사고에 대한 예방규정과 절차
② 태풍대비 예방규정과 절차
③ 화재예방규정과 진압 및 대피절차
④ 정전 및 감전시 응급조치규정과 절차
⑤ 엘리베이터 고장시 처리절차
⑥ 사건사고에 대한 처리규정과 절차
⑦ 폭탄테러에 대한 처리 절차

⑧ 도난방지에 대한 규정과 절차
⑨ 국가방위에 대한 규정과 절차
⑩ 응급처치 요령
⑪ 산업안전 및 보건관리 규정과 절차

## 1. 시설에 대한 안전관리

### (1) 외부 안전관리

호텔시설물이나 건물은 주변의 안전설비를 통해 정상적 활동이 아니고 무단으로 침입하는 자나 각종 도난사고에 대해 보호되어야 하기 때문에 건물의 외부에는 경계를 나타내는 울타리나 보호망을 설치하고 특별한 조명시설이나 경보기 등을 이용하여 시설의 파손과 사고를 방지해야 한다.

### (2) 내부 안전관리

호텔은 일반대중에게 전면 개방되는 부분이 많으므로 안전관리자가 항상 대기하면서 감시할 수가 없다. 따라서 최근에는 서비스산업에서 주로 이용하는 폐쇄회로 TV와 자동녹화 카메라 등의 시스템을 이용하여 고객을 심리적으로 안심시키고 안전관리 요원이 업무를 담당하고 있다.

특히 객실의 종업원이 대기할 수 없는 객실의 복도나 현금을 취급하는 프런트 데스크는 카메라를 설치하고 통제실에서 모니터 할 수 있는 효율적인 시스템을 운영하고 있다.

비상시에 화재경보기나 엘리베이터 정지 경보기 등의 작동에 대한 민첩한 행동과 의사전달체계가 이루어질 수 있도록 교육훈련이 평상시에 실시되어야 한다.

그리고 비상시에 종업원은 물론 객실이나 영업장에 있는 고객을 가장 안전하게 대피시키고 호텔의 자산손실을 줄일 수 있도록 가상 상황에 대한 응급처치 방안을 마련하여 만일의 사태에 대비해야 한다.

또한 호텔에는 냉난방 및 보건위생 등에 필요한 각종위험물들을 취급하는 곳이기 때문에 안전관리를 위하여 관련법규에 따라 여러 분야의 자격이 부여된 종업원을 임명하여야 한다.

### (3) 객실의 안전시설

① 객실 출입문의 안전장치(컴퓨터 카드 키, 이중장금장치)
② 욕실의 미끄럼 방지 장치
③ 객실의 안전금고 시설
④ 화재대비 방연 마스크 및 간이 완강기 시설
⑤ 비상벨 시설
⑥ 장애인을 위한 특수 안전장치

### (4) 기타 건물의 안전시설

① 프런트의 특수 안전금고 시설

〈그림 67〉 CC-TV 감시 카메라와 감시용 모니터

② CC-TV 감시 카메라

③ 응급처치를 위한 의무실 운영

## 2. 종업원의 안전교육

종사원의 안전관리는 인간공학적인 측면에서 접근해야 한다. 종사원이 안전하면서도 효율적으로 업무를 추진하기 위해서는 업무의 능률과 생산력의 탐구에서 비롯된다. 인간공학은 호텔에서 육체적인 업무가 많은 사람들을 위한 것이다. 인간공학은 종사원이 업무를 하는데 있어서의 안전사고 방지 보장을 통하여 결근 태업을 감소시키며, 업무의 만족도와 직접적인 관련이 있다. 종업원이 근무를 하면서 위험이 증가하는 요인은 과도한 힘이나 서투른 자세를 취하는 일을 포함해 임무의 계속되는 반복, 또는 오랫동안 서투른 상황을 유지해야 할 때 부상이 발생한다.

호텔산업에서의 인간공학 연구는 빈약하다. 예를 들어 훈련을 받지 않은 청소원은 젖은 자루걸레를 앞뒤로 움직여 닦기 때문에 그의 등은 끊임없이 위아래로 움직이고 몸은 매우 곤하게 된다. 만약 손잡이를 높게 잡고 똑바로 선 상태에서 'S'자 모양으로, 뒤로 점차 가면서 양쪽으로 움직이면서 닦는다면 훨씬 효율적으로 일을 수행할 수 있을 것이다. 또한 프런트 데스크의 직원이 서있는 동안 피로를 줄이기 위해서 다리를 많이 움직이지 않은 것이 더욱이 능률적이으로 프런트 데스크 설계시 동선을 줄이고 시설배치를 동작분석에 의하여 합리적으로 한다면 종업원의 피로를 줄이고 생산성을 높일 수 있을 것이다.

따라서 인간환경공학의 원리를 고려한다면 부상의 위험은 상당히 감소되고 효율적인 업무가 이루어질 것이다. 다음사항은 기본적인 인간공학관리 방법이다.

① 자신의 일에 대한 훈련은 중요하다.

② 자신이 사용하는 도구에 대해 숙지하고 있어야 한다. 그것들을 작동하는

법을 충분히 이해하고 안전한 작동법을 알아야 한다.

③ 일에 적당한 도구를 사용해야 한다. 손쉬운 방법으로 하지 말고 부적당한 도구를 사용해서는 안된다.

호텔산업은 연중무휴로 영업을 하는 곳이고 모든 고객은 편안한 휴식과 안락감을 추구하는 곳이기 때문에 종업원과 고객의 안전에 신중하게 대처하여 사고 발생 후의 원만한 처리보다 사고 자체가 발생하지 않도록 사고를 예방할 수 있는 제도적인 조직과 업무가 획일화되어야 하며, 평상시 사고를 가정한 교육과 훈련이 이루어져야 하겠다.

### 1) 인적 자원관리부문

국적과 인종을 구분하지 않고 출입을 할 수 있는 곳이 호텔이기 때문에 호텔은 국제화의 분위기를 연출해야 한다. 여러 부류의 고객이 투숙을 하고 영업장을 이용하기 때문에 때로는 고객의 개인 신상에 관한 사항을 서비스를 제공하는 종업원에게 노출시킬 수도 있다. 이러한 경우에는 이유여하를 막론하고 고객의 프라이버시를 손상시키는 말을 외부에 누설을 해서는 안된다.

특히 객실은 고객이 휴식을 취하고 잠을 자는 곳이기 때문에 쉽게 고객의 약점이나 프라이버시가 객실정비를 하는 종업원에게 노출되기 쉽다.

그리고 프런트 데스크에 근무하는 종업원은 고객의 신상에 관한 사항이 컴퓨터에 입력되기 때문에 쉽게 노출될 수 있다. 고객의 보안유지에 관한 내용은 정기적으로 교육을 실시하여 고객이 편안하게 호텔을 출입할 수 있도록 해야 한다.

고객을 자주 접촉하는 부서의 종업원을 살펴보면 다음과 같다.

① 고객이 등록시 개인 신상을 파악할 수 있는 프런트 데스크 종업원

② 고객의 요청으로 식음료를 객실로 배달을 하는 룸서비스 종업원

③ 객실을 안내하는 벨맨이나 종업원

④ 객실정비부서의 청소원(room maid)
⑤ 귀빈객실에 출입하는 종업원
⑥ 식당에 근무하는 종업원
⑦ 컴퓨터를 이용하여 계산서를 취급하는 종업원(cashier)
⑧ 기타 객실정비를 위해 출입하는 종업원

### 2) 기술부문

호텔은 고객을 접하는 부분이나 공간은 화려하고 깨끗하게 보이지만 그렇게 깨끗하고 화려하게 보이기 위해서는 보이지 않는 곳에서 그에 상응하는 만큼의 노력이 필요하다는 것은 자명한 사실이다. 이러한 호텔의 분위기를 유지할 수 있도록 지원하는 부서 중의 하나가 시설을 유지 · 보수하는 시설부이다. 호텔의 영업이 계속되는 한 시설의 유지 · 보수는 계속되어야만 되고 새로운 시설로 개량하여 효율을 향상시켜 보다 더 안전을 확고히 해야 하며, 한편으로는 수익의 극대화에 일조를 해야 한다.

모든 시설에 대한 사고는 평상시에 유지 · 보수를 게을리 했거나 정기적인 점검을 하지 않을 때 커다란 사고가 발생한다는 아주 평범한 진리를 생각해서 설비나 장비가 항상 정상적인 작동을 하도록 사전에 정기적인 유지 · 보수 계획에 의하여 점검하고 보수한다면 사고를 미리 방지할 수가 있다.

보일러나 에어컨디셔너 등과 같이 기술을 요하는 시설은 자격이 주어진 종업원이 정해진 위치에서 근무요령의 일정한 절차에 따라 근무를 해야 한다.

시설의 정비 및 유지보수에는 다음과 같이 크게 4가지의 영역으로 구분할 수 있다.

① 객실의 예방 정비(preventive room maintenance): 객실 내에는 각종 조명설비, 욕실설비, 에어컨, 가구, 침대 등 여러 부류의 고객이 사용하기 때문에 매일 객실을 청소하는 룸어텐던트가 일상적인 점검은 할 수가 있으나 근본적인 문제점을 발견하거나 전문지식을 갖고 점검을 할 수가 없

기 때문에 시설 부서에서는 정기적인 보수 계획(maintenance schedule)을 수립하여 객실 1실당 2시간 정도를 할애하여 철저한 점검과 보수를 한다면 객실의 고장으로 인한 객실판매를 하지 못하는 경우를 방지할 수가 있다.

② 장비 예방정비(preventive equipment maintenance): 각종 장비의 부품이 마모되었는지 등을 점검하여 항상 정상적으로 작동될 수 있도록 한다.

③ 작업 오더에 의한 일상 보수업무(routine repairs based on work-orders): 각 부서에서 요청되는 시설의 보수에 대한 의뢰서를 접수하고 작업의 완급을 구분하여 작업의 순서를 정하고 업무를 실시한다.

④ 비상 업무(emergencies): 예측하지 못했던 사건이 발생되어 즉시 조치하지 않으면 호텔의 이미지가 손상되거나 영업에 막대한 지장이 초래될 경우 가장 우선적으로 처리를 하고 이에 대한 사후 보고서를 작성하여 경영진에 보고함으로써 재발방지에 최선의 노력을 해야 한다.

### 3) 객실부문

객실부문의 안전관리는 고객이 투숙을 하여 개인의 공간을 확보하고 육체적 및 정신적으로 편안하고 안전하게 머물고 싶기 때문에 호텔의 경영진은 이 부분의 중요성을 아무리 강조해도 지나치지 않다. 특히 호텔은 불특정 다수가 사용하는 장소이기 때문에 많은 부분이 노출되어 있어 도난이나 강도의 위험이 있다는 사실을 간과해서는 안된다. 그리고 호텔은 화재가 날 경우 대형화되기 때문에 화재예방에 적극적으로 대처해야 한다. 각종사고는 사전예측이 불가능하므로 사고발생을 가정한 각종 프로그램을 마련하고 정기적인 교육을 실시해야 한다.

더욱이 호텔에서 재해가 발생할 경우 대외 이미지가 손상이 되고 고객의 신변위험뿐만이 아니라 경영활동까지 해를 끼치므로 사고를 미리 방지하기 위하여 호텔시설과 시스템의 위험요소들을 정기적으로 점검하고 사고방지를 위한 제도적인 시스템을 구축해야 한다. 그리고 객실 내부에는 가연성 물질이 많기 때문에 화재의 위험성이 대단히 높고 일단 화재가 발생하면 대형화될 가능성도 크며 그에 대한 보상액도 상당하므로 안전관리의 중요성을 강조해야 한다.

따라서 고객의 안전과 시설의 보호는 별개의 문제가 아니라 동일선상에 놓여진 호텔의 기본역할 즉, 환대정신(hospitality spirit)의 실현이라는 해답을 얻기 위한 기본적인 사항이라는 점에 안전관리(security management)의 의의가 있다.

그리고 객실 안전관리의 목적은 크게 다음의 네 가지로 요약을 할 수가 있다.

① 도난이나 강도의 위험으로부터 객실 고객의 보호
② 객실에 관련된 호텔 시설 및 객실내부의 시설 및 가구의 보호
③ 종업원의 안전
④ 종업원의 효율적인 업무수행을 위한 분위기 조성

## 3. 안전관리의 통제

### (1) 객실키 관리

호텔 객실 열쇠(guest room key)의 관리는 고객의 안전을 보장하는 가장 기본적인 것으로서 고객이 체크인을 함과 동시에 배정되는 객실의 키를 고객 스스로가 통제할 수 있도록 자세한 설명이 필요하고 체크아웃할 때 반드시 반납이 되도록 해야 한다. 객실 열쇠는 보통 전통적으로 금속으로 제작된 것이 사용되었으나 최근에는 호텔 내부의 컴퓨터에 연결된 전자키 통제 시스템으로 운영을 하고 있다. 이러한 시스템에 연결하여 사용할 수 있는 열쇠는 플라스틱카드에 마이크로 테이프가 부착되어 고객이 보관하고 사용하는데 편리하도록 되어 있다. 그리고 금속열쇠는 분실시에는 다시 제작하는데 시간이 많이 걸렸으나 전자키 시스템은 수 초만에 재발급을 할 수 있기 때문에 관리가 용이하고

고객의 안전을 향상시킬 수 있다. 그러나 대부분의 고객들은 이러한 첨단의 전자 키 시스템을 사용하는데 익숙하지 못하기 때문에 발급시 사용방법에 대한 자세한 설명이 필요하며 고객이 분실 시에는 금속열쇠보다 더 위험한 경우가 발생할 수 있으므로 이 점을 충분히 주지시켜주어야만 된다.

주로 개인 고객인 경우에는 프런트 데스크의 종업원이 키의 작동법을 설명하고 벨맨이 직접 고객을 객실까지 안내하여 객실 키의 사용법을 알려주지만 단체고객의 경우에는 단체고객에게 쉽게 설명을 할 수 있도록 시범(demonstration)용의 키를 만들어 입실 전에 교육을 하여 키 사용에 문제가 발생되지 않도록 한다.

더 나아가 고객의 편의를 위하여 키를 전혀 소지하지 않고 고객에게 주어진 4자리의 암호 숫자를 이용하여 객실출입을 할 수 있는 키 시스템도 도입이 되고 있다.

객실의 열쇠는 고객의 안전과 밀접한 관계가 있기 때문에 열쇠의 관리를 철저히 하여 고객이 안전하고 편리하게 이용할 수 있도록 최선을 다해야 한다. 다음은 호텔 객실 열쇠에 대한 관리 지침이다.

① 객실 키에는 어떠한 경우이든 객실의 번호나 객실번호를 식별할 수 있는 숫자를 표시해서는 안된다.

② 열쇠는 객실번호 대신 당 호텔만이 사용하는 특별한 코드를 부여하여 관리해야 한다.

③ 등록을 끝내고 열쇠를 고객에게 인계할 때에는 옆에 있는 고객에게 들리지 않도록 적은 목소리로 알려 주어야 하며, 등록 패키지(check-in package)를 사용하지 않을 때에는 고객에게 객실번호를 잊어버리지 않도록 객실번호를 일정한 양식에 기록하여 준다. 컴퓨터 시스템을 이용하여 객실 키를 제공하는 호텔에서는 호텔 등록패키지에 프린터가 자동으로 기록하도록 되어 있다.

④ 객실정비부서의 종업원이나 그 외의 다른 부서의 종업원이 객실 열쇠를

호텔 내에서 발견하였을 경우에는 즉시 프런트 데스크에 반납해야 한다.

⑤ 고객이 퇴숙을 할 경우에는 반드시 객실 열쇠를 반납하도록 고객에게 요청을 해야 한다.

⑥ 종업원이 소지하고 있는 비상키를 포함한 모든 마스터키는 사용할 때마다 일지(log book)에 기록을 해야 하며 사용 후에는 즉시 보관을 담당하는 부서에 반납을 해야 한다. 그리고 객실 점검이나 청소를 위해 가지고 있는 마스터키는 사용하는 본인 이외의 종업원이 사용할 수 있도록 허락을 해서는 안된다.

⑦ 객실 키를 발급할 때에는 반드시 기록이 되어야 하고 호텔 총 지배인은 주기적으로 열쇠의 발급현황을 점검해야 한다.

⑧ 만약 고객이 객실 키를 분실하였거나 종업원이 소지하고 있는 마스터키를 분실하였을 경우에는 다른 사람이 그 키를 사용 할 수 없도록 즉시 시스템을 바꾸도록 조치한다.

### 1) 객실 보안

안전관리 부서의 책임 중 하나는 종업원에게 확실한 권한을 부여하고 등록된 고객이 출입하는 경영적인 절차로써 객실보안 시스템의 유지와 설치이다. 비록 객실 키의 관리는 프런트 오피스의 종업원이 책임이지만 객실 키 감독은 더 중요하다. 객실 안전장치와 키는 고객 안전을 지키기 위한 가장 효과적인 것이다. 보통 객실 보안에는 금속제 키를 사용하는 시스템과 전자보안 시스템 중 하나가 사용된다. 일반 금속제 키를 사용하는 시스템은 전통적으로 열쇠의 구멍에 알맞은 넓은 열쇠가 사용된다. 전자보안 시스템은 전원 배터리, 컴퓨터 단말기, 키 펀치, 마그네트 키, 객실 카드 등으로 구성되어져 있다.

프런트 데스크는 고객의 등록과 키 발행을 위한 컴퓨터 단말기를 사용한다. 전자보안 시스템은 호텔이 각 고객들에게 새로운 열쇠를 만들어주는 것을 가능케 하며, 고객이 각자 자기의 키를 객실 문에 삽입하였을 때 열쇠의 지능 마이크로칩(micro-chip)은 이전의 등록된 키의 모든 결합을 수용할 수 없는 확실한 새로운 키로서 수용하게 된다.

금속제 열쇠를 사용하는 시스템은 첫 구입시 비용이 적게 드는 장점이 있으나 장기간에 걸쳐서 추가되는 키의 구입과 항상 신품처럼 유지해야 하는 열쇠의 비용은 고려할 필요가 있다. 또한 고객에게 동일한 열쇠의 재발행은 후에 고객의 안전 문제를 야기한다. 따라서 전자키에 대한 투자는 고객 안전과 보안에 있어서 가장 효과적인 시스템이라 할 수 있다.

#### 2) 미래의 호텔 키

미래의 호텔고객들은 스트레스가 적고, 시간을 절약하는 새로운 시설을 제공하는 호텔을 선호할 것이다. 또한 호텔 객실 키가 카드 키로 발전한 것처럼 더욱더 우수한 키 시스템으로 발전할 것이다. 즉, 향후 호텔에서는 카드 키 보다 진보된 터치 키(touch key)로 발전될 것이며 터치 키는 모든 종류의 카드와 열쇠를 없앨 것이다. 터치 키 개념은 자동화된 서비스로서 객실 체크인 또는 아웃 등이 손가락으로 몇 초 정도 지나감으로써 자동으로 모든 절차가 이루어 질 수 있는 시스템이다.

### (2) 접근감시

호텔은 고객의 사생활을 보장해야 한다. 가능한 한 프런트 데스크종업원은 로비에서 로비 입구, 승강기, 에스컬레이터, 계단을 주시해야 한다. 감시는 근본적으로 사람에 의존하나 폐쇄회로 등 다양한 종류의 첨단장비를 이용하여 감시를 강화할 수 있다.

### (3) 시재금(fund)의 보호

시재금은 영업을 위한 준비금으로 각 업장의 영업상황에 따라 배정된 일정액의 금액을 프런트 캐셔(front desk cashier)로부터 지급받고 근무시간이 끝나면 다음 근무자에게 정확히 인계하고 영업장의 업무가 종료되면 각자의 현금보관소(cash bank)에 반드시 입금이 되어야 한다.

### (4) 비상사태

화재, 홍수, 지진, 회오리바람, 태풍뿐만이 아니라 도난, 강도, 의료소송 등의 비상사태에 적절히 대응하기 위해 호텔에서는 내부절차를 정해야만 한다.

#### 1) 의료 비상사태(medical emergency)

고객이나 종업원의 질병이나 사망과 같은 불운의 사고에 대비하여 의료기관과 연계한 절차가 필요하다

#### 2) 절도(robbery)

호텔은 영업을 하기 위하여 일정액의 현금을 소유하고 있기 때문에 무장강도의 습격을 받을 수도 있다. 이러한 상황을 대비하여 프런트 캐셔는 강도의 요구에 응하고 강도가 당황하여 무기를 사용할 수 있는 단서를 제공하지 않아야 한다. 현금함에 사일런트 알람(silent alarm)을 설치하여 일정액의 현금이 없어지면 자동적으로 작동되게 하여 강도가 현금을 요구 할 때에는 아무 말없이 현금을 빼내어 경보기가 작동 되도록 한다. 또한 종업원은 강도의 인상착의를 주의 깊게 관찰한다.

#### 3) 화재(fire)

객실부는 주로 화재경보기를 관리하는 책임을 갖는다. 안전관리 담당자는 화재에 대비하여 다음과 같은 계획을 수립해야 한다.

① 비상탈출 경로와 과정
② 탈출 후 전 호텔의 특정기계를 작동시키는 과정

③ 구조 및 기타 비상구급 요령

④ 화재나 기타 재난의 보고 요령

⑤ 화재대책 담당자와 책임 부서명

### 4) 총지배인의 역할

총지배인은 어떠한 경우라도 절도, 재난 및 분실 또는 손해 등을 해결하는 의무를 위임한다. 고객은 잠재적으로 호텔에 투숙하는 동안 최고의 보호를 받기를 원하고, 최고의 서비스를 원한다. 또한 예기치 못한 곳으로부터 보호받기를 원하고, 고객의 일을 합법적이면서 신중한 관리로 비즈니스에서도 보호받기를 원한다.

① 고객의 사고시 준수 사항

- 사건의 현장을 즉시 확인한다.
- 정중하고 신중하게 처리하도록 최선을 다한다.
- 사무적이고 능률적이어야 한다.
- 상황을 조심스럽게 조사한다.
- 핵심적 사항을 파악한다.
- 보고서는 사실에 입각하여 작성한다.

② 부상자 처리

- 환자를 최대한 편하게 해준다.
- 신속한 응급처치나 의학상식을 숙지해야 한다.
- 사고의 경위를 구체적으로 파악한다.

③ 목격자의 파악

- 모든 목격자의 성명, 주소, 전화번호 확인 등을 확인한다.
- 이름과 주소를 파악하고 사고 및 조사 기록을 제출한다.

- 아무도 사고를 보지 못했다면 그들 중 둘 또는 그 이상 현장을 조사 보고서에 기록. 만약 제 3자가 포함된다면 그들의 이름, 주소, 전화번호를 입수한다.

④ 사건 발생지의 생태에 따른 조사와 증거

- 어떤 감시카메라가 상황을 녹화했는지를 파악한다.
- 사고에 기여한 모든 상황을 기록하고 사진을 찍는다.
- 복도/계단 표면: 깨끗하고 건조여부 조사
- 미끄러졌는지, 넘어졌는지, 추락사고가 있었는지 고객의 신발상태를 기록하고 사진을 찍어 보존한다.
- 떨어진 물체를 확인한다.
- 사고에 관련된 어떤 물건도 보관해야 한다.

⑤ 고객사고 시 금기사항

- 사고현장에서 사고의 원인을 벗어난 논쟁을 하는 행위
- 현장의 어떤 직원에게 책망하는 행위
- 모든 의료경비를 지출하는 행위
- 책임인정
- 보험금에 대한 언급
- 다른 사람과 사고에 대한 내용을 언급하는 행위
- 보험운송인이 사고 조사하는 것 이외에 다른 사람이 사진 찍는 것을 인정하는 행위

## (5) 안전관리의 조직과 업무

안전관리 조직은 안전을 담당하는 부서장을 중심으로 호텔 고객과 종업원을 대상으로 유사시에 가장 신속하고 효과적으로 대처하여 피해를 최소화할 수 있도록 조직하고 정기적으로 교육을 실시한다.

업무는 주로 각종 사고에 대비하여 고객의 보호와 객실의 열쇠관리, 소방대피훈련, 도난발생에 대한 업무처리, 종업원의 안전교육 등이다.

안전관리를 책임지는 부서장의 주요업무를 살펴보면 다음과 같다.

① 안전관리 업무수행을 위한 인력, 예산, 장비의 확보
② 안전관리 조직을 중심으로 관련 부서와 지역 안전관리 주관처와 긴밀한 협조
③ 호텔고객 및 종업원에 대한 안전분위기의 조성
④ 호텔의 안전계획 수립 및 보고
⑤ 근무일지의 확인 및 보고서 작성
⑥ 안전사고에 대한 교육 · 훈련 주관

## 제2절 방화관리

호텔에서 방화관리는 고객의 생명과 호텔의 자산을 보호하기 위한 것으로 소방법에 의거하여 자격을 갖춘 자를 임명하여 방화에 관련된 업무를 총괄하도록 하고 있다. 호텔의 객실은 폐쇄적이고 영업장은 불특정 고객이 이용을 하기 때문에 방화에 대한 중요성을 인식하도록 하고 만일의 사태에 대비하여 소방안전과 대피를 위한 훈련 프로그램을 마련하여 전 종업원에게 정기적인 교육을 시키도록 해야 한다. 관광호텔에서 화재가 발생하면 과거의 화재사건으로 미루어볼 때 대형 참사로 이어진다는 것은 이미 다 알고 있는 사실이다.

소방안전 계획은 소방당국과 소방 안전 규칙을 마련하고, 호텔건물 건축시 투입되는 건축자재, 호텔내부의 실내 구조 및 재료, 호텔 출입구의 형태 및 숫자, 비상시에 대비할 수 있는 대피통로의 유 · 무, 화재경보기의 설치 및 유지, 스프링클러(sprinkler) 시스템의 설치 및 유지, 소방 훈련의 실시 등과 같은 규

정에 맞는 소방장비의 준비 및 소방시설의 비치 등 제반사항을 완벽하게 준비해야 한다.

호텔의 방화 업무는 다음과 같다.

① 소방계획의 수립
② 사내 소방체제조직
③ 방화 및 소방시설의 유지 및 관리
④ 방화교육과 소방훈련의 실시
⑤ 화재예방의 자체검사
⑥ 방화관리 업무일지 기재

종업원이 고객을 객실로 안내할 경우에는 고객에게 객실에 있는 연기 탐지기의 기능을 설명해 주고 객실에서 가장 가까운 대피 출구 및 각 층에 있는 소화기의 위치와 화재발생시 대피요령 등을 설명해 주어야 한다.

화재발생시의 대처요령은 다음과 같다.

① 화재발생경보나 객실 내에 화재의 징후가 발견되었을 경우에는 침착한 마음으로 화재에 대한 상황을 파악한다.
② 객실에 연기가 가득 찼을 때는 객실 키를 소지하고 담요나 베드 스프레드(bed spread)에 물을 적셔 놓고 창문을 열어 놓는다.
③ 객실 출입문을 이용하여 대피할 경우에는 객실문을 손으로 만져보아 뜨겁게 느껴지지 않을 때에는 문을 천천히 열어 밖의 상황을 확인한 뒤 복도로 나온다.
④ 복도에서 앞이 잘 보이면 비상 탈출구 쪽으로 이동한다.
⑤ 화재시에는 모든 연기가 엘리베이터 쪽으로 모이기 때문에 절대로 엘리베이터를 사용하지 않는다.

⑥ 비상 탈출구에 도착하면 계단을 이용하여 지상 층까지 내려온다.

⑦ 만일 계단통로가 연기로 가득 찼다면 통행이 불가능하므로 반대로 위쪽으로 올라가 옥상으로 대피한다.

⑧ 옥상에 도착하면 문을 열고 계단 통로의 연기를 바깥으로 배출시킨다.

⑨ 객실을 빠져나올 수 없는 상황일 때에는 욕조에 물을 가득 채우고 몸을 완전히 적신다. 그리고 젖은 타월과 천으로 문 아래의 틈을 막아 연기가 들어오는 것을 최대한으로 막는다.

## 제3절 호텔시설관리

### 1. 호텔시설관리 개념

호텔의 자산인 건축물 및 시설을 관리하는 것은 호텔의 경제적 가치를 보존하고 고객을 위하여 쾌적한 환경 조성을 통하여 호텔기업을 지속적으로 보존하기 위한 것이다. 일반적으로 호텔의 개 · 보수(renovation)는 호텔업의 초기투자비용이 많은 관계로 시설관리에 투자하는 것이 매우 어려운 실정이다. 그러나 호텔 간의 경쟁이 치열해지고 가속화되면서 시설의 고급화 추세와 고객의 욕구가 변화함에 따라 객실이나 부대시설의 시설관리는 중요하다. 또한 호텔의 인적서비스가 거의 대등해지고 있기 때문에 결국 고객들은 호텔의 시설과 가격 기준으로 평가하기 때문에 타 호텔과의 경쟁우위에 서기 위해서는 지속적인 호텔의 재투자 및 개 · 보수를 통한 시설관리가 필요하다.

## 2. 호텔시설관리 업무

호텔의 시설관리 업무 구분은 여러 단계로 다음과 같다.

① 시설관리는 기계, 전기, 음향, 방송 및 조명, 통신, 영선과 용역관리 등으로 국한되고, 공사관리는 개·보수 및 건물증축, 설계시공 등으로 나누어진다.
② 호텔시설보존은 호텔의 자산관리로서 정기점검, 설비보존, 건물 노후화 방지, 건축자재 보수, 안전 등으로 나누어진다.
③ 기타 설비관리, 안전관리, 환경관리 및 청소방제관리 등이 있다.

## 3. 호텔시설 유지의 중요성

호텔의 모든 시설물들을 점검해 나가는 것으로 과정을 시간대별로 정하여 동일한 방법으로 점검한다. 예를 들어 규모가 작은 호텔에서 하루에 3실이나 4실의 객실을 점검한다면 적당할 것이다.

만약 80실의 객실을 소유하고 있는 호텔에서 객실 6실을 점검하는데 1주일이 소요되었다면 모든 객실을 점검하는데는 14주가 걸릴 것이고 두 번째 점검시에는 좀 더 시간이 단축될 것이므로 시간을 절약할 수 있다. 작업 순서와 기획안 목록은 호텔시설을 유지하는 중요한 사항이다. 또한 객실 이외에 로비, 홀, 계단, 식당, 회의실과 같은 공용장소는 계속적인 관찰을 요구한다. 의자, 테이블, 문, 카페트 그리고 이 모든 것을 둘러싸고 있는 벽 등은 규칙적인 관찰이 없다면 이러한 기물은 그 호텔을 초라하고 지저분한 호텔로 인식되게 만들 것이다.

안전사고를 예방하기 위해 주기별로 점검하여 유지 작업을 하는 사람을 관찰하는 것도 잘못된 곳을 바로잡을 수 있는 방법이다.

## 4. 호텔시설 유지와 보수

하우스키핑에서의 호텔시설의 관리 및 유지 보수는 자산관리 측면에서 매우 주요한 업무 중 하나이다. 호텔 시설의 유지와 보수는 끝이 없이 이루어지는 일련의 과정이다. 이것은 시간적 요소와 목적과의 연계성을 가지고 호텔시설 유지팀에서의 경영이익 측면에서 다루어야 한다. 호텔의 예방 유지 보수는 아주 명확하고 다양한 체크 리스트가 있어야 가능하며, 빠른 시간 안에 개선할 수 있는 것부터 시작해야 하고 여기에는 다음과 같이 4가지로 구분할 수 있다.

① 객실 시설 유지
② 비품 시설 유지
③ 작업순서에 따른 일상적인 개 · 보수
④ 비상시의 시설 유지

## 5. 작업순서와 조직화

호텔의 시설을 유지 및 보수하는 작업 순서를 조직화하는 것은 직원들이 업무를 하는데 쉽게 접근할 수 있으며, 품목의 위치나 종류 등 유지 작업이 잘 되지 않는 곳을 알아내는 데 가장 좋은 방법이다. 많은 시설부서의 직원들은 업무를 조직화시키는 것은 위치나 같은 도구, 공급품을 필요로 하는 유사한 계획을 한데 묶은 작업을 의미한다. 작업순서의 조직화는 비상상황 시 호텔시설 유지 및 보수에 있어서 세부사항에 대한 주의환기를 통하여 발생되는 비상상황에 대한 대처능력을 제고시킨다.

## 6. 객실 시설물 일상관리

① 대리석 일상관리는 매일 흙, 먼지, 물기 등을 중성세제를 묻혀 세척과 주기적 관리를 철저히 하여 지속적으로 광택을 유지한다. 또한 대리석은 항상 물기가 없도록 완전히 제거하여야 하며, 세제를 잘못 사용하면 대리석이 변색될 우려가 있다.

② 카페트는 진공청소기와 샴푸 작업에 의하여 항상 청결하게 유지시킨다.

③ 가구류 관리는 오점, 물기를 닦아낸 후 광택을 낸다.

④ 벽지관리는 청소 타올에 더운물을 묻혀 조심스럽게 닦아내고, 먼지가 묻었을 때는 진공청소기로 흡수한다.

⑤ 금속류 관련 관리는 금속 부위에는 광택제 및 세제를 사용해서는 안 되며, 청소타올로 깨끗이 오점을 닦아내고 광택을 낸다.

⑥ 유리 및 거울은 세제를 이용하여 깨끗하게 닦으며 얼룩이 없도록 한다.

⑦ 세면대, 욕조, 변기는 더운물로 닦아낸 후 청소 타올로 물기를 완전히 제거한다.

# 부록

# 부록
## 〈객실 용어〉

### A

**Accommodations** 〈숙박시설〉

관광객이 숙박을 할 수 있는 숙박시설을 말한다.

**Account** 〈고객거래처〉

호텔의 지정 거래처, 즉 기업, 대사관, 관공서를 말한다.

**Actual Market Share of Hotel** 〈실제시장점유율〉

동일지역의 호텔 집단 중에서 자기호텔의 시장점유 경쟁력 지표로써 자사호텔의 판매객실 수를 경쟁호텔의 총 판매객실 수로 나눈 값이다. 실제 시장점유율만으로는 경쟁력을 분석하는데 부족하기 때문에 Natural Market Share와 비교하여 측정하기도 한다.

**Adjacent Room** 〈복도끝방〉

호텔 객실에 있어서 복도 끝에 위치한 방.

**Adjoining Room** 〈인접객실: Side by Side Room〉

객실이 같은 방향으로 복도에 나란히 연결되어 있지만, 객실과 객실 사이에 내부 통용문이 없으며 복도를 통해서만 출입이 가능한 일반객실.

**Advanced Deposits** 〈선수금: Advance Payment〉

이미 수취된 선수 수익으로 선수 이자, 선수 지대, 선수 객실료, 선수 수수료 등이 이에 속하며 부채 계정이 된다.

**Affiliated Hotel** 〈제휴호텔〉

특별한 광고 또는 국제적 예약 시스템을 제공하는 회원제 호텔 형식으로 운영하는 호텔업.

**After Departure** 〈이연계정: Late Charge〉
고객이 퇴숙(Check-Out)해 버린 후 프런트 회계(Front Cashier)로 온 전표계산에서 이연계정으로 처리한다는 의미의 용어이며, Late Charge와 같은 의미이다.

**Air Conditioner** 〈에어 컨디셔너〉
호텔 중앙 집중식이나 호텔 내부나 객실에서 자동적으로 작동이 가능한 "냉 · 난방공기 조절 장치"라는 뜻인데 우리는 보통 간단히 air-con이라 하며 주로 냉방장치를 가리키는데 사용되어져 오고 있다.

**Air Mail** 〈에어 메일〉
항공 우편.

**Air Shooter** 〈회계전표 자동수송기: Pneumatic Tube〉
영업현장 부문과 Front Cashier 사이의 업무연락 수단으로 고객이 서명한 계산서를 원통에 넣으면 공기 압축에 의해 신속히 전달되는 장치.

**Airport Hotel** 〈에어포트 호텔〉
공항 근처에 있는 호텔을 말하며, 이 호텔들이 번영하는 원인은 항공기의 증가에 따르는 승무원 및 항공여객의 증가와 기상관계로 예정된 출발이 늦어지는 경우 아울러 야간에 도착한 고객이 이용할 수 있는 편리한 점도 있다.

**Airport Representative** 〈공항담당 호텔종업원〉
호텔 고객의 영접 및 배웅 등 고객의 편리를 도모하는 호텔 종업원이다. 호텔을 방문하는 VIP 고객이나, Repeating 고객 등 호텔의 특별 대우 고객을 대상으로 리무진 서비스 및 Pick-up 서비스를 하여 주며 고객이 공항을 나와 호텔에 들어가기까지의 최대한 서비스를 제공하는 공항담당 종업원이다.

**Airtel** 〈에어텔〉
공항 근처에 있는 호텔을 말한다. Airport Hotel과 동일한 의미이다.

**Amenity** 〈호텔 부가서비스〉
고객에게 제공하는 매력물로서 일반적이고 기본적인 서비스 외에 "부가적인 서비스의 제공"을 의미한다.

**Amenity Basket** 〈용품바구니〉
호텔투숙객에게 격조 높은 서비스를 위하여 객실에 부가적 서비스로 제공되는 것들이 남겨있는 용품 바구니를 일컫는다.

**American Plan** 〈아메리칸 플랜: Full Pension〉

북아메리카에서 처음 발생한 호텔상품으로서 객실요금과 아침, 점심, 저녁이 포함되는 경영 방식을 말한다. 아메리칸 플랜은 고객이 식사 여부와 상관없이 요금 지불은 마찬가지이며 제한된 식사시간, 메뉴선택의 제한성 등 고객의 입장에서는 불편한 점이 많으나 경영자 측에서는 많은 장점이 있다.

**Apartment Hotel** 〈아파트먼트 호텔〉

장기체류 고객을 위한 호텔로서 각 객실에는 주방시설과 공공시설을 갖추고 있다. 특히 미국에서 발달된 호텔형식이다.

**Arrival Report** 〈숙박예정자 명단〉

예약된 고객 중 당일 숙박예정자의 명단을 프런트 데스크에서 고객을 맞이하는 준비단계에 필요한 주요한 보고서이다.

**Arrival Time** 〈도착시간〉

고객 원장과 등록카드 등에 고객이 호텔에 도착한 시간을 구체적으로 기록한 것으로서 예약된 시간에 의한 고객의 도착시간이다.

**Available Room** 〈사용 가능한 객실〉

호텔이 판매 가능한 객실. 즉, 판매할 수 있는 호텔의 제반 객실 수를 일컫는 것으로 호텔의 객실 수 또는 일정한 날짜에 아직 점유되지 않은 객실을 의미한다.

**Availability Report** 〈객실 현황보고서〉

객실 예약을 효율적으로 관리하기 위해 가까운 미래의 예상고객 도착과 출발에 대한 정보로써 일반적으로 야간 감사자(Night Auditor)가 준비한다.

**Average Daily Room Rate** 〈일일평균객실료〉

호텔의 판매 가능한 객실 중에서 이미 판매된 객실의 총객실료를 판매된 객실수로 나누어 구한 값을 말한다.

**Average Rate Per Guest** 〈숙박객 평균실료〉

당일 객실 판매 금액을 호텔의 투숙객 수로 나눈 것으로 고객 수에 대한 객실판매의 평균 요금이다.

## B

**Baby Crib** 〈유아침대〉

호텔 투숙객 중 동반하는 유아들의 서비스를 위하여 객실에 추가서비스 되는 유아용 침대를 말한다. 여기에는 추가요금(extra charge)이 부과되게 된다.

**Baby Sitter** 〈보모〉

호텔을 이용하는 고객들의 자녀를 돌보아 주는 사람을 말한다. 일반적으로 하우스키핑의 객실 정비원(Room Maid) 비번자들 중에서 가능한 종업원이 돌보아 주며 요금은 시간당 계산을 받는다.

**Back Office** 〈후원부서: Back of The House〉

호텔에서 사용하는 부서의 명칭으로 일반적으로 호텔고객과 직접 접촉하지 않는 부서이며 고객서비스 영업담당부서를 보조하며, 원조와 관리를 하는 부서이다. 예를 들면, 인사과, 조리부, 시설부, 경리부, 총무부, 광고, 촉진, 세탁 등을 들 수 있다. 즉 비영업(Non Cost Center) 부문이라 볼 수 있다.

**Back to Back** 〈백투백〉

여행도매업자와 여행사에 의해서 주선되는 호텔 단체고객의 도착과 출발이 계속적으로 일어나 입숙과 퇴숙이 이어져 객실은 항상 판매된 상태이다.

**Baggage** 〈수하물〉

여행시 소지하는 개인 소유물, 수하물.

**Baggage Down** 〈수하물 운송서비스: Baggage Collection〉

고객이 퇴숙(Check-Out)시 객실로부터 전화 또는 직접 문의에 의하여 벨맨이나 포터가 수화물을 호텔 현관으로 운반하는 서비스이다.

**Baggage Net** 〈수하물 망〉

객실 투숙객 중에서 잠시 후에 출발예정인 고객의 수하물을 로비에 내려다 놓고 수하물의 도난이나 관리를 위해 수하물 위에 씌워 놓는 망이다.

**Baggage Stand** 〈수하물 받침대: Baggage Rack〉

호텔 객실 내에 있는 가구로서 트렁크(Trunk)등 비교적 대형 수화물을 두는 받침대를 말한다.

**Baggage Tag** 〈수하물표: Luggage Tag〉

수하물에 붙여 소유자를 분명히 하기 위한 표로서 보통 2매 1조로 이루어져 있으며 1매는 수하물에 부착하고, 1매는 고객이 보관하고 있다가 수하물 청구시 제시한다.

**Bath-Tub** 〈베스 터브〉
욕조, 목욕탕.

**Bed** 〈베드〉
메트리스(Mattress)를 지지하는 목재 부분의 틀을 의미한다.

**Bed and Board** 〈베드 앤 보드〉
숙박요금에 3식이 포함되어 있는 American Plan의 별칭 용어이다.

**Bed and Breakfast** 〈비 앤 비: B & B〉
토속적으로 운영되는 호텔 형식에서 아침 식사를 지역적 전통 음식을 제공하고 가정적인 분위기를 창출하는 숙박형태이다. 특히 프랑스 샤또(Chateau)의 별장식 호텔과 영국, 아일랜드, 미국 등지의 개인집의 여유 객실을 활용하는 숙박형태이다.

**Bed Making** 〈침대꾸미기〉
객실에서 "bed make-up"이라고도 부르며, 호텔투숙객의 check-out 이후에 행해지는 작업으로 룸메이트가 전담으로 정비하여, 새로이 투숙하는 고객이 호텔객실을 편안하게 사용할 수 있도록 침대 꾸미는 것을 말한다.

**Bed Pad** 〈베드 패드: 누비요〉
메트리스(Mattress)를 보호하기 위하여 까는 누비요.

**Bed Spread** 〈침대덮개: Bed Cover〉
호텔객실상품을 멋있고 품위 있게 유지, 판매하기 위해 객실의 침대를 미관상 아름답게 할 뿐 아니라 위생을 강조하여 품위 있게 보이는 색상이나 화려한 천으로 만들어지며, 침대 담요와 베개까지 전부 덮게 된다. 가장자리를 늘여 뜨려 아늑한 분위기를 만들며, turn down service를 제공할 때에는 bed spread는 잘 접어서 옷장에 넣어 보관하게 된다.

**Bell Captain's Log** 〈벨 캡틴 로그: Call Book〉
벨맨의 활동과 업무일지를 기록한 보고서이다.

**Bell Man** 〈벨맨〉
호텔의 유니폼 서비스(Uniformed Service)부서에 근무하는 종사원으로서 호텔 프런트에서부터 고객과 동반하여 고객의 객실까지 수행하는 중요한 직무를 맡는 종업원이다.

**Bell Stand** 〈벨 스탠드〉
프런트 데스크(Front Desk)로부터 가깝게 잘 보이는 곳의 로비(Lobby)에 위치한 벨맨의 데스크이다.

**B.G.M** 〈배경음악: Background Music〉

호텔의 공공장소 또는 객실 내 투숙객의 선택에 의해 들을 수 있는 조용한 음악을 일컫는 것으로 중앙 통제실에서 음악을 통제한다.

**Bidet** 〈비데: 여성용 국부 세척기〉

위생용 국부 세척기를 비데(bidet)라고 하는데, 유럽 지역의 호텔의 욕실에 많이 설치되고 있으며, 우리 나라는 고급 호텔 특실에 설치되어 있는 곳이 늘어나고 있다.

**Bill** 〈계산서, 영수증: Check〉

호텔의 객실, 식음료, 기타 부대시설에서 쓰이고 있는 고객의 영수증이다.

**Black List** 〈불량거래자 명단: Cancellation Bulletin〉

거래중지자 명단으로 불량카드의 정보자료이다. 통제되는 원인으로는 도난이나 분실 또는 연체 등으로서 카드회사에서 작성하여 각 가맹점에 배부한다.

**Block Room** 〈블럭룸〉

호텔의 객실을 특정관광단체, 국제회의 참석자, VIP를 위해 한 구역의 객실을 사전에 지정해 놓은 것을 말한다.

**Book** 〈객실예약〉

호텔을 이용하고자 하는 고객들에게 미리 객실을 예약 받거나 판매하는 것을 말한다.

**Booth** 〈부스〉

일정 계약기간 동안 소유자가 전시 참가자에게 할애한 특정공간으로 이곳에 자사의 상품이나 견본 등을 전시할 수 있다.

**Botel** 〈보텔〉

보트(Boat)를 이용하여 여행하는 관광객이 주로 이용하는 숙박시설로서 보트를 정박시킬 수 있는 규모가 작은 부두나 해변 등지에 위치한 호텔을 말한다.

**Brochure** 〈브로셔: 소책자〉

호텔에서 일반적으로 고객에게 당해 호텔의 광고나 선전목적으로 만든 소책자를 말한다.

**Budget Hotel** 〈버짓호텔〉

저가격 호텔을 지칭하는 것으로 경제적 사정으로 저렴한 호텔을 이용하는 계층은 비교적 실속을 차리고 실용적인 생활 태도를 가지고 있는 사람들로서 숙박은 저렴한 호텔에서 하고 식사와 관광은 알차고 고급스럽게 하는 계층을 겨냥해 개발한 것이다.

### Business Center 〈비즈니스 센터〉

호텔의 상용 고객을 위한 서비스로써 「사무실을 떠난 사무실(Office Away From Office)」 개념을 도입하여 가정과 사무실의 복합적인 기능을 고려하여 비즈니스 고객을 위한 비서 업무, 팩스(Fax), 텔렉스(Telex), 회의준비(Meeting), 타이핑(Typing) 등의 서비스를 제공하는 부서이다.

## C

### Call Accounting System 〈전자교환시스템〉

전화회계시스템은 단독(Stand-Alone)시스템으로 운영되거나 호텔 HIS와 연결된다. 일반적으로 CAS는 장거리 직통전화를 처리할 수 있고 최소 비용 송달 네트웍(Least-Cost Routing Network)을 통해 전화를 걸 수 있으며, 통화량에 가격을 삽입하도록 한다. CAS가 HIS 프런트부서의 고객회계모듈에 연결되어 있을 때 전화요금은 즉각적으로 해당고객 폴리오에 분개된다.

### Cancellation 〈예약취소〉

고객이 사용하기로 예약한 호텔 객실에 대하여 고객의 요구에 의해 사전 예약된 것이 취소되는 것을 말한다.

### Cancellation Charge 〈취소요금〉

고객이 호텔 예약의 일방적인 취소에 따른 예약취소 요금을 말하며 호텔의 규정에 따라서 취소 시점을 기준으로 하여 위약금을 부과하고 있다.

### Carpet Filter 〈카페트 필터〉

카페트의 탄력을 위하여 밑에 넣은 필터.

### Cash Bar 〈캐쉬 바〉

대게 호스트가 없는 호텔 객실 내에 위치하는 바로써 고객의 술값은 자신이 지불하게 된다. 객실내의 미니바(mini-bar)와 유사하다고 보면 된다.

### Cash Out 〈케쉬 아웃〉

호텔 캐시어(Hotel Cashier)가 수행하는 이 절차는 근무를 종료할 경우 당일의 업무를 마감하여 금액 확인 및 결산을 보고하고 직무를 마치는 것을 의미한다.

**Cashier's Report** 〈출납보고서〉

교대 종료시 각 영업장 현금 수납원에 의해서 작성되는 입금액 명세서로 현금 입금 봉투에 이를 미리 인쇄하여 사용함으로써 내용을 편리하고 정확하게 파악할 수 있게 되므로 이를 Cashier's Envelop라고도 한다.

**Cashier's Well** 〈캐시어스 웰: Tub Bucket. Pit〉

고객의 빌이 정산되지 않은 고객의 폴리오(Guest Folios) 파일 철.

**C.C TV** 〈유선 텔레비전: Closed Circuit Television〉

폐쇄회로 TV.

**Chain Hotel** 〈체인호텔〉

복수의 숙박시설이 하나의 그룹으로 형성하여 운영될 때 그것을 체인 시설이라 부르며, 일반적으로 3개 이상일 때 체인이라고 하고 있다. 세계 체인호텔의 발달은 1907년 리츠 개발회사가 뉴욕시의 리즈칼튼(Ritz-Carlton)호텔에서 릿츠라는 이름을 사용하는 프랜차이즈 계약을 효시로 시작되었다. 1949년 힐튼 인터내셔널이 미국 힐튼 본사로부터 독립된 자회사로서 군림하게 되었고 오늘날의 호텔 경영의 개념을 설정한 창시자가 되었다. 우리나라에서는 1969년 한국관광공사 전신인 국제관광공사와 미국아메리칸 에어라인(American Airline)의 합작투자로 조선호텔을 건설하였다.

**Check Room** 〈체크 룸〉

호텔에서 고객의 내용물을 보관해 주는 장소(모자, 외투, 가방, 책 등)이다.

**Check-In** 〈체크 인: 입숙〉

호텔 프런트(Hotel Front)로 예약된 고객이 정해진 날짜에 도착함으로써 룸 클럭(Room Clerk)은 그 업무가 진행된다. 고객이 도착하면 정중히 인사를 하고 고객의 인적사항을 요구하는 등록카드를 접수한 후 그 고객을 정해진 객실로 친절히 안내하기까지의 모든 행위를 체크-인이라 한다. 일반적으로 고객이 입숙하는 시간대를 살펴보면 오후 1~3시, 6~9시이다.

**Check-Out** 〈체크 아웃: 퇴숙〉

고객과의 마지막 접촉하는 절차로 퇴숙은 고객이 객실을 비우고 객실 열쇠(Key)를 반환하고 고객의 계산을 마치고 호텔을 떠나는 것을 말한다. 일반적으로 가장 많은 고객이 퇴숙하는 시간대는 오전 7시~10시이다.

**Check-Out Hour** 〈퇴숙시간: Check-out Time〉

고객이 객실을 비워야 하거나 하루의 추가요금이 부과되는 시간의 한계점으로 일반적으로는 정오(12 : 00)를 기준으로 삼고 있다.

**City Hotel** 〈도시 호텔〉

이는 특정한 혹은 휴양지(Resort) 호텔과는 대조적으로 도시 중심지에 위치한 호텔이다. 이 호텔은 비즈니스(Business)와 쇼핑 등이 원활히 이루어지는 도시의 중심가에 존재하고 있어 주로 사업가나 상용, 공용 또는 도시를 방문하는 관광객들에게 많이 이용되고 있으며 또한 도시민의 사교의 장으로 공공장소로 사용되고 있다.

**City Ledger** 〈미수금 원장〉

호텔의 외상매출장으로 특히 비 투숙객에 대한 신용판매로부터 발생된 수취원장으로 후불장이라고도 한다.

**Cloak Room** 〈휴대품보관소〉

투숙객 이외의 방문객이나 식사 고객 등의 휴대품을 맡아두는 장소를 말한다.

**Closed Dates** 〈만실날짜: Full Date, Full House〉

객실의 만실예약으로 객실 판매가 불가능한 날짜를 말한다.

**Closet** 〈옷장: Wardrobe〉

벽에 부착된 옷장(가구 옷장).

**Collect Call** 〈수신자 지불 전화〉

요금을 수신자가 지불하는 통화제도로 국제 전화시에 적용되는 것으로서 상대가 지불할 것을 인정하여야 한다.

**Commercial Hotel** 〈상용호텔 : Business Hotel〉

사업상 또는 업무상의 목적을 가진 투숙객을 대상으로 하는 비즈니스호텔(Business Hotel)이다. 상용호텔은 그 특성상 주로 도심지 및 상업지역에 위치한다.

**Commercial Rate** 〈상용 요금〉

할인요금(Discount Rate)의 일종으로 특정한 기업체나 사업을 목적으로 하는 비즈니스 고객에게 일정한 율을 할인해 주는 것이다. 이 제도는 미국의 도시 호텔에서 많이 채택되고 있으며 우리 한국에서도 대규모 호텔의 건립과 다각경영의 일환으로 이 요금할인제도를 실시하고 있다.

**Complimentary** 〈무료: Comp.〉

호텔에서 특별히 접대해야 될 고객이나 호텔의 판매 촉진을 목적으로 초청한 고객에 대하여 요금을 징수하지 않는 것을 말한다. 객실요금만 무료인 경우는 Comp. on Room이라 하고, 객실과 식사대가 무료인 경우는 Comp. Room & Meal, 모든 것이 무료인 경우는 Comp.라고 표시한다.

**Computer Reservation System** 〈컴퓨터 예약시스템: CRS〉

상호작용을 하는 다수의 전자 시스템 중의 하나로 각각의 여행사와 중앙컴퓨터를 연결함으로써 항공 및 호텔 예약을 할 경우 즉석 문의 또는 예약을 가능하게 하는 시스템을 말한다. 또한 CRS는 호텔 자체 예약 시스템뿐만 아니라 여행사와 컴퓨터의 기억장치(Multi-Access System), 영상자료(View Data), 항공사의 고도로 뛰어난 시스템 개발을 통한 계열 예약이나 대리점 그룹과 같이 다양한 예약 망에 의한 것이다.

**Concierge** 〈칸시어즈〉

여성이나 남성의 도어 키퍼(Door Keeper)를 의미하는 것으로 유럽풍 호텔에서 그들은 벨 서비스 담당이고 호텔에 관한 정보나 호텔 밖의 나이트 클럽, 레스토랑에 관한 정보, 극장표, 여행에 필요한 교통편, 안내 등의 포괄적 서비스를 제공, 처리한다. 이는 또한 서비스 감독자와 같은 뜻으로 고객 우편물 처리와 안내원, 도어 맨 그리고 여행사와 고객의 관계에 관한 모든 업무를 총괄 처리한다.

**Confirmation Slip** 〈예약확인서〉

호텔 객실을 예약한 고객에게 예약에 이상 없음을 알려주는 확인서로서 투숙자 명, 도착일, 출발일, 객실종류 등 필요한 사항을 기입하여 고객에게 예약사항을 확인케 하는 것.

**Connecting Door** 〈커넥팅 도어〉

객실과 객실 사이를 연결하는 연결문을 의하는 것으로 출입문을 통하지 않고 인접 객실을 드나들 수 있다.

**Connecting Room** 〈커넥팅 룸: Side by Side Room〉

인접해 있는 객실로서 Connecting Door(연결도어)가 설치되어 있는 객실을 말한다. 이 도어를 열어서 2실 또는 그 이상을 연결하여 사용한다.

**Continental Plan** 〈대륙식요금제도: C.P.〉

컨티넨탈 플랜은 유럽에서 일반적으로 사용되는 제도로서 객실요금에 아침식대만 포함되어 있는 요금지불 방식이다. 경영자 측에서는 별로 비싸지 않는 Continental Breakfast를 식료에 포함시킴으로써 고객에게 큰 부담을 주지 않고 매상을 증진시킬 수 있고, 고객은 별로 부담을 느끼지 않고 아침 식사를 할 수 있다는 느낌을 받을 수 있다.

**Convention** 〈국제회의〉

회의 분야에서 가장 일반적으로 쓰이는 용어로서 정보전달을 주목적으로 하는 정기집회에 많이 사용된다. 과거에는 각 기구나 단체에서 개최되는 연차 총회의 의미로 사용되었으나 요즘은 총회, 휴회기간 중 개최되는 각종 소규모회의, 위원회 등을 포괄적으로 의미하는 용어로 사용된다.

**Conventional Hotel** 〈회의전용 호텔〉

각종 대 · 소규모의 회의를 유치하기 위해 지어진 일반 호텔보다 규모가 큰 호텔이다. 따라서 회의 참가를 위해 투숙하는 고객들을 수용할 수 있는 충분한 객실이 확보되어 있어야 하고 객실 크기도 대형화되어야 하며, 이들의 회의를 위한 큰 규모의 회의장 및 연회장 등의 시설과 영상과 영화를 감상할 수 있는 시설, 전시장 등이 필요하다.

**Corporate Guarantee** 〈코퍼레이트 개런티〉

상용 여행자의 노쇼를 줄이기 위해 호텔과 그 보증인이 이에 관해 재정 책임 여하를 계약상으로 협조, 동의한 예약보증의 형태이다.

**Corporate Rate** 〈상용고객 객실요금〉

상용고객확보를 위하여 기업체 및 단체 등을 대상으로 한 계약 객실요금으로 예상고객의 현황에 따라서 객실 차등요금이 적용된다.

**Credit Limit** 〈크레디트 리미트: Credit Line〉

신용 한도.

**Credit Manager** 〈여신관리자〉

호텔의 후불 담당 책임자로서 개인고객, 회사 및 단체의 후불조건 예약고객을 대상으로 외상매출금회수 업무를 담당한다.

**Cross Sell** 〈크로스 셀: 교차판매〉

판매촉진의 일환으로 고객에게 서비스를 제공하는 종업원이 자신이 판매하고 있는 상품뿐만이 아니라 호텔내의 타상품 혹은 제3의 호텔 상품을 판매하는 활동을 말한다. 특히 체인호텔에서는 Cross Sell 활동을 활성화하기 위하여 체인에 가입되어 있는 호텔들의 상품을 판매할 수 있도록 정기적인 교환방문 및 서비스교육을 실시하기도 한다.

**Cross-Training** 〈교차 교육〉

하나의 이상의 직무를 처리할 수 있는 능력 향상을 위해 실시하는 종업원의 교육훈련이다.

## D

**Daily Pick-up Guest** 〈당일예약: Today's Reservation〉
당일 예약을 원하는 고객은 예약실에서 처리하는 것이 아니라 일반적으로 호텔 프런트(Front)에서 당일의 객실 상황을 파악하여 판매 가능한 객실을 예약을 하지 않고 방문하는 고객에게 판매하는데, 이러한 판매 가능한 객실을 당일에 구매하는 고객을 말한다.

**Daily Report** 〈일일보고서〉
부문별 수익과 비용을 그 당일에 기록하여 당일 경영이익을 계산할 수 있게 만든 회계 보고서를 말한다.

**Daily Room Report** 〈일일객실정비 현황 보고서〉
호텔의 하우스 키핑에서 사용하는 일일 객실정비 현황 보고서(housekeeping room making sheet)를 말한다.

**Database Marketing** 〈데이타 베이스 마케팅〉
과거의 정보를 면밀히 분석한 후 시장의 현황을 정확히 파악하여 그 결과에 따른 마케팅 활동으로 호텔의 수익의 공헌도에 따라 마케팅비용을 적절히 배분하고 불특정 다수가 아닌 실질적으로 호텔수익과 관련이 있는 시장을 대상으로 집중적인 마케팅활동을 펼친다.

**Day Shift** 〈주간근무〉
호텔 종업원의 근무시간으로서 보통 07 : 00 ~ 15 : 00까지를 말한다.

**Day Use Charge** 〈분할요금: Part Day Use, Day Rate〉
호텔에서 객실점유율을 높이기 위하여 고객이 주간에 이용한 요금을 할인하여 받는 요금 방법이다. 분할요금은 같은 날 도착과 출발하는 고객에게 적용된다. 일반적으로 오전 10시에서 오후 5시 사이의 요금이다. 객실요금은 보통 30~50% 정도 할인하여 부과한다.

**D.D.D** 〈장거리전화: Direct Distance Dialing〉
직접 다이얼 통화로 해당 인근 시나 근접 지역에 전화를 걸 경우 사용되는 시스템이다.

**Demi-Pension** 〈데미팡숑: Modified American Plan. Half Pension〉
숙박요금제도의 하나로 미국에서는 객실료에 완전한 아침식사 제공과 저녁식사를 합한 것이다. 유럽에서는 객실료와 컨티넨탈 조식과 중식이나 또는 석식 중 고객에게 선택하도록 하는 방식이다.

**Density Board** 〈객실예약현황판: Density Chart. Tally Sheet〉
객실별 예약 밀도 도표. 예약 객실 수를 객실 유형별로 즉, 싱글(Single), 투윈(Twin), 퀸(Queen) 등으로 나누어 일변하기 쉽게 통제하는 도표를 말한다.

**Departure List** 〈출발고객명부〉
당일에 Check-Out 할 고객과 객실에 대한 정보를 나타내는 보고서이다.

**Deposit** 〈디포짓〉
객실의 예약금.

**Did Not Arrive** 〈예약후 취소: DNA〉
호텔에 예약을 했던 고객이 나타나지 않을 경우와 전화로 취소하는 경우이다. DNA는 노-쇼(No-Show) 경우와 취소(Cancellation) 경우의 복합적 의미를 가지고 있다.

**Did Not Stay** 〈미숙박: DNS〉
고객이 등록은 하였으나 호텔에 체류하지 않거나 조기출숙한 상태를 의미한다.

**Direct Mail** 〈다이렉트 메일 : DM〉
판촉 담당종업원이 고객 유치를 위해서 호텔의 인센티브(Incentives)를 살린 다양한 형식의 우편물을 고객의 가정이나 거래처 회사, 여행사, 각종 사회단체 등에 발송하는 것을 말한다.

**Discount Group Rate** 〈단체할인요금〉
여행알선업자와 계약을 체결하여 단체 고객을 유치하기 위한 할인 제도.

**DNCO** 〈디앤시오: Did Not Check Out〉
고객이 체크인 할 때 숙박요금을 미리 지불하였으나 체크아웃 절차를 거치지 않고 호텔을 떠나는 것을 의미한다.

**D.N.P** 〈부착금지: Do Not Post〉
게시판에 부착금지 표식으로 행사표(Event Sheet)에서 흔히 찾아 볼 수 있다.

**D.N.S** 〈숙박하지 않음: Do Not Stay〉
숙박등록을 한 후 특별한 사유에 의해 숙박을 하지 않는 경우, 그 등록카드에 D.N.S(Do Not Stay) 즉, "숙박하지 않음"이란 Stamp를 찍어 취소할 수 있다.

**Do Not Disturb** 〈방해금지: DND〉
호텔의 객실에 종업원의 출입을 금지한다는 표시로서 고객이 객실 출입문에 걸어 두는 표식이다.

**Door Bed** 〈도어 베드〉

헤드보드가 벽에 연결되어 있어 야간에는 90도 회전하고, 또한 침대로 사용할 수 있는 bed를 말한다.

**Door Chain** 〈도어 체인〉

호텔투숙객의 재산과 신변안전을 위하여 객실 문 안쪽 벽에 부착되어 있어 취침 시 이용하는 객실 방범용 문 쇠사슬로써 안전체인이라 일컫는다.

**Door Stopper** 〈도어 스토퍼〉

문이 벽과 부딪히는 것을 방지하기 위한 장치를 말한다.

**Double-Double** 〈더블 더블: Twin Double. Family Room〉

2개의 더블 베드를 가지고 있는 침실과 또는 2명부터 4명까지 수용할 수 있는 객실이다.

**Double-Locked Door** 〈더블 락트 도어〉

호텔에 투숙하는 고객 중 귀중품과 비밀 물건을 많이 소지하고 숙박할 경우 절대 안전을 위해서 이를 이중으로 잠글 수 있는 특별장치의 문이다.

**Double Occupancy** 〈더블 어큐펀시〉

객실에 두 명이 투숙하는 것을 말한다. 판매된 객실 수에 두 배로 투숙하는 비율이다. 이를 통하여 식음료, 세탁, 기타 부대시설 등에 관한 예상을 할 수가 있고 호텔의 평균 객실요금을 분석하는데 좋은 정보가 될 수 있다.

**Double Room** 〈더블 룸〉

2인용 베드(Double Bed)를 설비한 객실로 객실의 넓이는 16㎡ 이상이며, 침대의 규격은 138㎝X195㎝ 이상이다.

**Down Grading** 〈다운 그레이딩〉

객실 사정으로 인해 예약 받은 객실보다 싼 객실에 투숙시키는 것을 말한다.

**Down Town Hotel** 〈도심지 호텔〉

도시와 비즈니스 센터(business center)와 쇼핑 센터(shopping center) 등의 중심가에 존재하는 호텔로 교통의 편리와 고객의 왕래가 불편하지 않아야 하겠지만, 현재는 도시중심의 교통의 불편과 공해, 지가의 상승과 주차장 문제 등으로 이런 호텔들의 발전에 많은 장애요소가 되고 있다. 그러나 갖가지 서비스의 제한에도 불구하고 도시의 사교 중심지로서 각종의 연회, 집회, 회의, 결혼식, 전시, 발표회 및 쇼핑 등의 서비스가 제공된다.

**Dual Plan** 〈혼합식 제도〉

듀얼 플랜은 혼합식 요금제도로 고객의 요구에 따라 아메리칸 플랜(American Plan)이나 유럽피안 플랜(European Plan)을 선택할 수 있는 형식으로 두 가지 형태를 다 도입한 방식이다.

**Due Back** 〈듀백: Exchang. Due Bank. Difference Returnable〉

호텔 캐시어의 근무중 고객으로부터 받은 수령금액이 결산시에 순이익 보다 현금이 초과한 경우이다. 이러한 경우에는 차이가 나는 현금가액을 프런트 캐시어(Front Cashier)에게 넘기어 정리한다.

**Due Out** 〈듀 아웃〉

호텔 측에서 고객이 예약기간 동안만 체제하고 퇴숙할 것이라고 예측한 객실을 말한다.

**Dump** 〈덤프〉

호텔고객이 지정된 예약날짜나 시간보다 미리 퇴숙(Check-Out)하는 절차를 말한다.

**Duplex** 〈듀플랙스〉

2층으로 된 스위트 룸(Suite Room)의 하나로 응접실이 아래층에 있고 침실은 상층에 있는 객실.

**Duty Manager** 〈당직지배인〉

호텔현관 입구에 위치해 있으며 고객의 불평불만 처리와 비상사태 및 총지배인 부재시 직무대리 등 일반적으로 밤 시간대부터 그 다음날 오전까지 근무한다.

# E

### Early Arrival 〈조기 도착자〉
예약한 일자보다 일찍 호텔에 도착하는 고객을 말한다.

### Early Arrival Occupancy 〈조기 도착 점유〉
고객이 예약한 일자보다 조기 도착으로 Check-out시간 전에 입실이 가능하도록 객실을 확보하는 것을 말한다.

### Early Check-Out 〈조기출발〉
호텔이 정한 Check-out Time(정오 12:00)보다 일찍, 새벽이나 식사 전에 출발하는 경우를 말한다.

### Electronic Locking System 〈전자식 자물쇠 시스템: ELS〉
호텔객실의 컴퓨터화 된 객실 잠금장치이다.

### Emergency Exit
호텔의 화재나 천재지변 등의 비상시 이용하는 계단 즉, 비상구를 말한다. 호텔에 투숙하는 고객은 객실 체크인 시 우선적으로 반드시 비상구를 확인하는 습관을 길러야 아름다운 여행에서 자신의 고귀한 생명을 지킬 수 있을 것이다.

### Employee Folios 〈종업원용 거래계정〉
호텔 내에서 업무와 연결하며 종업원이 고객관리 또는 판촉을 위하여 사용하는 경우가 있다. 이때 발생되는 거래는 비고객 계정과 같은 방식으로 처리된다. 일상적으로 종업원의 매장이용을 파악하여 할인가와 투입원가를 계산하고 비용 재정 활동을 통제하여 개인적인 지출과 회사로부터 허가된 업무용 이용사항을 분리할 때 사용된다.

### Entertainment 〈엔터테인먼트〉
호텔 서비스에 있어 환대, 접대, 즐거움, 오락, 여흥 등의 의미를 갖는 서비스 개념인데 이러한 서비스는 연회상품에서는 전반적이고 종합적인 서비스가 요구된다.

### Escape Route 〈비상 대피통로〉
"emergency exit"라고도 하며, 호텔에서 비상시 대피통로를 말한다.

### ETA 〈도착예정시간: Estimated Time of Arrival〉
호텔을 이용 하고자 하는 고객의 도착 예정 시간을 말한다.

### ETD 〈출발예정시간: Estimated Time of Departure〉
호텔에 숙박하고 있는 고객의 출발 예정 시간을 말한다.

**European Plan** 〈유럽피안 플랜〉

실료와 식사대를 분리하여 각각 별도의 계산을 하는 방식으로 이는 고객에게 식사를 강요하지 않고 고객의 의사에 따라 식사는 별도 지불한다. 이는 상용호텔 등에 주로 적용되는 방식으로 우리나라 호텔에서 일반적으로 적용하는 요금제도이다.

**Exchange Rate** 〈환율〉

외국환의 거래는 자국통화 대 타국통화의 매매시 교환비율을 말하며 자국통화는 국내에서의 구매력을 대내가치라고 하면 외국에 있어서의 구매력은 외화와 교환되므로 환율은 자국통화의 대외가치를 나타낸다.

**Exchange Transactions** 〈교환거래〉

교환거래는 자산, 부채, 자본의 증감 변동은 발생하나 비용은 발생하지 않는 거래이다. 따라서 교환거래는 당기 순이익에 영향을 미치지 않는 거래이다.

**Executive Floor** 〈귀빈층: Executive Room〉

EFL은 '호텔내의 호텔' 또는 '귀빈층'이라 불리고 있으며, 잦은 해외 출장, 바쁜 스케쥴, 복잡한 업무에 시달리는 현대 비즈니스맨들을 위해 보다 신속하고 정확하며 차별화된 서비스와 안락함과 편안함을 제공하는 호텔내의 특별층으로 칸시어즈(Concierge)가 상주하면서 항공, 타호텔 예약, 비서업무, 통역, 클럽 라운지 운영, 익스프레스 체크 인(Express Check-In) 및 체크아웃(Check-Out), 회의 등 세심한 아메니티(Amenity) 제공을 하는 층이다.

**Expected Market Share of Hotel** 〈예상시장점유율〉

자사 호텔의 판매가능 객실 수/경쟁호텔의 총 판매가능 객실 수로 계산되는 점유율이다.

**Express Check-In / Out** 〈익스프레스 체크인/아웃〉

프런트 데스크(Front Desk)에서 대기해야 할 번거로움을 없애기 위해서 전산 처리하는 방법으로 고객의 입숙과 출발을 신속하게 하기 위한 서비스이다.

**Extension** 〈숙박연장〉

투숙객의 숙박 연장, 체재 연장 또는 호텔내의 전화를 의미한다.

**Extra Bed** 〈추가침대〉

객실에 정원 이상의 고객을 숙박시킬 때 임시로 설치하는 침대로 보통 접는 형식이나 이동하기 편리한 Roll-a Way Bed를 말한다. 일반적으로 추가침대가 제공시 추가요금과 Service Charge, VAT가 부과되며, Family Plan으로 투숙하는 고객에게는 무료로 제공되는 경우도 있다.

## F

**Familiarization Rate** 〈가족요금: Fam. Rate〉

호텔에서 가족 숙박객을 위해 객실, 식음료 등을 할인된 요금으로 제공하는 제도이다.

**Family Plan** 〈훼밀리 플랜〉

부모와 같이 동행한 14세 미만의 어린이에게 엑스트라 베드(extra bed)를 넣어 주되, Extra Bed Charge는 적용하지 않는 요금 제도이다.

**Farm Out** 〈파암 아웃〉

고객을 더 받을 수 있는 객실이 없기 때문에 예약된 고객을 빈 객실이 있는 다른 호텔로 보내는 경우이다. 이러한 것은 고객이 예약을 하였다 하더라도 객실을 판매할 수 없을 경우에만 적용되다.

**First Class Hotel** 〈일등급호텔〉

토탈 서비스를 제공하는 국제수준의 호텔을 지칭하는 것으로 호텔의 등급(Classification) 제도를 규정하고 있는 우리나라에서는 시설 기준을 정하고 있으며 일반적으로는 다시 그 상급으로서 Delux Class의 호텔이 있다.

**First In First Out** 〈선입선출법: FIFO 〉

소비된 재고자산의 단가 결정에 있어 먼저 구매되어 들어온 것이 먼저 소비된다는 가정하에서 매입순으로 단가를 적용시키므로 매입순법이라고도 하는데 반대로 기말재고액은 시가에 가까운 것을 나타내게 되어 합리성을 가진 방식이다.

**FIT** 〈외국인 개인 여행자: Foreign Independent Tour〉

개인으로 움직이는 여행 및 여행자로서 원래는 '개인 또는 소수인으로 탑승원이 함께 앉는 여행' 에 대한 호칭이었지만 현재는 외국인 개인여행객을 말한다.

**Fitness Center** 〈피트니스 센터〉

호텔의 부대시설로서 고객의 심신과 체력을 증진할 수 있는 여가 공간으로써 사우나(Sauna), Aerobic Studio, 헬스클럽, 수영장, 스낵 바 등의 시설을 갖춘 장소이다.

**Flat Rate** 〈균일요금〉

균일요금으로 단체고객이 호텔에 숙박하는 경우 요금이 다른 객실을 사용하더라도 그것을 균일화한 특별요금을 말한다.

**Floatel** 〈플로텔〉

여객선이나 페리호 그리고 유람선과 같은 해상을 운행하는 배에 있는 플로팅(Floating) 호텔을 일컫는다. 우리 나라에서는 1982년 신설된 관광숙박업으로 비교적 낡은 선박을 이용한 숙박형태로서 객실기준은 50실 이상이며 비상발전 설비와 해양오염 방지를 위한 오수저장 및 처리시설, 폐기물 처리 시설을 갖추어야 한다.

**Floor Station** 〈플로어 스테이션〉

객실의 정비나 장비를 위한 장소의 개념으로 가구류, 집기류 등이 설비되어 있고 또한 린넨 등을 수납한 창고 및 냉장고 설비가 되어 있는 장소이다.

**Flow Chart** 〈흐름도〉

어떤 과정을 표시하기 위하여 여러 가지의 유통기호(Flow Chart Symbol)를 사용하여 그림으로 나타내는 시스템의 분석기법이다.

**Folio Well** 〈원장 보관함: Guest Folios Holder. Folios Box〉

원장 랙이나 버켓으로 불리기도 하며, 고객원장을 유지하도록 설계된 파일로서 고객의 이름은 알파벳 순서로 정렬되어 있으며 일반적으로 객실 번호별로 색인되어 있기도 하다.

**Footman** 〈풋맨〉

대규모 호텔에서나 볼 수 있는 직종으로 호텔에 도착 및 출발하는 고객에게 좋은 인상을 주기 위해 마련된 서비스의 발전된 형태이다. 보통 Doorman이나 Bell Man이 이 직무를 수행하게 되고 객실지정, 객실 Key, 우편물 취급, 고객의 불평처리, 안내, 체크-아웃 처리, 주임이나 현관 지배인 또는 객실과장의 지시 · 감독을 받는다.

**Forecast** 〈예상 예측〉

호텔에서 과거의 영업실적을 분석하여 현 시점에서 미래에 대한 수요 예 측, 호텔상품의 판매 등 영업 예측을 말한다. 영업 예측은 월별, 분기별, 년도별로 구분하기도 하며 단기, 중기, 장기예측으로 구분하기도 한다.

**Foreign Exchange Rate** 〈외국환율〉

자국화폐와 교환되는 외국 화폐의 비율을 말한다.

**Forfeited Deposit** 〈보증금 예치: Lost Deposit〉

고객이 호텔에 예약한 후 예약을 취소하지 않고 나타나지 않을 경우(No-Show)을 대비하여 받는 예약금을 말한다.

**Fragile Tag** 〈취급주의 표식〉

고객이 물품보관소(Store Room)에 수화물을 보관할 경우 주류 등 깨지고 부서지기 쉬운 물품의 취급에 주의를 요하는 표식이다.

**Frequent Guest** 〈단골고객〉

자사 호텔을 2회 이상 이용한 고객으로 호텔에서는 마케팅비용을 절감하고 구전을 통한 마케팅으로써 호텔의 상표 충성도를 높이기 위하여 단골고객확보에 주력하고 있다.

**Front-of-the House** 〈영업부서〉

호텔의 영업부문으로서 고객이 정상적인 체재기간 동안 직접 대면하고 접하는 프런트 데스크 서비스와 식음료 서비스가 이 영역에 포함된다. 즉 영업부문을 살펴보면, 호텔 건물외부, 로비(Lobby), 프런트 데스크(Front Desk), 객실, 하우스키핑(Housekeeping), 기능공간(식당. 연회장. 회의시설 등), 레크리에이션 시설이다. 즉 호텔의 수익부문(Revenue Center)에 속한다.

**Front Office** 〈프런트 오피스〉

현관은 호텔이 고객을 최초로 만나는 지점(Point of Guest Contact)인 동시에 최후로 고객을 환송하는 장소로서 호텔하면 현관을 연상할 만큼 현관은 호텔의 얼굴이 되는 곳이다. 또 호텔의 현관은 고객의 입숙(Check-In)과 퇴숙(Check-Out)을 담당하는 곳으로 고객의 불평불만을 접수하고 해결하기도 한다.

**Front Office Cashier** 〈프런트 오피스 캐시어〉

투숙객이 프런트에 등록을 하면 동시에 업무가 발생하게 되는데 주로 투숙객의 객실료 및 식음료 그리고 기타 시설이용에 따르는 모든 계산을 통합, 관리, 징수하는 곳이다.

**Full House** 〈만실: No Vacancy〉

전 객실 판매되어 100%의 판매 점유율을 나타내는 의미이다.

**Full Service** 〈풀 서비스〉

호텔, 모텔의 제한적 서비스와 대조적으로 호텔내의 제반 부서로부터 전 제품과 완전한 서비스가 제공됨을 뜻한다.

**Fund** 〈환전자금〉

환전자금을 말하며, 이것은 경리부로부터 General Cashier가 차용하여 각각의 회계원이 영업을 할 수 있도록 가불형식으로 차입하여, 환전 마감시 외환과 잔금을 합하여 차입액과 같이 제너럴 캐시어에게 입금시킨다.

## G

**General Cashier** 〈회계〉

제너럴 캐시어(General Cashier)는 1일 영업 중에서 발생하는 현금 결제계정을 총괄, 수합하고 그 현품을 은행에 입금하여 영업장 영업에서 소요되는 현금 기금의 가지급 및 회수와 관리 등의 일을 맡는다.

**General Manager** 〈총지배인: G.M〉

최고 경영진에서 결정한 기본 정책 수행의 책임자를 말하며 객실 지배인과 식당 지배인을 지휘, 감독하며 기타 부분을 총괄한다. 아울러 총지배인은 반드시 고객(소비자), 종사원, 그리고 주주에 대한 책임을 지고 이들 삼자에 대하여 유기적인 관계를 철저히 하여야 한다.

**Giveaway** 〈판촉물〉

판매촉진을 위한 경품이라든가 무료로 제공하는 물품을 말한다. 예를 들어 호텔에서의 마케팅부서나 여행업자가 팩키지 상품으로 호텔 이용객에게 제공하는 호텔가방, 모자, 컵, 타올 등을 의미한다.

**Go Show** 〈고 쇼〉

호텔의 빈 객실(Vacant Room)이 없을 경우 체크인(Check-In) 예정 고객 중 예약취소나 노쇼(No-Show)로 빈 객실을 구하려고 기다리는 고객.

**Government Rate** 〈공무원 요금〉

정부관직 공무원들에게 적용된 객실 할인율.

**Gross Operating Profit** 〈영업이익: GOP〉

영업으로 발생된 순이익으로 감가상각, 이자, 법인세 이전의 이익을 말한다.

**Group Rate** 〈단체요금〉

호텔 객실요금의 하나로써 단체고객을 위한 객실 요금이다. 일반적으로 단체요금은 9~15실을 기준으로 한다.

**Guaranteed Rate** 〈계약요금〉

호텔과 일반 기업간의 계약으로 매년마다 기업에 의해 사용하는 객실 점유율을 고려하여 점유기간과 관계없이 정찰가격에 대한 보증금이다.

**Guaranteed Reservation** 〈지급보증예약: Guaranteed Payment〉

호텔이 고객의 객실 예약을 보증 확인한 것으로 만약 투숙할 고객이 도착하지 못할 경우라도 객실요금을 지불할 것을 약속 받는 객실 예약을 말한다. 만약 투숙치 못하거나 취소를 할 경우는 호텔의 규약에 따른다.

**Guest Elevator** 〈고객용 엘리베이터〉

이것은 프런트 엘리베이터라고 하며 고객을 동반, 객실을 왕래하는 벨맨을 제외한 일반 종사원의 출입이 금지된 고객 전용 엘리베이터이다.

**Guest History Card** 〈고객이력 카드〉

고객의 방문 기록 카드로 지정된 객실, 실료 특별한 요구사항 및 신용 능력 평가를 기록하여 보다 나은 대고객 서비스를 위해 보관한다.

**Guest Ledger** 〈고객원장: Room Ledger〉

호텔회계에 있어 미수금원장(City Ledger)과 구분되는 것으로 등록된 고객에 대한 원장이다.

**Guest Night** 〈고객일일숙박〉

고객이 한 호텔이나 모텔 기타 숙박업소에 당일 숙박을 한 후 익일 당 숙박업소 규정에서 정한 일정 숙박기준에 의하여 체크아웃 된 고객을 말한다.

**Guest Relation Officer** 〈고객안내원: GRO〉

일반적으로 외국인 고객들의 편의를 제공하기 위하여 고객상담 및 안내를 맡은 직종을 말한다.

**Guide Rate** 〈가이드요금〉

여행단체를 받아들이는 호텔 측과 여행알선업자 사이에 적용되는 특별요금제도를 말한다.

**Gymnasium Instructor** 〈체육관 강사〉

호텔고객이 Fitness Center에서 수영장, 헬스크럽 이용시 과학적이고 체계적인 지도를 하는 호텔요원이다.

## H

**Hanger Rod** 〈행거 로드〉
옷걸이 대.

**Hermitage** 〈허미티지: 산장〉
내륙 관광지에서 산을 배경으로 위치하며 주로 휴양객, 등산객 그리고 스키어 등을 주 이용객으로 하는 소규모 숙박시설을 말한다.

**High Balance Report** 〈미수최고잔액 보고서〉
투숙객에게 허용된 신용판매액의 한도액을 초과한 모든 상황을 종합한 보고서이다.

**High Season** 〈성수기: Peak Season〉
관광객이 가장 많이 방문하는 계절이다.

**Highway Hotel** 〈하이웨이 호텔〉
고속도로변에 위치해 있는 호텔을 말한다. 자동차로 여행하는 사람을 위한 시설로 모텔과 유사한 호텔이라고 말할 수 있다.

**Hold Laundry** 〈세탁요금의 유보〉
세탁을 의뢰한 고객이 개인적인 사정(갑자기 귀국한다든지, 타 호텔로 옮기는 경우 등)으로 인하여 세탁물이 보관되는 경우에 유보계정으로 처리되는 것을 말한다.

**Hold Room Charge** 〈홀드 룸 차지〉
고객이 항공기 지연이나 개인의 업무상 사정으로 호텔 도착이 늦어질 때 객실을 예약하고 호텔에 도착하지 않았을 때, 그 객실을 타인에게 판매하지 않고 보류시킨 경우로써 당초의 예약대로 요금을 징수하게 된다.

**Hollywood Bed** 〈헐리우드 베드〉
일반적인 호텔의 침대로서 풋보드(Foot Board)만 없고 메트리스를 프레임(Frame) 속에 끼워 넣지 않고 프레임(Frame)과 같은 넓이로 만들어 위에 올려놓게 된 침대이다. 이것은 걸터앉기가 편리하고 그 높이를 조정하여 쇼파 대용으로 쓰기도 편리할 뿐더러 두 개를 이어 놓으면 더블 베드가 될 수도 있는 것이다.

**Hollywood Length** 〈헐리우드 길이〉
보통 여분이 긴 베드로서 240cm~250cm의 길이로 특별한 고객을 위한 침대.

**Hospitality Industry** 〈환대산업〉

관광산업 또는 호텔산업의 동의어 개념으로 사용되고 있으나 실질적인 환대산업은 서비스산업에 있어서 숙박산업(Lodging Industry), 관광산업(Travel Industry), 식음산업(Food Industry), 레스토랑 산업(Restaurant Industry)을 말하는 것이다.

**Hospitality Room** 〈호스피탈리티 룸〉

총지배인이나 객실담당 지배인의 허락 하에 단체의 수하물을 임시 보관한다든지 일반 고객이 의상을 잠시 동안 갈아입는 등의 목적으로 제공되는 객실이며, 객실요금은 징수하지 않는다.

**Hospitality Suite** 〈호스피탈리티 수트〉

호텔(Hotel) 또는 모텔(Motel)에서 일반적으로 숙박 목적이 아닌 오락 및 연회(Convention or Meeting) 목적으로 사용되는 객실을 말한다.

**Hostal** 〈호스텔〉

스페인이나 포르투갈에서 흔히 볼 수 있는 저렴한 서민용 숙박시설이다. 특히 스페인에는 빠라도르(Parador)란 고전적 시골 풍의 숙박시설을 국가에서 지정 보호 육성하고 있다.

**Hostel** 〈호스텔〉

도보여행자나 자동차 여행자용의 값이 싼 숙박시설로 청소년, 클럽회원 또는 여행자와 같은 특정한 이용자의 단체를 위해 가끔 운영된다.

**Hotel Package** 〈호텔 패키지〉

호텔에서 교통편의와 객실 및 기타 부대시설의 사용을 포함한 일괄적인 서비스를 말한다.

**Hotelier** 〈호텔인: Hotelkeeper〉

호텔 경영자 또는 호텔 지배인, 관리인, 소유주를 총칭한다.

**House Call** 〈하우스 콜: 회사종업원의 업무용 전화〉

호텔 종사원이 업무용으로 외부에 전화하는 것으로 개인에게 요금이 부과되지 않는다.

**House Count** 〈하우스 카운트: House Earning〉

등록된 고객의 인원수.

**House Doctor** 〈하우스 닥터: Hotel Doctor〉

호텔과 특약되어 있는 담당의사로 급한 환자가 발생하였을 때 이 의사를 부른다.

**House Keeper** **〈하우스키퍼: 객실정비원〉**

텔 하우스키핑의 책임자로서 객실 청소 및 정비 책임자이며 프런트 기술부문과 연결하여 객실의 관리 유지를 말한다.

**House Keeping** **〈하우스키핑: 객실정비〉**

하우스키핑이란 일반적으로 가사, 가정, 가계를 뜻하는 말인데 호텔의 'Housekeeping' 이란 객실의 관리 및 객실부문에서 제공되는 서비스의 모든 것을 가리킨다. 일반적으로 객실정비의 업무를 보면 객실청소와 객실의 설비, 가구, 비품류의 정비 그리고 객실용의 린넨류, 소모품류의 관리 등이다.

**House Man** **〈하우스 맨〉**

하우스키핑에서 근무하는 종사원으로 힘든 청소 업무나 물건을 옮기는 작업을 수행한다.

**House Phone** **〈하우스 폰: 내선전화〉**

호텔 로비(Hotel Lobby)에 놓여 있는 구내 전용전화를 말한다.

**House Profit** 〈**영업이익**: House Income〉

호텔의 순이익. 소득세를 공제한 영업부문의 순이익. 점포 임대 수입은 제외되나 세금, 임대료, 지급이자, 보험 및 감가상각비는 공제된다.

**House Use Room** 〈**무료객실**: House Room〉

호텔 임원의 숙소로 사용되거나 사무실이 부족하여 객실을 사무실로 사용하는 경우, 침구류를 저장하는 Linen Room이나 객실 비품을 저장하는 Store Room 등을 말한다.

# I

**ID** 〈아이 디: Identification Card〉
개인 신분증

**IMF** 〈국제통화기금: International Monetary Fund〉
1944년에 설치된 국제금융결제기관으로 1946년에 업무를 개시하였다. 외국환의 안정을 도모하는 것을 목적으로 하고 있으며, 가맹국은 107개국, 본부는 워싱턴에 있다.

**Imprest Petty Cash** 〈소액현금 전도금〉
특별히 소액현금을 조정하는 기술로서 소액환은 최소한의 현금 지불을 위해 사용되어지고 정기적으로 상환하는 것을 말한다.

**Incidental Bill** 〈개인 계산용 빌〉
단체로 호텔에 투숙한 경우 단체식사 및 객실료 등의 요금을 제외한 개인적으로 제공받은 서비스로 인하여 발생된 계산서를 말한다.

**Inclusive Term** 〈포괄요금〉
이 단어는 유럽에서 사용되는 용어로서 아메리칸 플랜(American Plan)을 표시하기 위한 문구이다. 즉, 가격에 세금(Tax)과 봉사료(Service Charge)가 포함되어 있음을 암시한다.

**Income Audit** 〈수입감독〉
수입감사 업무는 전일 발생한 각 영업장 부문별의 당일 매상보고서 및 감사보고서를 근거로 하여 호텔의 수입금이 회계 처리 규정에 의하여 현금관리 및 매상집계가 타당하게 처리되었는지를 확인하고 오류 및 탈루 등을 감사하는 것이다.

**Income Statement** 〈손익계산서: I/S〉
손익계산서는 일정기간 동안의 기업의 경영성과를 나타내주는 회계보고서이다.

**Independent Hotel** 〈단독경영호텔: Independent Operation〉
개인이 호텔 하나만을 운영하는 경우와 그룹사의 경우 호텔업에 투자를 하여 관리인으로 하여금 단독경영을 하게 하는 경우이다.

**Information Clerk** 〈고객안내종업원〉
여행, 관광자원, 명소, 도시 등에 관해 소상하고도 정확한 정보 및 공항 열차 등의 교통수단에 관한 정확한 지식을 갖고 고객의 질의 요청에 대해 즉시 응답해 주는 일을 전담하는 직종이다.

**Inn** 〈인〉

초기적 현상의 숙박시설, 간결하고 소박한 숙박시설 비교적 작은 호텔을 말하여 왔지만 최근 미국에서 'Inn'의 명칭을 사용하는 호텔이 상당히 많이 설립되어 호텔과 다름없이 훌륭한 것이 많다.

**Inside Call** 〈구내전화〉

전화교환을 통한 호텔 내 전화 사용.

**Inside Room** 〈내향객실〉

안뜰로 향하고 있는 객실을 말하며, Outside Room의 반대 개념이다.

**Internal Sales** 〈내부판매〉

호텔에서 판촉을 위하여 많은 다른 요소로 이용되고 있으며, 회사 전체 또는 종사원들이 호텔 상품의 판매를 촉구하는 활동이다.

**Inventory** 〈인벤토리〉

재고조사, 재고품 조사, 재고품 명세서.

**Invoice** 〈송장: Food Invoice〉

거래품목의 명세 표시와 청구의 기능을 갖는다. 이것에는 거래 당사자, 목적물, 거래가액, 부가가치세액, 거래일자, 주문서의 일련번호 등을 표시한다.

## J

**Job Description** 〈업무명세서〉

각 직책에 있는 사람이 수행해야 할 의무나 책임을 세부적으로 나열한 것을 말한다. 이것은 각 종업원에 대한 업무지시서일 뿐 아니라 교육의 보조 자료로도 사용될 수 있다.

**Jockey Service** 〈주차대행서비스: Valet Parking, Parking Boy〉

호텔의 현관 서비스의 일종으로 호텔 고객의 차가 도착하면 종업원이 직접 운전하여 전용 주차장에 주차해주는 서비스다. 또한 고객의 신속한 호텔출입을 위한 주차대행 서비스이다.

## K

**Key Rack** 〈키 랙〉
각 객실의 열쇠를 넣어 두는 상자.

**King** 〈킹〉
약 120~240cm 크기의 특별히 길고 넓은 침대가 비치되어 있는 객실을 말한다.

**Kiosk** 〈키오스크 : Kiosque〉
본래의 뜻으로는 역전 광장이나 지하철 등의 신문 판매대, 간이 판매대, 광고판 개념으로 쓰이나 현 시대 호텔에서는 고객들을 위한 안내정보로서 이용되고 있다.

## L

**Lanai** 〈라나이: Veranda〉
하와이언(Hawaiian) 개념으로 발코니나 스페인식 주택 알뜰의 정원(Patio), 테라스가 있어 강이나 바닷가를 조망할 수 있는 주로 리조트 호텔(Resort Hotel)에서 볼 수 있는 객실 형태이다.

**Last** 〈라스트〉
가장 최근에 프런트 임무를 완료한 벨맨(Bell Man)을 칭한다.

**Last In First Out Method** 〈후입선출법: L.I.F.O〉
후입선출법은 매입역법이라고도 하며 선입 선출법(FIFO)과 반대로 최근에 매입한 것부터 소비해 가는 것으로 보고 계산하는 방법이다.

**Late Arrival** 〈레이트 어라이벌: 연착고객〉
늦게 도착하는 고객. 예약을 한 고객이 예약 유보시간을 지나서 호텔에 도착하는 것으로 이때 미리 호텔에 통보하여야 하며, 그렇지 않은 경우는 자동적으로 예약이 취소되는 경우가 많다.

**Late Charge** 〈레이트 차지: After Departure〉
고객이 Check-Out, 즉 퇴숙 후에 늦게 프런트 회계(Front Cashier)에 들어오는 전표에 의한 이연계정을 말한다.

**Late Check-Out** 〈레이트 체크아웃〉

호텔의 퇴숙시간이 지나면 추가요금을 지불해야 하지만 만약 프런트 데스크(Front Desk)의 허가로 퇴숙시간이 지나서 출발하는 고객으로 이 경우에는 추가요금이 부과되지 않는다.

**Laundry** 〈세탁〉

호텔 투숙중인 고객의 세탁물, 종업원 유니폼 세탁, 외부 수주 세탁물 등의 세탁 업무를 말한다.

**Laundry Bag** 〈론드리 백〉

세탁물을 담는 비닐 주머니.

**Laundry Slip** 〈론드리 슬립〉

세탁 신청서로서 객실에 비치되어 있는 양식이다.

**Leaflet** 〈리플렛: Flyer〉

포스터의 내용을 담은 16절지 크기 정도의 인쇄물이다.

**Lease Accounting** 〈임대회계〉

계약된 금액을 정기적으로 지불하는 것을 대가로 타인이 갖고 있는 자산의 이용권을 임차인(Lessee)이 획득하는 즉 임대인(Lessor)과 임차인 사이의 계약을 지칭한다.

**Limit Switch** 〈리미트 스위치〉

객실 안 옷장 문에 설치되어 있으면서 문이 열리면 전등이 켜지고 문이 닫으면 전등이 꺼지는 장치이다.

**Limited Service** 〈리미티드 서비스〉

제한된 서비스만 제공하는 호텔 또는 모텔로 객실을 제외한 다른 서비스는 제공되지 않는다.

**Linen** 〈린넨〉

마직류를 의미하는데 호텔에서 린넨이란 면류나 화학직류로 만들어진 타올, 냅킨, 시트, 담요, 유니폼, 커튼, 도일리(Doily) 등을 일컫는다.

**Linen Room** 〈린넨 룸〉

하우스키핑을 지원하기 위한 린넨 보관 장소를 말한다.

**Linen Shooter** 〈린넨 슈터〉

객실 각 층에 설비되어 린넨류를 구내 세탁장까지 운반할 수 있도록 되어있는 장치.

**Local Call** 〈로컬 콜〉

시내통화.

**Lock Out** 〈락 아웃〉

호텔고객이 객실에 키를 남긴 상태에서 문이 잠긴 상황을 말한다.

**Lock Set** 〈락 셋〉

문을 잠그는 자물쇠 장치.

**Log** 〈인수인계대장: Log Book〉

업무일지로 몇몇 영업부문에서 사용하는 업무활동 기록대장이다. 근무 중에 일어난 분쟁, 고객의 의뢰사항, 기타 근무 중에 완료하지 못한 업무 등은 「Log Book」에 기록하여 다음 근무자에게 업무를 인계한다.

**Long Distance Call** 〈장거리 전화〉

보통의 가입구역 이외의 특정 장거리지역과 통화할 수 있는 전화이다.

**Long Term Stay Guest** 〈장기 투숙객〉

호텔에 장기로 숙박하는 고객으로서 호텔에 따라 기준이 다르지만 보통 1개월 이상 숙박하는 고객을 말한다. 장기투숙객에게는 투숙기간에 따라 무료 서비스, 객실의 업그레이드 등 다양한 혜택을 주기도 한다.

**Lost and Found** 〈고객의 분실물 및 습득물〉

객실 및 호텔의 부대시설을 포함하는 호텔의 건물 내에서 호텔고객의 소지품이나 수하물을 호텔 고객이 분실하고 타인 또는 호텔 종사원이 습득했을 때 이의 신고를 받고 그 습득물을 관리하여 소유주가 나타났을 때에 이를 확인하고 정당하게 반환하여 주는 업무를 말한다.

**Lost Bill** 〈분실계산서〉

식음료 계산서를 처리할 경우 등록되지 아니하고 사용 중 관리 부실로 분실된 계산서이다.

## M

**Maid Card** 〈메이드 카드〉

객실 청소를 실시하고 있는 중이라는 표식으로서 룸 메이드가 청소를 하고 있는 문옆이나 문 손잡이에 걸어 놓는다.

**Maid Cart** 〈메이드 카트〉

룸 메이드(Room Maid)가 객실 청소에 필요한 모든 비품을 담는 수레.

**Maid Station** 〈메이드 스테이션〉

각층의 객실 정비원, 검사원, 청소원들이 사용하는 사무실로서 각종 객실 비품과 아메니티가 보관되어 객실 정비시 신속하게 물품을 조달할 수 있다.

**Maid's Report** 〈메이드 보고서〉

객실의 상황 상태 보고서로서 린넨 사용에 대한 보고서이다.

**Mail Clerk** 〈메일 클락〉

우편물을 고객에게 전해주고 객실 고객의 우편물을 보관 또는 운송의 업무를 의미한다.

**Mail Service** 〈메일 서비스〉

호텔의 우편물을 집배하거나 발송하는 서비스이다.

**Make-Up** 〈메이크 업〉

고객이 객실에 등록되어 있는 동안 침대의 린넨을 교환하거나 객실을 청소하고 정비정돈을 하는 것.

**Member's Only** 〈회원제: Membership Club〉

일반적으로 특정인이 호텔의 레스토랑(Restaurant), 스포츠 시설, 피트니스 센타(Fitness Center), 리조트 클럽(Resort Club) 등의 회원에 가입함으로써 회원에 한하여 이용이 가능하다.

**Midnight Charge** 〈미드나이트 차지: 심야요금〉

예약을 신청한 고객이 당일 영업을 마감한 이후 한밤중에 도착하거나 익일 새벽에 도착하였을 경우 호텔 측은 그 고객을 위하여 전날부터 객실을 판매하지 않고 기다렸으므로 야간요금을 징수하게 된다. 이러한 제도는 호텔의 퇴숙 시간이 정오이므로 전날의 정오부터 다음날의 정오까지를 1일 객실요금으로 계산하기 때문이다.

**Mini Bar** 〈미니바〉

Mini는 '작은', '소형'의 뜻으로 Mini Bar는 객실내의 냉장고에 간단한 주류나 음료를 구색을 맞추어 전시하여 고객이 Self Service로 이용하는 일종의 소규모 바(Small Bar)이다.

**Minor Departments** 〈마이너 부서: Minor Dept.〉

Valet, 세탁 및 전화와 같은 소규모 영업 부문(객실 및 식음료는 제외됨)이다.

**MIP** 〈엠 아이 피: Most Important Person〉

MIP는 VIP(Very Important Person) 고객보다 한 단계 귀한 고객을 말한다.

**Miscellaneous** 〈잡수익: MISC.〉

호텔에서 발생되는 잡수익(MISC)계정은 주 상품이 아닌 부대상품 판매시 금일 수입금이 아닌 전일 마감된 수입을 추가로 부과할시, 임시계정으로 대체할 경우, 발생빈도가 적거나 금액이 적을시, 특별행사를 위한 티켓 판매대금 및 회원들에게 징수하는 회비 등에 사용하는 계정을 말한다.

**Mock up Room** 〈목업 룸: 전시객실〉

호텔을 개관하기 전이나 호텔의 개 · 보수를 위한 계획으로 판매객실과 동일한 수준의 시설과 구조를 갖추어 놓은 임시 전시용 객실로 행사를 위한 현지답사나 호텔의 방문자들을 위하여 개방한다.

**Modified American Plan** 〈수정식 아메리칸 플랜〉

고객에게 부담이 큰 아메리칸 플랜 제도를 수정하여 주로 아침식사와 저녁식사 요금은 객실료에 포함시켜 객실료로 계산하는 요금 제도이며 이를 Pension 혹은 Demi-Pension이라 부르기도 한다.

**Morning Call** 〈모닝 콜: Wake-up Call〉

고객이 요청한 시간에 전화교환원이 고객을 깨워주는 서비스이다.

**Motel** 〈모텔: Motorist Hotel〉

모텔은 명칭이 표시하는 바와 같이 자동차 여행자들을 대상으로 하여 도로변에 건설된 새로운 형태의 호텔이다.

**Motor Hotel** 〈모터 호텔〉

모텔(Motel)과 유사하지만 보다 호화스런 시설을 갖추고 있는 숙박시설.

**MTD** 〈월누계: Month to Date〉

특정월별, 특정 일별을 위한 수입과 지출을 나타내는 회계상의 합계이다.

## N

**Natural Market Share** 〈판매가능객실 시장점유율〉

동일지역내의 경쟁호텔의 시장점유능력을 나타내는 지표로서 자사호텔이 보유하고 있는 판매 가능한 객실 수를 경쟁호텔의 총 판매객실 수로 나눈 값이다.

**NCR** 〈전자식 금전등록기: Electronic Cash Register〉

National Cash Register 회사에 의해서 제작된 호텔 계산기로 프런트 캐시어(Front Cashier)가 사용한다.

**News Letter** 〈뉴스레터〉

호텔과 관광업체가 월간, 계간 등으로 발간하는 그 회사 사업 홍보와 사내 뉴스를 내용으로 하는 기관지이다.

**Night Audit** 〈야간감독〉

호텔은 1일 24시간 영업을 하기 때문에 정기적으로 당일의 영업 판매 금액에 대한 감독이 필요하다고 할 수 있다. 그러므로 야간 근무중 수취 계정 금액(Accounts Receivable)을 마감하여 잔액의 일치를 검사하는 야간회계감사 업무를 말한다.

**Night Auditor** 〈야간감독자〉

야간 감사자는 수입감사실의 지시를 받으며 영업장 부문별로 당일의 매상수입을 마감하여 정산하는 일을 맡는다.

**Night Clerk** 〈나이트 클럭〉

나이트 클럭은 야간에만 근무하는 자로서 야간에 일어나는 업무만이 아니고 프런트 오피스(Front Office)에서 주간에 발생되었던 업무의 연장으로 보다 축소 이전되어 맡아 보는 일 까지도 담당해야 한다.

**Night Speed** 〈나이트 스프레드: 침대 덮개〉

담요를 보호하고 각 고객에게 청결한 카바를 제공하기 위해 밤에 침대에 사용하는 덮개를 일컫는다.

**Night Stand** 〈나이트 스탠드〉

더블 침대 양 옆 나이트 테이블과 베드사이드 테이블 위에 각각 등이 한 개 혹은 투윈 침대 중간 나이트 테이블 위에 설치된 쌍둥이 스탠드를 말한다.

### Night Table 〈나이트 테이블〉

호텔 침대 머리맡에 있는 작은 테이블로 전화, 전기 스탠드, 재떨이 등이 놓여지며 취침시에도 침대에서 손이 닿을 수 있도록 위치해 있다. 최근에는 이 테이블 안에 붙박이식 라디오, 전기 스위치, 에어콘 스위치, 텔레비전 스위치 등이 설비되어 있는 것이 보통이다.

### No Arrivals 〈노 어라이벌〉

호텔의 예약상황이 특별기간의 예약 때문에 특별기간에 예약을 받지 않는 것을 말한다.

### No-Show 〈노쇼〉

고객이 예약을 해놓고 예약취소의 연락도 없이 호텔에 나타나지 않는 고객을 말한다. 원래는 항공회사의 업무상 용어이다.

### Non-Smoking Room 〈금연객실〉

호텔을 이용하는 고객 층의 다양화와 전 세계적인 금연 운동의 확산으로 담배를 피우지 않는 고객의 투숙이 늘고 있어 그들을 위한 서비스 차원에서 금연 객실 및 금연층(Non-Smoking Floor)을 지정하여 객실 배정을 하고 있다.

### Number of Guests 〈숙박객 수〉

객실이용 인원 및 정원가동률을 계상한다.

## O

### Occupancy 〈객실이용율: Room Occupancy〉

호텔에 있어서 객실 경영상황을 판단하기 위하여 가장 보편적으로 사용되는 지표로써 객실 이용율의 산출방법은 판매된 객실 수를 판매 가능한 객실 수(총객실수-고장난 객실 수)로 나누어 값을 퍼센트로 나타낸다.

### Occupied 〈점유〉

고객이 현재 사용하고 있는 객실을 말한다.

### Off-Day 〈오프 데이〉

비번 날, 쉬는 날.

**Off J.T** 〈직장외 훈련: Off-the-job Training〉

직장에서의 실무 또는 작업을 떠나서 전문적으로 실시하는 훈련으로서 보통 단체적으로 행한다.

**Off-Season Rate** 〈비수기 요금: Off-Peak Rate〉

비수기의 경영대책으로 호텔의 이용률이 낮은 계절에 한하여 공표요금에서 할인해 주는 요금을 말한다.

**Official Check** 〈공무용 계산서: Special Treatment Bill〉

사내 종업원의 시식 및 외부 고객 방문시 접대의 이유로 해서 사원 및 간부들이 사용하는 계산서이다.

**O.J.T** 〈현장훈련: On-the-job Training〉

직장훈련은 감독자가 일하는 과정에서 부하 종업원을 개별적으로 실무 또는 기능에 관하여 훈련시키는 것을 말한다. 이러한 교육은 사고율을 감소시키고, 결근, 이직률을 감소 시킨다. 또한 낭비 및 기물 파손율이 낮아지며, 아울러 사기, 생산성, 직무지식이나 판매능력이 높아지고, 고객 만족도를 높일 수 있다.

**On Change** 〈객실 정비중〉

고객이 객실에서 Check-out을 하였으나 아직 객실 청소가 완료되지 않은 객실이다.

**Ondol Room** 〈한실: Korean Style Room〉

한국 고유의 객실로서, 일반가정과 같이 방바닥이 온돌이나 Steam을 설치한 형태로 한국의 정취를 느끼게 하는 객실로 19㎡ 이상으로 규정하고 있다.

**One Pull Dialing** 〈원 풀 다이얼링〉

룸서비스(Room Service)와 벨 데스크(Bell Desk)와 같이 호텔 서비스하기 위해 교환원과 연결되어 있는 전화 숫자 시스템이다.

**One Shot Key** 〈1회용 열쇠〉

단 1회만 가능하며 객실 투어를 한다든지 객실에 이상이 생겼을 경우 신분이 확인된 사람에게 발행한다.

**Open Bed** 〈오픈 베드〉

베드 스프레드(Bed Spread)가 씌워진 채로 있으면 고객이 베드를 사용할 때 불편하므로 고객이 베드를 사용하기 이전에 일정한 시간을 정하여 이 베드 스프레드를 벗겨서 고객이 베드에 들어가기 쉬운 상태로 만드는 것을 말한다.

**Operating Department** 〈영업부서〉
대고객 서비스와 직접 관련되는 부서이며, 즉 커피숍, 레스토랑, 프런트 데스크, 부페식당, 라운지, 사우나 등으로 인사부, 경리부 등의 관리 부서와는 다른 개념이다.

**Operation Hour** 〈영업시간: Opening Time〉
호텔 업장의 영업시간.

**Order Slip** 〈주문서: Order Pad〉
웨이터, 웨이트레스가 작성하는 식음료의 주문 전표이다.

**Order Taker** 〈오더 테이커〉
고객으로부터 각종 주문을 접수 처리하게 하는데 있지만 그 중에는 호텔 전반에 걸친 인포메이션도 포함되어 있기 때문에 호텔 각부서로부터 영업 전반에 걸쳐 매일 정보를 수집하여 고객의 문의에 대비해야 한다.

**Out of Order Room** 〈고장난 객실: OOO 〉
호텔의 예상치 않았던 사고나, 객실의 상태가 수리중이거나, 또는 객실에 문제가 발생하였을 경우 판매할 수 없는 경우를 말한다.

**Outside Call** 〈외부전화〉
호텔 외부로부터 전화 교환대로 들어오는 전화를 말한다.

**Outside Room** 〈아웃사이드 룸〉
호텔건물의 외측이 시가지나 정원 쪽을 향하고 있어서 전망이 좋은 객실을 가리킨다. 이것은 Inside Room과 반대 개념이다.

**Over Night Stay** 〈오버나잇 스테이〉
호텔에서 1박하는 형태로 Part Day에 대응하는 용어이다.

**Over Night Total** 〈오버 나잇 토탈〉
당일 숙박계산서의 총합계 금액 즉 그날의 객실 매출액을 말한다.

**Over Stay** 〈체류연장: Hold Over〉
고객이 머물고자 하는 체재일보다 초과하여 연장하는 고객을 말한다.

**Over Time** 〈오버 타임: 초과근무〉
오버 타임이란 호텔 종사원이 정상 근무시간보다 더 많은 시간을 근무한 경우를 말한다.

## P

**PABX** 〈전화교환: Private Automatic Branch Exchange〉
외선과 접속되어 있는 전화의 자동화를 말한다.

**Paging Service** 〈페이징 서비스: Paging〉
호텔의 고객이나 외부 고객의 요청에 의해 필요한 고객을 찾아주고 메시지 전달을 해주는 것을 말한다.

**Paid** 〈지불〉
현금계산으로, 호텔 요금의 현금 지불을 뜻한다.

**Paid Call** 〈페이드 콜〉
요금 통화 신청자 지불 통화.

**Paid In Advance** 〈선납금: PIA〉
휴대품이 없는 호텔 고객에 대하여 호텔 요금을 미리 청구하여 받는 금액을 말한다. 호텔 회계상 선납금은 발생 직후 서비스 비용이 뒤따라 발생 전의 판매 수익으로 대체되는 호텔 수입금이다.

**Paid Out** 〈페이드 아웃〉
호텔 투숙객이 소액의 현금을 지급해야 될 경우(이 · 미용비, 때밀이 등 호텔 내 임대업장에서 제공하는 서비스)호텔에서 일정한 절차에 의하여 빌려주고 퇴숙시 정산하는 것을 말한다.

**Parent** 〈파렌트: House Parent〉
Youth Hostel의 관리자(지배인).

**Parlor** 〈팔러: Parlour〉
호텔의 특별 휴게실을 의미하는 것으로 Studio와 비슷하며 Living Room이라고도 하는데 Suite에 달려 있다.

**PAX** 〈인원수: Passenger, PSGR〉
사람의 수를 말할 때 사용하며, PSGR로도 쓰인다.

**PBX** 〈전화교환: Private Branch Exchange〉
호텔내의 전화교환 부서이다.

**PCO 〈국제회의용역: Professional Convention / Congress Organizer〉**

각종 국제회의, 전시회 등의 개최 관련 업무를 행사주최측으로부터 위임받아 부분적 또는 전체적으로 대행해 주는 단체이다.

**Permanent Guest 〈장기체류고객〉**

장기 체류객 즉, 체재기간이 긴 고객으로 임대조건으로 체류할 수도 있다.

**Permanent Hotel 〈퍼머넌트 호텔〉**

아파트식의 장기 체재객을 전문으로 하는 호텔로서 최소한의 식음료 서비스가 제공된다. 이 호텔은 단순히 아파트와 다른 것은 메이드 서비스가 제공되는 것이다.

**Person to Person Call 〈지명통화〉**

통화 상대자를 직접 연결하여 통화하게 하고 상대자와 직접 연결되지 않으면 요금을 계산하지 않는 전화이다.

**Person Night 〈일일고객수입〉**

당일 객실 사용한 수입통계로 고객 한 사람의 일일 숙박비를 말한다.

**Petty Cash 〈소액현금〉**

호텔기업은 보통 공식적인 사전승인이나 지급절차를 거칠 필요가 없는 일상의 소액지출을 위해 일정금액의 현금을 General Cashier에게 전도하고 현금을 지출한 후에 필요한 증빙을 갖추어 보고하도록 설정된 현금을 소액현금이라 한다.

**Pick-Up Service 〈픽업 서비스〉**

예약 고객의 요청에 의해서 공항 터미널에서 영접하여 호텔에 체크인 시키는 서비스를 말한다. 체크아웃 때도 이 서비스는 가능하다.

**Pillow 〈베개〉**

베개는 딱딱한 것, 부드러운 것, 높은 것, 낮은 것 등이 있으나 대체적으로 내용물에 따라서 다르다. 스폰지(Sponge), 메밀 껍질(Buckwheat), 깃털(Feather)등이 있는데, 호텔에서는 깃털 베개를 많이 사용하고 있다.

**POS 〈구매시점정보관리: Point of Sales〉**

점포에서 매상시점에 발생한 정보를 컴퓨터가 수집할 수 있도록 입력하는 기기이다. POS는 어디까지나 점포에서의 매상 기록에 준해 컴퓨터처리 함으로써 경영판단에 필요한 정보자료를 작성하려고 하는 것이다.

**Posting** 〈포스팅: 전기〉

분개한 것을 각 계정에 옮겨 기록하는 것을 전기라 하며, 전기하는 방법은 차변과목은 해당 계정 차변에 대변과목은 해당 계정 대변에 기입한다. 전기는 통상 총계정 원장상의 해당 계정에 계정계좌로 거래 자료를 이전시키는 과정이다.

**Pre-Registration** 〈사전등록〉

사전등록으로 고객이 도착하기 전 호텔이 등록카드를 사전에 작성하는 절차로 그룹이나 관광단체가 도착하여 프런트 데스크(Front Desk)에 혼잡을 피해 등록을 마칠 수 있도록 하기 위해 사용되어 지는 것이다.

**Pre-Assignment** 〈사전 객실배정〉

고객이 도착하기 전에 예약실에서 특별히 요청된 고객을 위하여 예약 당시 객실을 지정하거나 당일 도착예정 고객을 위하여 프런트 데스크 종업원이 업무의 편의를 위하여 도착전에 객실을 배정하는 것.

**Pressing Service** 〈프레싱 서비스〉

고객 세탁 서비스의 다림질 서비스를 말하며 하우스키핑(Housekeeping)의 론드리(Laundry)에서 일임하고 있다.

**Priority Hot Line** 〈우선직통전화〉

고객에 대한 신속한 서비스를 목표로 하루 24시간 응답할 수 있는 프런트 데스크(Front Desk)나 하우스키핑(Housekeeping Office)으로 전화벨이 직접 울린다. 이는 고객의 요구를 즉각적으로 만족시키기 위한 방안으로 전화를 받은 담당 종업원은 다른 종업원이나 다른 부서로 전화를 돌려서는 안 되며, 항상 고객의 요구에 직면한 사람이 직접 책임을 지도록 하는 것이다.

**Private Bill** 〈개인영수증〉

각 영업장에서 개별적으로 발행하는 계산서를 말한다.

**Profit and Loss Statement** 〈손익계산서〉

기업의 경영성과를 명확히 하기 위하여 한 회계기간에 발생한 모든 수익과 이에 대응하는 모든 비용을 기재하고 그 기간의 순이익을 계산 표시하는 회계 보고서이다.

**Property** 〈호텔 자산〉

인적 물적 요소를 포함하는 호텔에서의 모든 자산.

**Property to Property Reservation** 〈호텔과 호텔의 예약〉

체인 호텔에서 주로 사용하고 있으며, 고객이 호텔과 체인을 맺고 있는 호텔에 투숙하기에 앞서서 호텔 측으로부터 사전에 무료로 예약 서비스를 받을 수 있는 서비스를 말한다.

**Property Management System** 〈자산관리시스템: PMS〉

프런트 데스크(Front Desk)와 백 오피스 사이에 원활한 기능을 위해 고안된 호텔 컴퓨터 시스템이다.

**Property Maintenance** 〈자산보전〉

주로 대규모 호텔에만 있는 부서로서 건물의 전위와 후위의 힘든 청소 업무를 행하며, 흔히 야간 청소원을 포함하여 건물 외곽과 호텔 대지를 보존하는 책임을 맡는다.

**Public Area** 〈공공장소: Public Space〉

공유 지역, 공공 장소로서 호텔의 로비나 업장 또는 객실을 이용하는 고객을 위해 마련된 장소이다.

**Purchasing** 〈구매〉

호텔의 모든 식음료 및 기자재, 가구, 비품류 등을 구입하는 것으로 최대한의 가치 효율을 창출하기 위하여 관련 부서의 구매청구에 따라 저렴한 가격으로 구매하는 것이 구매부의 주요 업무이이다.

## Q

**Quad** 〈쿼드: Quadruple, Twin Double〉

호텔의 객실 형태로 4인이 이용할 수 있는 객실이다.

**Queen** 〈퀸〉

일반적으로 190~200cm 정도의 특별히 길고 넓은 더블 베드(Double Bed) 형태이다.

## R

**Rack Rate** 〈공표요금: Published Rate〉

호텔에 의해 책정된 호텔 객실 기본요금이다. 또한 룸랙(Room Rack)에 할당된 요금이다. 이것은 할인되지 않은 공식화된 요금이다.

**Rate** 〈레이트〉

서비스의 가격 혹은 서비스가 제공된 가격의 원가로도 사용된다.

**Rate Cutting** 〈가격인하〉

새로운 고객 창출이나 시장 개척보다는 경쟁 호텔로부터 고객을 끌어들이는 사업 방법이다.

**Rate Change** 〈객실요금 변경〉

객실요금이 변경되는 경우는 현재 투숙중인 고객의 객실요금이 변경될 때 발생한다.

**Real Time** 〈리얼 타임〉

충분히 빠른 시간 내에 응답을 주어 실제시간 내에 반드시 문제를 해결하게 하는 것을 말한다.

**Receipt** 〈영수증: Bill. Check〉

고객에게 주는 영수증이다.

**Reception** 〈리셉션〉

프런트 데스크(Front Desk)의 전통적인 어원으로 영국에서 생성된 단어이다.

**Refund** 〈반환금〉

고객이 호텔에 보관한 선납금(Advance Money) 중에서 고객이 퇴숙(Check-out)하고자 할 때 남은 금액을 되돌려 받는 것을 말한다.

**Register** 〈등록과정〉

호텔에 도착한 고객이 등록카드(Registration Card)에 고객의 인적사항을 기재하고 서명함으로써 고객이 되기 위한 절차 및 과정이다.

**Registered Not Assigned** 〈등록미입실: R.N.A.〉

호텔에 등록한 고객이 특별히 원하는 객실이 준비될 때까지 기다리는 것을 말한다.

**Registration** 〈등록〉

숙박등록, 숙박계약.

**Registration Card** 〈등록카드: Reg. Card〉
호텔고객의 숙박절차로서 소정의 카드에 필요한 사항을 기재한다. 대개 호텔의 이름, 주소, 카드 넘버, 고객의 성명, 주소, 객실번호, 요금, 도착시간, 출발예정 시간, 취급계원의 성명 등이 기재된다.

**Reminder Clock** 〈리마인더 클럭〉
호텔 객실에 있는 특수한 알람 시계로서 모닝 콜(Morning Call)을 위해 주로 사용한다.

**Repeat Guest** 〈단골고객〉
되풀이하여 방문하는 고객.

**Requisition Form** 〈청구서〉
청구서는 호텔 물품을 받기 위한 양식으로 청구서에는 허가를 받은 사인이 있어야 하며, 물품 청구 후 하루에 한 번 담당 부서에 보내져 엄격한 재고변동 관리에 필요하다.

**Reservation** 〈예약〉
객실이나 부대시설의 업장 등에서 서비스 상품을 판매하는 데 있어서 효율성을 증대시키면서 미래의 시점에 서비스를 제공하기 위하여 미리 판매하는 것을 말한다. 다른 일반제품의 경우 대개가 직접 그 제품을 보고 거래가 성립되지만 객실의 경우에는 신용과 편리한 시설, 훌륭한 인적 서비스 등을 바탕으로 예약에 의해 판매되기 때문이다. 객실예약은 주로 전화, 서신 등을 통하여 접수되기 때문에 제반사항을 정확하게 접수, 기록, 정리, 보관하여 고객이 숙박하는 과정에서 불편한 사항이 발생하지 않도록 세심한 주의를 기울여야 할 것이다.

**Reservation Clerk** 〈객실예약원: Book Clerk〉
객실 예약 직원은 고객이 객실상품을 주문할 때에 적절하게 응하며 사무처리를 하게 되므로, 이곳은 최초의 상품 전시장이나 마찬가지이므로 담당자는 판매에 실수하지 않도록 정중하게 응대해야 한다.

**Reservation Confirmation** 〈예약확인〉
호텔을 이용하기 전 예약이 확실히 되어 있는지를 재확인하는 것을 말한다.

**Residential Hotel** 〈거주용 호텔〉
이 호텔은 주로 장기체류 고객을 대상으로 하는 주택용 호텔이다. 객실구조는 침실, 거실, 응접실, 부엌, 욕실, 화장실 등이 편리하게 갖추어져 있으며 객실요금은 1주, 1개월 요금지불 방식을 채택하고 있다.

**Resort Hotel** 〈보양지 호텔〉

관광지 호텔로 보양. 휴양 또는 레크레이션을 목적으로 한 호텔로 해안이나 경치 좋은 곳에 있는 별장식 호텔을 일컫는다. 이 휴양지 호텔은 호텔이 위치한 지역의 기후와 계절에 따라 Summer Resort Hotel과 Winter Resort Hotel로 나뉜다.

**Revenue Center** 〈수익부문〉

수익부문은 호텔영업의 결과, 직접적으로 수익을 가져오게 하는 영역들을 가리킨다. 이러한 수익부문은 서비스를 제공하여 수익을 발생시킨다는데 공통적인 특징이 있다. 예를 들면 식당, 바, 라운지, 교환, 객실부서 등과 같이 매출액을 수익으로 계상하는 영업부문이라고 하겠다.

**Revenue Report** 〈수입보고서〉

야간감사자가 작성하는 것으로 객실점유율, 평균객실요금, 2인 이상 사용 객실율 등을 주된 내용으로 하는 보고서이다.

**Roll In** 〈롤 인〉

객실에 이동 침대를 투입시키는 과정을 말하며, 반대 개념으로는 롤 아웃(Roll Out)이다.

**Rollaway Bed** 〈접 침대〉

일반적으로 30~72inches 정도의 크기로 운반 가능한 침대를 말한다.

**Room Assignment** 〈객실배정〉

예약된 고객의 예약에 대하여 객실을 할당하는 것이며, 당일 예약된 고객이 도착하기 사전에 객실을 준비하여 도착시 객실배정에 따른 시간을 단축시킴으로써 효율적인 업무를 수행함에 있다. 객실배정은 일정한 방법과 순서에 의하여 실시해야 하며 주의사항을 숙지하여 차질이 없도록 하여야 한다.

**Room Attendant** 〈객실정비원: Room Maid〉

호텔고객의 객실을 안전하고, 쾌적하게 또한 청결한 객실상품을 제공하기 위하여 호텔의 모든 객실을 정리 정돈하는 호텔종사원이다.

**Room Demand** 〈객실 수요〉

호텔 객실경영에 있어서의 산출양관리(Yield Management)의 하나로서 기존객실 공급량 혹은 미래에 필요한 호텔 객실수의 소요량을 말한다. 소요 객실은 호텔의 잠재적인 수요를 분석하여 결정하며 경쟁관계를 평가하게 된다. 그리고 고객의 숙박객 및 도착객 통계를 분석하여 미래의 호텔 객실의 수요를 결정한다.

**Room Inspection** 〈룸 인스펙션: 객실점검〉

객실정비원(Room Attendant, Room Maid)의 객실청소, 정리 정돈 후 고객에게 객실을 판매하기 전에 최후로 객실을 점검하는 것이다. 객실을 점검하는 종업원을 Room Inspector라 한다.

**Room Inventory** 〈객실 실사〉

계속해서 객실에 대한 현재의 상황, 즉 재실, 숙박연장, 객실변동, 고장난 객실, 가용객실 등을 하우스키핑, 예약, 영선실과 상호 연결시켜서 프런트 오피스(Front Office)에서 객실을 판매하는데 있어서 아무 지장이 없도록 도와주는 것이다.

**Room Key Tag System** 〈객실 자동 통제 장치〉

호텔의 에너지 절약 차원에서 객실 입실시 키를 키 센서(Key Sensor)에 꽂으면 객실이 자동적으로 점등되고 외출시나 퇴숙(Check-Out)시 키를 빼내면 자동으로 점멸되는 시스템 방식을 말한다.

**Room Number Key** 〈룸 넘버 키〉

현관회계기(NCR)에서 객실의 번호를 찍기 위한 버튼을 말한다.

**Room Occupancy Rate** 〈객실 점유율〉

당일 판매 객실 수를 판매 가능 객실수로 나눈 비율, 즉 전체 객실 수에 대한 당일 판매 객실수의 비율을 말한다.

**Room Rack** 〈룸랙: Rack〉

호텔 전체의 객실 이용 상황을 알 수 있게 하는 현황판으로 룸 인디케이터(Room Indicator)와 연결되어 있는 프런트 오피스(Front Office)의 비품중의 하나이며 금속성으로 제작된 포켓(Pocket)이 객실 번호순으로 배열되어 있어 층별, 객실종류, 객실요금, 객실형태, 현재의 객실 상태 등을 마크나 색깔로 나타내고 있다. 현대 호텔의 컴퓨터 화에 의해 룸 랙이 설치되어 있다.

**Room Rate Sales Mix** 〈객실판매 믹스〉

객실 판매와 관련된 사항들을 경영자에게 제공하는 것으로 고객의 수, 객실형태, 객실요금 등을 타 호텔과 비교한 통계자료 즉 세분화된 정보자료이다.

**Room Revenue** 〈객실매출액〉

당일 판매한 객실 매출액을 의미하는 것으로 평균매출액을 산출할 수 있는 기본 자료이다.

**Room Service** 〈룸서비스〉

호텔 객실에 고객의 요청으로 음료, 식사 등을 보내주는 종사원 또는 호텔의 객실에서 하는 식사 서비스로 보통 메뉴 요금보다 10~15%정도 높은 요금으로 되어 있다.

**Rooming** 〈객실배정〉

호텔에 도착하는 고객은 프런트 데스크에서 입실 절차와 영접을 받게 되고, 객실 배정이 끝나면 벨맨이 고객을 객실로 안내하는 제반 과정을 의미한다.

**Rooming Control** 〈객실판매관리〉

호텔의 효율적인 객실 판매로서 최고의 가격으로 최대의 객실을 판매하는 판매 관리를 말한다.

**Rooming List** 〈입실명단〉

단체고객이 도착하기 전에 단체 고객의 인적사항을 기록한 고객의 명단을 미리 받아 단체고객의 사전 등록과 사전 객실 배정을 하기 위한 단체 고객의 명단이다.

**Royalty** 〈로얄티〉

광의로는 특허권 사용료, 저작권 사용료, 상연료, 인세 등 전용권을 가진 사람의 허락을 받아 이러한 권리를 행사함으로써 이익을 얻는자가 권리권자에 대해 지급하는 요금을 말한다.

**Run of The House Rate** 〈런 오브 더 하우스 레이트〉

단체용으로 설정된 호텔 객실요금 부과 방식으로 스위트를 제외한 모든 객실에 있어서 단체 투숙을 위한 최소요금과 최대요금 사이에 평균요금으로 결정하는 협정가격으로 객실지정은 일반적으로 '최저 이용 가능한' 객실을 기준으로 한다.

# S

**Safety-Deposit Boxes** 〈귀중품보관소〉

호텔객실에 투숙하는 고객의 귀중품을 보관해 주는 금고로서 프런트 캐시어(Front Cashier)가 관리한다.

**Sales Call** 〈세일즈 콜〉

호텔영업부서의 지정된 거래처의 계획된 판촉활동이다.

**Seamstress** 〈재봉사〉

호텔 린넨류의 파손품의 수리와 고객용 세탁의 파손부분 보수 및 유니폼 보수가 주요 업무이다.

**Seaport Hotel** 〈항구호텔〉

항구호텔은 선박이 출발하고 도착하며 정박하는 항구 부근에 위치하고 있으며, 여객선이나 크루즈(Cruise)를 이용하는 선객과 선박에서 근무하는 승무원들 및 선원들이 주로 이용하는 호텔이다.

**Seasonal Rate** 〈계절요금〉

동일한 제품과 서비스에 대해 계절에 따라 가격의 변동을 허락하는 차별요금 제도를 말한다.

**Security** 〈경비〉

호텔 경비업무로서 내 · 외부의 도난, 파괴 행위로부터 종사원과 고객을 안전하게 보호하는 업무이다.

**Security Department** 〈안전부서〉

고객에게 안락한 호텔 분위기를 제공하는데 중요한 역할을 수행하는 부서이다. 이 부서의 직무 역할로는 객실열쇠의 관리, 소방대피 업무, 비상시 대피 업무, 호텔 종업원 교육업무, 고객 재산의 보호, 분실물 처리 업무 등이 있다.

**Selling Up** 〈셀링 업: Up Grade Sale〉

판매촉진을 위해 이미 예약된 객실의 요금보다 높은 가격의 객실을 선택하도록 권유하는 경영 방법이다.

**Semi-Double Bed** 〈세미-더블 베드〉

더블 베드의 약 4분의 3 크기의 침대로서 「Three-Quarter Bed」라고도 한다. 일반적으로 크기는 세로 195cm~200cm, 가로 110cm~130cm, 높이 35cm~48cm가 적당할 것이다.

**Service Charge** 〈봉사료: Gratuity〉

구미의 호텔이나 레스토랑에서는 고객이 종업원의 서비스에 대하여 팁(Tip)을 지불하는 것이 일반적인 관례이다. 즉 구미에서는 종사원과 고객사이에서 팁을 주는 상업상의 관습이 있다. 그러나 우리 나라는 구미에서 볼 수 있는 것과 같은 팁의 관례는 없다. 따라서 우리 나라 호텔의 봉사료는 독특한 제도로 고객의 숙박이나 식음료에 대한 소비액에 일률적으로 10%의 금액을 팁 대신 추가 청구하는 방식이 일반화되었다.

**Service Elevator** 〈종업원용 승강기: Back Elevator〉

호텔 종사원들이 사용하는 승강기로서 룸서비스, 객실청소 등 종업원 전용 승강기를 말한다.

**Servidor** 〈서비도어〉

서비스 도어(Service Door)의 단축어로 우편물, 세탁물 따위를 넣어 주기 위하여 호텔 객실에 마련한 작은 창.

**Sewing Kit** 〈소잉 키트〉

호텔 편의용품(hotel amenities)의 일종으로서 바늘, 실, 단추 등의 패키지을 말한다.

**Sheet** 〈시트〉

메트리스(Mattress)와 담요 사이에 깔아 주는 홋이블

**Shift** 〈근무시간: Watch〉

호텔 종사원의 근무조 또는 근무시간을 나타내는 것으로 일반적으로 3가지가 있다.

Morning Shift. Day Shift (07 : 00 ~ 15 : 00)
Afternoon Shift. Swing Shift (15 : 00 ~ 23 : 00)
Evening Shift. Graveyard Shift (23 : 00 ~ 07 : 00)

**Shoe Horn** 〈슈혼〉

구두 주걱.

**Shoes Rag** 〈구두닦이 천〉

호텔에 따라 구두 솔을 비치하는 곳도 있으나, 구둣솔보다는 천이 사용하기에 편리하고 위생적이다. 천 종류나 얇고 부드러운 종이 류로 주머니처럼 만들어져 속에 손가락을 넣어 닦을 수 있다.

**Shower Cap** 〈샤워 캡〉

호텔 객실의 욕실 안에서 샤워(Shower)를 할 때 머리에 쓰는 모자를 일컫는다.

**Shower Curtain** 〈샤워커튼〉

바스터브(Bath Tub)에 들어가거나 샤워를 사용할 때 물이 밖으로 튀지 않게 하는 것.

**Shut-Out Key** 〈셔아웃 키〉

보석이나 귀금속을 다루는 고객의 필요에 의해 고객이 부재시 어떠한 종사원도 개방, 출입할 수 없도록 고안된 장치이다.

**Siberia Room** 〈시베리아 룸〉

아주 사용하기 부적당한 객실용어로서 판매가 불가능한 객실이다. 그러나 판매시에는 고객의 동의가 있을 경우에는 판매 가능한 객실이다.

**Sico Bed** 〈벽장침대〉

객실의 공간을 보다 많이 제공하기 위해 사용하지 않을 때는 보이지 않도록 벽 속으로 집어넣는 침대.

**Side Chair** 〈사이드 체어〉

호텔 레스토랑 등에 놓는 팔걸이 없는 작은 의자.

**Single Rate** 〈싱글 레이트〉

고객이 싱글 룸을 예약하고 호텔에 들어왔을 때 호텔 측의 사정으로 싱글룸(Single Room) 제공이 불가능할 경우 호텔 측은 고객에게 싱글 룸보다 가격이 높은 더블 룸(Double Room)이나 투윈 룸(Twin Room)을 제공해야 되며, 요금은 싱글요금을 적용하는 경우를 말한다.

**Single Room** 〈싱글 룸〉

1인용 베드(Single Bed)를 설비한 객실로 기준면적은 13㎡ 이상이어야 하고 침대의 표준 규격은 90㎝X195㎝ 이상이다.

**Single Use** 〈싱글 유스〉

호텔 용어로 2인용의 객실을 1인이 투숙하는 경우로 보통 객실요금에 대하여 10%정도의 할인을 해주는 것을 말한다.

**Skipper** 〈스키퍼〉

호텔, 레스토랑, 기타 부대시설의 서비스를 제공받고 요금을 지불하지 않고 비밀리에 도망가는 고객을 말한다.

**Sleep Out** 〈슬립 아웃: S/O〉

호텔에서는 고객에게 객실을 판매하였지만 고객의 사정으로 인하여 개인물품은 객실에 두고 호텔에서 숙박을 하지 않는 것을 말한다.

**Sleeper** 〈슬리퍼〉
객실을 통제하는 종업원의 실수로 인하여 판매 가능한 객실을 고객이 투숙한 객실로 오인을 하여 판매하지 못하는 경우를 말한다.

**Sofa Bed** 〈소파 베드: Hide Bed. Convertible Bed〉
표준 싱글 또는 더블 베드로 펼쳐지거나 앞뒤로 접어서 이용할 수 있는 조립식 침대로 스튜디오 룸에서 사용하고 있다.

**Solid Towel** 〈사용한 타올〉
객실고객이 사용한 타올로서 론드리 부서에서 세탁 대기중인 타올 종류를 말한다.

**Special Attention** 〈특별주의: SPATT〉
특별한 주의와 접대를 위한 중요 고객에게 관심을 요하는 귀빈(VIP) 표시 부호이다.

**Special Consumption Tax** 〈특별소비세: S.C.T〉
사치성 오락 물품을 구입하거나 특정한 장소에 출입하는 행위 등에 대하여 과세하는 세금이다.

**Split Rate** 〈분할 가격방법〉
객실의 몇몇 고객이 총 객실요금을 분할해서 지불하는 방법이다.

**Spread Rate** 〈단체고객 객실할당가격〉
정규요금(Rack Rate)이 아닌 할인한 가격으로서 단체고객이나 회의 참석 고객에게 표준요금을 적용한 객실 가격이다

**Station to Station Call** 〈번호통화〉
장거리 전화의 경우 통화자와 관계없이 원하는 전화 번호에 연결시켜 주는 방법이다.

**Stationery** 〈문구류〉
호텔객실 비품 중의 하나로서 문구류로 봉투, 편지지, 엽서, 볼펜 등.

**Stay** 〈체류〉
호텔에서 1박 이상을 체류한 모든 고객을 뜻한다.

**Stay Over** 〈체류연장: Hold Over, Over Stay〉
고객의 Check-out예정 일자보다 고객이 체류기간을 적어도 1박 이상 연장하는 것을 말한다.

**Studio** 〈스튜디오〉

침대로 전환할 수 있는 한두 개의 긴 의자를 가진 침대가 없는 호텔이나 모텔의 객실을 말한다.

**Studio Bed** 〈스튜디오 베드: Statler Bed〉

호텔에서 사용하는 베드 중 낮에는 벽에 밀어붙이고 베개를 빼면 베드 커바를 걸어 놓은 채 소파로서 이용할 수 있는 것도 있는데 이것을 스튜디오 베드라고 한다.

**Studio Single** 〈스튜디오 싱글〉

호텔 객실의 종류로 1인용 쇼파(Sofa), 베드(Bed) 뿐인 객실을 말한다.

**Studio Twin** 〈스튜디오 트윈〉

2인용의 베드(Bed)와 쇼파(Sofa)가 있는 호텔 객실의 일종으로 낮에는 넓게 객실을 사용할 수 있다.

**Suburban Hotel** 〈서버번 호텔〉

도시를 벗어나 한산한 교외에 건립된 호텔이다.

**Suite Room** 〈스위트 룸〉

영한사전에 의하면 '호텔의 연속된 방'이라는 번역이 나와 있으며, 어원은 Suit인데 한 벌로 되어 있는 양장을 가리킨다.

## T

**T/T Buying Rate** 〈대고객 전신환매입율: Telegraphic Transfer〉
외국으로부터 전신으로 취결되어온 타발 송금환을 지급하는 경우에 적용되는 환율이다.

**T/T Selling Rate** 〈대고객 전신환 매도율: Telegraphic Transfer〉
송금은행이 송금 의뢰인에게 외환을 매도할 때 적용되는 환율이다.

**Tariff** 〈태리프: 공표요금〉
호텔이 객실요금을 설정하여 이를 담당행정기관에 공식적인 신고 절차를 마치고 호텔에서 공시하는 기본요금을 말한다. 공표요금은 Full Charge 혹은 Full Rate으로서 할인되지 않은 정상적인 요금인 정찰가격을 말한다.

**Telephone Call Sheet** 〈텔레폰 콜 시트〉
모닝콜(Morning Call)을 원하는 고객의 객실번호, 고객성명, 시간을 기록하는 양식이다.

**Telephone Switchboard** 〈텔레폰 스위치보드〉
PABX(Private Automatic Branch Exchange: 자동식 구내전화교환기)라고도 하며, 고객의 전화요금이나 전화 연결을 하는데 사용되는 기계를 말한다.

**Terminal Hotel** 〈터미널 호텔〉
터미날, 종착역에 위치한 호텔로 이른바 철도 스테이션 호텔을 말한다.

**Third Person Rate** 〈서드 퍼슨 레이트〉
호텔의 객실은 일반적으로 싱글 룸을 제외한 대부분의 객실이 2인을 기준으로 설비되어 있다. 그러므로 2인 이상이 한 객실에 숙박을 원할 경우 적용되는 요금을 말한다.

**Third Sheet** 〈서드 시트: Bed Spread〉
담요 보호용으로 이용되는 야간 이불 덮개이다.

**Tip** 〈팁: 사례금〉
수세기 전 영국의 술집에서 「신속하게 보다 좋은 서비스를 할 수 있도록 지불은 충분히」라고 붙인 종이가 나왔다가, 그 후 너무 노골적인 표현 방법으로 'To Insure Promptness'(신속을 보증하기 위하여)에서 유래된 단어이다.

**Today's Reservation** 〈당일예약: Daily Pick-up Reservation〉
당일에 예약을 통하여 호텔에 투숙을 원하는 고객은 일반적으로 예약 부서에서 통제하는 것이 아니라 프런트(Front)에서 가능한 객실에 한하여 예약을 받는 것을 말한다.

**Toll-free Telephone Lines** 〈수신자부담전화〉

호텔에서는 여행사나 호텔의 단골 고객을 대상으로 무료전화를 사용하고 있다.

**Tour Desk 〈투어 데스크〉**

호텔의 로비에 있는 데스크로서 이것은 특별히 관광, 특히 단체고객 팩키지(Package) 상품 등의 상담과 판매를 하는 곳이다.

**Tourist Hotel 〈관광호텔〉**

관광객의 숙박에 적합한 구조 및 설비를 갖추어 이를 이용하게 하고 음식을 제공하는 자동차 여행자 호텔, 청소년 호텔, 해상관광 호텔, 휴양 콘도미니엄 등의 숙박시설 등이 있다.

**Transfer 〈트랜스퍼〉**

보통 폴리오(Folios) 사용에 있어서 한 방식에서 다른 방식으로 옮기는 양식이다.

**Transfer Folio 〈원장 이월〉**

고객의 체류기간이 1주일을 경과하여 원래 개설한 고객원장에는 더 이상 누적 계산을 할 수가 없을 때 새 원장으로 옮기는 것을 말한다. 새 원장에는 원장번호가 따로 주어지지 않는다.

**Transient Hotel 〈트랜지언트 호텔: Destination Hotel〉**

다른 목적지를 가기 위하여 잠시 머무는 단기 고객 유치를 위한 호텔이다.

**Traveler's Check 〈여행자 수표: T/C 〉**

여행자수표는 여행자가 가지고 다니면서 쓰는 자기앞수표와 같은 것이다. 여행자가 직접 현금을 지참하여 심적 위협을 느끼지 않도록 현금과 같이 사용할 수 있도록 했으며, 이것은 하나의 수표로서 현금을 주고 매입할 때 서명을 해서 쓰기 때문에 제삼자는 사용이나 위조를 할 수가 없게 되어 있다.

**Turn Away 〈턴어웨이〉**

호텔 객실이 매진되어 예약을 하지 않고 들어오는 고객(Walk-in Guest)를 사절하는 것을 말한다. 최근에는 예약을 하고 들어오는 고객에게 객실을 제공하지 못한 경우에 다른 호텔로 고객을 예약한 후 안내 및 제반 서비스로도 사용되고 있다.

**Turn Down Service 〈턴다운 서비스〉**

고객이 이미 투숙한 객실에 대하여 고객의 취침 직전에 제공하는 서비스로써 간단한 객실의 청소. 정리. 정돈과 잠자리를 돌보아 주는 작업을 말한다.

**Twin Studio 〈트윈 스튜디오〉**

주간에는 소파로 되며 스튜디오 베드로도 사용되는 트윈 룸.

## U

**Under Stay** 〈조기퇴숙: Unexpected Departure〉

퇴숙 예정일보다 고객의 업무상 또는 개인적인 사정으로 갑작스럽게 퇴숙 예정일을 앞당겨 출발하는 경우를 말한다.

**Undesirable Guest** 〈요주의 고객: Ugly Guest〉

호텔의 품위에 상처를 주고 손해를 입히는 고객, 즉 계산이 흐린 고객, 호텔을 잘 이용하고 있으나 무리한 주문이 많던가 또는 불량한 행위를 하는 고객을 지칭한다.

**Unexpected Arrival** 〈불시도착고객〉

고객이 예약 날짜 이전에 호텔에 도착하는 것을 말한다.

**Uniformed Service** 〈유니폼 서비스〉

유니폼 서비스는 호텔을 이용하는 고객에게 제복인 유니폼을 입고 서비스를 제공하는 것으로 여기에 포함되는 종업원들은 주차 종사원, 도어맨(Door Man), Porter, Limousine Driver, Bell Man 등이다.

**Unit Rate System** 〈단일요금제도〉

우리나라에서 실시되고 있는 호텔의 객실요금 정책으로서 객실 당 투숙객 수에 따라 가격이 결정되는 것이 아니고 객실 1실에 투숙객이 1인이든 2인이든 관계없이 동일요금을 고객으로부터 지불하게 하는 제도. 즉 일률적으로 객실 당 가격이 적용되어 운영되는 것이다.

**Up Grade** 〈업 그레이드〉

호텔 측의 사정에 의해 고객에게 예약한 객실을 제공하지 못할 경우에 고객이 예약한 객실보다 가격이 비싼 객실에 투숙시키고 요금은 고객이 예약한 객실요금으로 처리한다. 또한 호텔이 고객을 대접하기 위한 수단으로 예약된 객실보다 값비싼 고급객실을 제공하고 요금은 예약되었던 객실요금을 징수하는 경우도 있는데 이것 역시 업 그레이딩이라고 한다.

**Up Selling** 〈업셀링〉

매출향상의 일환으로 고객에게 직접 서비스를 제공하는 종업원이 고객을 설득하여 주문하는 상품보다 고부가가치의 상품을 판매하는 것이다.

## V

**Vacancy** 〈베이컨시: 공실〉

객실이 만실(Full House)이 아닌 상태로 판매 가능객실이 아직 남아 있음을 의미한다.

**Vacant and Ready** 〈베이컨트 앤 레이디〉

고객이 퇴숙을 하고 다음 고객을 위해서 객실의 청소가 완료된 경우.

**Vaccum Cleaner** 〈진공 청소기〉

수동 진공 청소기에는 두가지 기본형이 있는데, 직립형과 탱크형이다. 진공청소기의 강한 흡인력으로 카페트 바닥에 떨어져 있는 각종 이물질과 Sofa Set나 의자 등에 먼지를 제거하게 된다.

**Valet Service** 〈발레 서비스〉

호텔의 세탁소나 주차장(Parking Lot)에서 고객을 위해 서비스를 제공하는 것을 말한다.

**VAT** 〈부가가치세: Value Added Tax〉

물품이나 용역이 생산 제공 유통되는 모든 단계에서 매출금액 전액에 대하여 과세하지 않고 기업이 부가하는 가치 즉, Margin에 대하여만 과세하는 세금.

**Vending Machine** 〈벤딩 머신〉

간단한 식료나 음료 또는 담배 따위를 판매원의 도움없이 판매하는 자동판매기를 말한다.

**Villa** 〈빌라〉

부호나 유한계급의 별장에서 유래된 피서, 피한, 휴양, 야외 레크레이션 활동 등을 위한 휴양지의 숙박시설로 개인소유자가 대부분이다.

**VIP** 〈귀빈, 저명인사: Very Important Person〉

국빈, 귀빈 등의 중요한 고객 또는 지명도가 높은 사람, 특별한 주의 및 관심을 요하는 고객 또는 그 예약을 뜻한다.

**Voucher** 〈바우처: Coupon〉

호텔고객이 호텔에서 요금 대신 지불하는 보증서 및 증명서 개념으로 여행사와 항공사에서 발행하는 것이다. 즉 이것은 단체관광, 식사, 관광, 객실 등의 비용을 미리 지불하여 호텔 계산서를 발행하는데 있어서의 유통되는 양식이다. 이 바우처는 가격할인 형태의 구매이고, 호텔의 판매촉진 방법 중에 하나이다.

## W

**Wake-Up Call** 〈Morning Call〉
고객으로부터 특정한 시간에 깨워 달라는 부탁을 받고 교환원이 전화에 의해 해당 고객의 객실로 전화벨을 신호로 잠을 깨워 일어날 시간을 알리는 것을 말한다.

**Waiting List** 〈대기고객명단〉
이미 예약이 만원이 되어 호텔 객실의 취소를 기다리고 있는 고객의 명부이다.

**Walk a Guest** 〈워크 어 게스트〉
예약을 한 어떤 고객 중 그 호텔에 투숙이 불가능하여 무료로 타 호텔에 투숙이 주선되어지는 고객을 말한다.

**Walk in Guest** 〈워크 인 게스트: Walk Ins. No Reservation〉
사전에 예약을 하지 않고 당일에 직접 호텔에 와서 투숙하는 고객을 말한다. 이 경우 일반적으로 고객에게 선수금을 받고 있다.

**Walk-Through** 〈워크 드로우〉
호텔 간부 임원이나, 프랜차이즈 조사자 등에 의해서 이루어지는 호텔 자산에 대한 총심사 과정을 말한다.

**Walk Out** 〈워크 아웃〉
공식적인 체크아웃 절차를 거치지 않고 호텔을 떠나는 고객을 말한다. 환언하면 고객이 정해진 기간 객실에 체재하고서 프런트를 거치지 않고 떠나는 경우이다. 즉 고객이 돌아올 것인지 알 수 없다. 그날 늦게까지 그 객실은 결국 팔지 못하는 경우가 있다.

**Weekly Rate** 〈주간특별요금〉
호텔에서 1주일 체제하는 고객에 대하여 실시하는 특별요금을 말한다.

**Welcome Envelop**
단체 숙박 절차(Group Check-In)시, 객실 열쇠와 등록 카드(Registration Card) 등이 넣어져 있는 키트이다.

**Wet Mop** 〈웨트 맙〉
젖은 대걸레.

**Who** 〈후〉
안에는 객실이 비어 있는 상태를 나타내고 있지만 객실에는 미확인 고객이 투숙하고 있는 것을 말한다.

**Working Schedule** 〈워킹 스케쥴〉

근무 계획표.

**Writing Desk** 〈사무용책상〉

간단한 사무를 볼 수 있는 책상으로 호텔 객실 내에 비치되는 가구이다.

## Y

**Yachtel** 〈요 텔〉

요트를 타고 여행하는 관광객들을 대상으로 하는 숙박시설로서 비교적 규모가 작으며, 단기체류고객을 대상으로 주로 잠자리만을 제공하는 일종의 간이 호텔이다.

**Yield Management** 〈수익관리〉

호텔 고객들은 그들의 예약 시점에 따라 같은 객실에 대하여 다른 객실 요금을 지불한다. 가격은 매일 시간 단위로 변하여 예정 객실 투숙 일의 주요 상황이 모든 가격조정을 조절하는 것이다.

**Youth Hostel** 〈유스호스텔〉

청소년들의 수용을 위한 숙박시설로써 일반 호텔처럼 기업적인 차원에서의 영리추구에 그 주된 목적이 있는 것이 아니고 일종의 공익성을 추구하는 다시 말해서 청소년들에게 저렴한 비용으로 편리하게 숙박하도록 해주는 일종의 사회복지시설에 속한다고 볼 수 있다.

## Z

**Zero Defects** 〈ZD 운동〉

무결점 운동으로 종업원 개개인이 자각적으로 추진자가 되어 일의 결함을 제거해 나가려는 관리 기법이다.

**Zero Out** 〈지로 아웃〉

고객이 체크아웃과 정리시 회계균형을 맞추는 것이다.

**Zip Code** 〈집 코드: 우편번호〉

우체국의 담당 배달 각 지역에 매긴 번호.

저자와의
협의하에
인지생략

# 호텔객실경영론

2006년 8월 10일 / 초판 인쇄
2006년 8월 10일 / 초판 발행

공저 / 박진영, 이희천, 정태국
발행인 / 홍정표
발행처 / 컴원미디어

등록번호 / 제 6-759호
주소 / 서울시 동대문구 장안3동 466-9 청암B/D 1102호
전화 / (02)6468-6092
FAX / (02)6468-6093
E-mail / tohong@paran.com

ISBN 89-955475-6-1 03980
ISBN 978-89-955475-6-1 03980

정가 / 15,000원